Bundesordnung in der deutschen Geschichte

Christian Gellinek

Bundesordnung in der deutschen Geschichte

PETER LANG

Bibliografische Information der Deutschen Nationalbibliothek
Die Deutsche Nationalbibliothek verzeichnet diese Publikation
in der Deutschen Nationalbibliografie; detaillierte bibliografische
Daten sind im Internet über http://dnb.d-nb.de abrufbar.

Umschlaggestaltung und -illustration:
© Olaf Gloeckler, Atelier Platen, Friedberg

ISBN 978-3-631-79098-4 (Print)
E-ISBN 978-3-631-79240-7 (E-PDF)
E-ISBN 978-3-631-79241-4 (EPUB)
E-ISBN 978-3-631-79242-1 (MOBI)
DOI 10.3726/b15733

© Peter Lang GmbH
Internationaler Verlag der Wissenschaften
Berlin 2019
Alle Rechte vorbehalten.

Peter Lang – Berlin · Bern · Bruxelles · New York ·
Oxford · Warszawa · Wien

Diese Publikation wurde begutachtet.

www.peterlang.com

Inhaltsverzeichnis

Zweiter Teil: Die Entwicklung zum Bunde

Dritter Teil: Beiträge im Gründungsraster zum Bundesstaat

Erster Teil:
Die Grundlegung für den Zusammenhalt

Erstes Kapitel: Einleitung, Ansatz und Methode

Als erstes muss den Lesern der Titel erklärt werden. Es heißt mit Absicht nicht: Die deutsche Bundes-Ordnung oder Deutschlands Bundes-Geschichte, sondern es geht nur um ein Teilelement dieser deutschen Bundesordnung. Wieso? Gefragt wird hier: siedelten die Deutschen in der Geschichte, die ihre Aufmerksamkeit sicherte oder ihr Verluste zufügte, auf eine bestimmte Weise? Wir betrachten in diesem Versuch die deutschen Menschen weniger als Anwohner, sondern das Land als Kammer und Hüter von vielen Generationen, die ihren Vorfahren nachrückten. Ihre Kontinuität soll sich also nicht nur aus einer Veränderung ihrer Dörfer, Flecken oder Städtchen ergeben haben, sondern durch das Heimisch-Werden oder die Flucht neuer Generationen von sprechenden Familien, die nicht von Natur als Deutsche, sondern zunächst als Überlebenstüchtige galten und weiter zu gelten hätten. Vor-Deutsche wurden zu solchen durch sprachliche, sportliche und religiöse Gruppenerziehung oder Zwänge, die vorbündisch zu ihrem kollektiven Glück oder Pech führen konnten.

Bundesordnung entwickelte sich zwar, aber die betroffenen Menschen verwickelten sich auch in ihrem sich daran anpassendem Aufstreben immer dann, wenn eine Organisationsmacht dahintersteckte. Bundesteilgeschichte entstand primär nicht durch Herrschen, sondern durch Anbauen, meist an Flüssen entlang. Von der nach Osten des späteren Reiches fließenden Donau, bis zur nach Westen fließenden Eider und Wiedau erstreckten sich die äußeren Grenzen. Das rechtsrheinische war dem linksrheinischen Land, das den Großen Fluss umgab, nicht immer friedfertig gesonnen. Der Rhein ist unterirdisch mit der Donau verbunden. Die Oder liegt andrerseits heute endgültig an der polnischen Grenze, dem alten polnischen Lehnwort für Hrain.

Die Bundes-Teilgeschichte beginnt an der < Mutter> Donau, doch dreht sich um den <Vater> Rhein, der aber nicht in den borealen Himmel fließt, sondern sich von Süden nach Norden der Länge nach bewegt. Deutsche Stammessiedlungen haben sich als Hauptrichtung nach Osten ausgedehnt. Auf jedem Atlas wird allerdings eine Gegenrichtung von Norden nach Süden suggeriert. Die Ausdehnung von Westen nach Osten ist zwar ursprünglich, aber dennoch durch die Epochen verschieden stärker oder schwächer ausgeprägt gewesen. Die Besiedlung in dieser Richtung verlief bis auf das zwanzigste Jahrhundert eher gewaltfrei und folgte meist fürstlicher Anordnung oder Duldung. Ihr Kern lag wegen ihres überlegenen Handwerkszeugs in der willkommenen begleitenden Siedlungskraft. So erklärt sich unser die Ordnung bündisch mittragender Titel.

Ansatz

Es genügt dem Politikwissenschaftler nicht, einsträngig nachzurechnen, Fürsten, Volksstämme oder Schlachten aufzulisten, den Verlust bei der Schlacht an Toten und Verwundeten nachzuzählen, seine Kriegs- und Friedenskasse zu vergleichen, sondern ein lohnender Ansatz verlangt etwas anderes von ihm. Er muss eine andere Herangehensweise verfolgen. Es gilt, um mit Goethe zu sprechen, in die „dunkleren Jahrhunderte der deutschen Geschichte" einzusteigen und mehr Licht in sie zu werfen. Mancherlei Bewegungen und Tätigkeiten müssen nachgezeichnet werden. Es kommt nach H. Seiffert, Einführung in die Wissenschaftstheorie, C. H. Beck, 2006, I. Band S. 40, dabei auf das „Durchschauen einer Situation" an. Dies habe als das wirklich Entscheidende zu gelten. Geschichte handele gerade nicht vom Unveränderlichen wie ein Märchen, sondern vom Veränderbaren und Verschiedenartigkeit zu uns. Ein „historisches Bewusstsein liegt vielmehr nur da vor, wo das im Alltag tatsächlich Erlebte als geschichtlich verstanden wird" (ibidem, S. 61). Dies soll nicht als Quadratur des Kreises gelten.

Methode

In dieser Untersuchung soll eine Begleiterscheinung der Entwicklung neu beleuchtet werden. Zuerst kommt das Streben nach Zusammenleben an die Reihe, dann die Arbeit und die praktizierte Arbeitsteilung, die Bearbeitung der Natur durch den Landbau, die Verfeinerung der Jagdmethoden, und infolgedessen der Ernährung, und schließlich die Bergung der Arbeitsfrüchte in einer Burg und ihren Kellern – und erst danach folgen mit weitem Abstand die politischen Grundlagen einer Vorformung des Deutschtums, die gelegt werden können. Der Abschluss dieser Einteilung trägt Früchte, aber nicht gleich die eines politischen Zusammenlebens, das man in seinen

14

Endstadien Föderalismus genannt hat. Zuerst muss sich Tüchtigkeit durchsetzen und bewähren. Der Pflug muss die Furche in der richtigen Tiefe zur richtigen Zeit brechen, bevor die Ernte der Saat eingebracht werden und ein der Gesundheit bekömmliches Brot gebacken werden kann. Der Ackerbau setzt eine erfolgreiche Viehzucht voraus. Es geht um Auslese und Schutz, nicht primär um politische Stoßkraft oder um Unterjochung. Ein Austausch bei den Risiken des Überlebens muss der Organisation nach innen und dem Schutz vor Überfällen von außen immer wieder vorausgehen. Balken im Hausbau müssen tragend und feuerfest sein, Stege am Flussufer ständig bleiben. Die Sprache der Altvorderen drückt vor allem das aus, was klärt und hilft. Übernommen vom Nachbarn wird das was nützt, z. B. bei der Entlehnung des Althochdeutschen vom Lateinischen auf dem Gebiet handwerklicher Neuerungen. Die Vermutung, dass viele geistliche Begriffe aus dem christlichen Bereich übernommen werden, erfüllt sich im Althochdeutschen nicht.

Unsere Methode setzt also dort an, wo Zusammenarbeit erfolgversprechend sein konnte und Spuren hinterlassen hat. Die Bezeichnungen unserer Nachbarn für das deutsche Land sind kräftig und farbig, besonders seit Senator Tacitus' Germania oder der Stammes-Bezeichnung der späteren Franzosen, Allemagne, einer nachbarlichen Stammes-Benamung, während die Eigen-Bezeichnung diet, diutisc unauffällig klingt. <Dem Deutschen Volke> heißt also bis heute eigentlich nur <Dem völkischen Volke>. Deutschland ist daher ursprünglich kein waschechter politischer Begriff, drückt also keine Landnahme aus, sondern eine bündisch umschreibende Erkennungsmarke. Das sei der Schutzschild unserer Herangehensweise vor einer politischen Blöße auf einer Zugbrücke der hier vertretenen Methode.

Zweites Kapitel: Die Vor-Deutschen bei der Arbeit

In der Natur

Das ursprüngliche Reservoir der vordeutschen Natur ist eigentlich der ungerodete Wald, wie ihn der österreichische Schriftsteller und Maler Adalbert Stifter (1805–1868) in seinem Roman Der Hochwald (1841) beschrieben hat. Er wuchs übrigens an den Ufern der Moldau im Böhmerwald auf. Mit seinem Erzählstil erreichte Stifter eine im Deutschen neuartig genaue Naturbeschreibung als Landschaftsbild, die im Verlaufe des späten neunzehnten Jahrhunderts beim Lesepublikum Resonanz fand. Seine Beschreibung der österreichischen Seelenlandschaft in seinen Figuren, die aus der Naturspiegelung gezogen werden, bildet meines Erachtens das Pendant zur Landbebauung als ländlicher Beschreibung ab. Viel später ist man geneigt, von einer Kulturlandschaft zu sprechen. Ihre Vorstufe zeichnet sich durch eine gewisse Trägheit aus. Sie erinnert von weitem an Bedrich Smetana (1824–1884) Sinfonie Die Moldau (1874), der sich in der zweiten Hälfte seines Lebens als Tscheche fühlte, dessen Tagebücher aber immer auf Deutsch geführt wurden.

Land

Das Land ist in Altdeutschland mit wenigen Ausnahmen, wie etwa der Lüneburger Heide, ein liebevoll fachmännisch bearbeitetes, d. h., Nicht-Ackerland gewesen. Ungeforsteter Wald ist ursprünglich keine Seltenheit. Die Flüsse wurden schon frühzeitig mit kleinen Kanälen verbunden. Das Gebirge ragt von Süden in Richtung Norden weniger hoch empor und gibt ab dem Main eine klare Trennung von der norddeutschen Tiefebene ab. Eine Ausnahme davon bildet der Harz. Das Land wird beackert, kolonisiert und besessen, so dass es ein Gebiet errichtet. Einen Freiraum dafür bildet bei Stifter die bewaldete Fluchtburg, bei Smetana eine Bauernhochzeit. So wie die Moldau in der Elbe verschwinden muss, lernt man in der Volksschule einen Spruch über die Donau, die Nebenflüsse aufnimmt: „Iller, Lech, Isar, Inn fließen nach der Donau hin, Altmühl, Naab und Regen, kommen ihr entgegen." Von hier aus sind Römerlager entstanden als Vorstufe süd- und westdeutscher Städte, auf die wir später zu sprechen kommen. Die Landnahme führte nur sehr langsam zu Familien- und Sippenverbänden sowie zu Grafschaften. Ganz früher focht der Fürst an der Spitze seines Trupps. Er wurde als Sieger gerne auf den Schild gehoben. Unter seinen Söhnen wurde der stärkste auserkoren, oder wie man früher sagte, gekürt. Auch wegen Wetterunbilden musste für einen Ernteüberschuss gesorgt werden, so dass ein Vorrat für den Winter angelegt werden konnte. Hungersnöte und Überflutungen haben die ersten Stämme auf Volkswanderung gezwungen, die sie auf neue Siedlungsplätze brachte oder als Gemeinschaft auslöschte wie die Kimbern und Teutonen. Das unzusammenhängende Land erstreckte sich von Vindebona (Wien) bis Haithabu (Hedderby). Der Limes und die Oder bildeten teilgesicherte Grenzverläufe.

Burgen

Burgen, sofern sie bewohnbar geblieben sind, was nicht oft der Fall war, sollten Angriffe auf die Umgebung aufhalten und die Insassen dort und in der Umgebung beschützen und dazu auch eine Herrschaft errichten. Ihrem Wesen nach stellen Burgen, meist mit dem Boden verbundene Wehrbauten einiger Höhe dar. Wie in dieser oberhälftigen Bauart üblich, werden sie auch hier auf diesen Seiten, nicht geschichtlich nach einer Zeitenfolge, sondern nach Landschaften angeordnet und besprochen. Sie sollen, unserem Ansatz entsprechend, unter Umgehung von Ruinen, in Österreich und Bayern beginnen und ziehen sich über Schwaben, den Oberrhein nach dem Neckar hin. Dann folgen sie dem Main, dem mittleren Rhein und berühren danach Thüringen, Sachsen, Niedersachsen, Westfalen, den Niederrhein und wenden sich Schleswig-Holstein und zum Schluss dem Ordensland zu. In der Tiefebene herrscht naturgemäß die Wasserburg, in der Hochebene die Bergburg vor, welche das Terrain erhöht, zum Schutz gliedert und vollendet, während die Wasserburg das Gelände künstlich anlegt und verzweigt, und insofern einen natürlichen Zugang unterbricht. Die Wasserburg soll durch ihre Konstruktion den Angreifer täuschen, die Höhenburg durch Verteidigungsanlagen mit Pfeil, Pech und Feuer bezwungen werden. Erst im 17. Jahrhundert werden französische Muster im großen geometrischen Stil als Vorbilder übernommen. Diese erreichen jedoch nicht oft den Grad der Beliebtheit der älteren, düsteren unregelmäßigen Anlagen. Allmählich werden ihre zerstörten Ecken und Kanten wieder natürlich aussehend, d.h., dunkel und schwarz. Die Formen geben der natürlichen Zerbröckelung nach. Die Burg wird allmählich wieder Natur, die Sage hält Einzug und um Kaiser Rotbart entsteht ein Kyffhäuser Effekt. Der Zweck der Wehranlage zerfällt ebenfalls, die Verteidigungsbereitschaft verschwindet aus diesem Teil des Landes. Die einstmals befestigte Landschaft nimmt abermals den Charakter eines Geländes an. Nur ein Ausfluss der uralten Kraft des furor teutonicus mag erhalten geblieben sein. Burgen verwachsen wieder mit dem Boden. Dereinst waren Burgen Wahrzeichen eines Landes, ja, sie verrieten etwas von der Tiefe der Stammesart einer wehrhaften Ansiedlung.

Ackerbau

Unmittelbar nach Einführung des schweren Eisenpflugs konnte die in Klöstern Karls und seinen karolingischen Nachfolgeklöstern praktizierte Zwei- in eine Dreifelderwirtschaft gesteigert werden. Dabei wurde die bisherige Anbaufläche von zwei Hälften in drei Teile getrennt. Deren jede wurde ein Jahr lang brach gehalten, so dass darauf eine Weide entstand. Das Schema sieht so aus:

1. Jahr	Sommergetreide	Wintergetreide	Brache
2. Jahr	Brache	Sommergetreide	Wintergetreide
3. Jahr	Wintergetreide	Brache	Sommergetreide

Etwa zur gleichen Zeit wurde ein steifer gepolsterter Ring um einen Pferdehals gestreift, wodurch die Zugkraft der Pferde statt der vorher eingespannten Rinder sehr erhöht wurde. Deshalb wurden sie trotz zähem Widerstands der Bauern abgelöst. Am Ende wurden bis zum 15. Jahrhundert überall in unseren Gebieten Rinder durch zugkräftigere Pferde ersetzt. Bis zu diesem Zeitpunkt stieg die Anzahl der besser ernährten Bevölkerung stark an, besonders in den sich ausdehnenden Ländern der altdeutsch sprechenden Stämme. Da die ganze Gemeinschaft eines Dorfes durch den Flurzwang diese Aussaatmethode zu übernehmen hatte, entwickelten sich wie nebenbei viele neue handwerkliche Betriebe. Die anschließend eingeführte Ernährungsweise durch Kartoffeln und Rüben für Menschen und Hafer für Pferde hat die allgemeine Ernährungsweise später verbessert.

Die Dreifelderwirtschaft betrifft zunächst nur eine Fruchtfolge. Darüber hinaus konnten die dörflichen Kleinparzellen in drei dörfliche Großfelder überführt und erweitert werden. Das heißt also, der Ackerbau und die ihn begleitende Viehzucht und diese Pferdeverwendung trugen wesentlich zu einer besseren Volksernährung bei. Auf diese Weise konnten dann größere Gebiete bewirtschaftet werden. Auch die Volksgesundheit dürfte sich bis zum Hochmittelalter entschieden verbessert haben.

Klosterkultur

Die wichtigsten Klöster, wie Burgen fast alle in Hügellage gelegen, sind im Sinne unserer Fragestellung die Reichsabteien. Einige der mit ihrer Leitung betrauten Reichsäbte gehörten dem Reichsfürstenstand an. Wie Wolfgang Braunfels, Abendländische Klosterbaukunst, 1969 S. 200, so treffend bemerkte: „Alle politisch erfolgreichen Klöster liegen an Orten, die schon von der Natur ausgezeichnet waren." Unseres Erachtens wäre also die Frage, wer von beiden, Kloster oder Stadt, die Vormacht hatte, falsch gestellt. Da sich die Klöster zweifellos von Süden (und Westen) nach Norden (und Osten) ausdehnten, ebenso wie die Städte (von der Donau bis zur Eider), und die Größe einer Stadt nicht durch eine neu-statistische Einwohnerzahl gemessen werden konnte, wurde sie durch die Anzahl ihrer Klöster veranschlagt oder veranschaulicht. Daher kann diese Frage mit Sicherheit zugunsten der Klöster beantwortet werden. Sie hatten diese Vormacht bis zum Beginn der Renaissance. Die Stadt hat sich bis dann vornehmlich um die Klöster herum entwickelt, auch wenn sie oft vor den Stadtmauern errichtet und unterhalten wurde. Die Klöster konnten wirtschaftliche Musterbetriebe unterhalten und dadurch die Stadtbevölkerung mitversorgen. Man hat auch meistens zuerst ein Kloster und erst danach die neue Kirche errichtet. Die Klosterkultur ist demnach die Mutter der strengeren Kirchenbauweise der Meister gewesen, auch wenn es öfter Äbte als Äbtissinnen gab. Vor der Industrialisierung des späten 18. bis frühen 19. Jahrhunderts herrschten öfter Klöster über eine Stadt; manchmal blieb eine Grundspannung zwischen ihnen erhalten; selten unterjochte die Stadt ihre eigenen Klöster. Diese Zusammenhänge erlauben uns einen tiefen Einblick in die Bedeutung der österreichischen und süd- bis westdeutschen Stadtkultur dieser Zeit.

Stadtgeschichte

Um von der Stadt und ihrer Geschichte sprechen zu können, bedurfte es einer Trennung der Stadt von ihrem Umland. Daraus ergibt sich aber auch, dass eine Unterscheidung zwischen gegründeten und gewachsenen Stadttypen nicht haltbar ist. Es wäre ebenso grundlos danach zu fragen, ob die altdeutschen Stämme geboren oder durch Stammbäume dynastisch gezüchtet worden wären. Die Ausbreitung des Stadtbildes geschieht fortschreitend, die der ländlichen Umgebung jahreszeitlich bedingt, die der Klöster durch Stiftung begonnen. Alle drei Entwicklungen verlaufen sowohl planmäßig wie auch in Phasen oder sogar spontan. Eine Klostergemeinschaft hält durch das Gelübde des Ordens eng zusammen. Eine Landgemeinde traf sich nur zu bestimmten Jahreszeiten (ursprünglich unter einer Eiche), eine Bürgergemeinde organisierte sich von einem Platz aus, d.h., verfasste sich dort in einer Ordnung. Sobald Stadtgerichte tagten, entwickelte sich eine Rechtsprechung. Dienen Feldumzäunungen dem Ernteschutz, so Steinmauern der Verteidigung einer ganzen Stadt. Leerstellen zwischen Land und Stadt, wie etwa die Lüneburger Heide, sind selten geblieben. Das Alpenvorland südlich der Donau außerhalb unseres Forschungsgebiets bildet eine weitgehend städtefreie Zone, so wie es, je näher man der Eidergrenze kommt, eine burgenfreie und ursprünglich städtearme Gegend gibt. Im dreizehnten Jahrhundert existieren ungefähr genauso viele Städte wie Klöster. Die Königsherrschaft in den Städten lässt nach, zu einer hauptstädtischen Zentralgewalt kommt es zu dieser Zeit und noch lange nachher nicht. Überregionalität strahlen Klöster durch die Kraft ihrer Ordensregeln aus. Aber Mönche, die kein Privateigentum haben durften, sanken manchmal zu Sklaven herab. Überlandschaftlich operierende Städte übernehmen langsam eine wirtschaftliche Vormachtstellung. Die Wirkung von Burgen ebbt gleichzeitig ab und zwar erwartungsgemäß dort, wo das Gelände flach wird. In der frühen Neuzeit ist die Anzahl der aufblühenden Städte und ihrer Einwohner, wie neuere Forschung des Instituts für vergleichende Städtegeschichte an der Universität Münster gezeigt hat, wegen der Pestepidemie sehr stark gesunken. Es hat lange gedauert, bis diese Verluste wieder aufgeholt werden konnten. Der Schmerz über anhaltende Menschenverluste war wegen der Raschheit, aber auch der Länge ihres Auftretens wahrscheinlich durch die Stadtbevölkerung spürbarer, weil die Vermissten unersetzlicher erschienen, denn sie lebten nicht im Einklang mit der Naturlandschaft. Stadtgeschichte verwirklicht sich in Zeiten von Seuchen im Vergleich zum rapiden Ende eines Landdaseins als vermutlich todesgeweihter. Das Aussterben und die Wüstung ganzer Dörfer auf dem Lande geschah auch überraschend, aber eine Stadt, wenn sie vom Feinde nicht abgebrannt wird, erholt sich langsam wieder. Ihre Verluste an Menschen werden anders erlebt. Stadtgeschichte funktioniert bei großen Gefahren anders, wenn auch nicht gnädiger, als das Landsterben. Städte sanken scharenweise zu Dörfern zurück. Während des Dreißigjährigen Krieges tritt der finanzielle Ruin ein. Die städtische Einwohnerschaft des hier betrachteten Gebiets kann zwischen Pest und Cholera kaum noch die Hälfte des ursprünglichen Bestandes betragen haben. Unsere städtischen Vorfahren lebten zwei bis drei Generationen in großem Elend. Jene Lücke wird nur langsam geschlossen. Vorwärts blickend kann diese harte Frühneuzeit als Geburtsstunde der gewaltsamen Gebietsherrschaft betrachtet werden.

Sprache

Geschichte der deutschen Sprache (Heidelberg 1969) von Adolf Bach unterscheidet in seinen §§ 49 und 50 die donau-alpenländische von der Niederrhein-Nordseegruppe der Germanen und macht an dieser Trennung des Westgermanischen vom Germanischen den Unterschied fest. Ein trennendes Stammbauschema erweist sich dabei als unbrauchbar, „da sich die zeitliche Schichtung und Überschneidung der sprachlichen Erscheinungen durch es nicht ausdrücken lassen." „Das Deutsch, das am Ende steht, ist Ausgleichsergebnis, eine späte nachträgliche Einheit, nicht Ausgangspunkt. Das Gleiche gilt für die Begriffe ‚Ober'- und ‚Niederdeutsch'." (§ 50) Da die späteren deutschen Stämme mit unterschiedlicher Stärke daran beteiligt waren, muss betont werden, dass die Grenz- und nicht die Zentrallandschaften (§ 64) maßgeblich gewesen sind. Das Land der Franken ist, vom Rhein her gesehen, die zentrale Ausstrahlungslandschaft gewesen, wo südliche und nördliche Gegensätze aufeinander trafen, sich verschiedene Erinnerungen sammelten und ablegten. „Niedersachsen ... stellt die Rückzugsstellung des alten Germaniens innerhalb des werdenden Deutschen dar." Deshalb ist aber auch festzuhalten: „Auch eine überlandschaftliche Gemeinsprache von ausgeglichener Regelmäßigkeit ist nicht entwickelt worden". (§ 65) Sprachliche Führerpersönlichkeiten ... treten uns nicht entgegen." Sehr bezeichnend ist es auch, dass vor 1531 keine auf Deutsch geschriebene Grammatik des Spätmittelhochdeutschen vor Valentin Ickelsamer (um 1500 in der Gegend von Rothenburg ob der Tauber geboren und 1547 gestorben) veröffentlicht worden ist. Eine entsprechende tschechische Grammatik ist kurz zuvor erschienen. Daran kann man ersehen, dass auch Sprachen vergleichend analysiert werden sollten. Es sollte daher hier nicht von einer Geschichte der deutschen Sprache gehandelt, sondern von einer vergleichenden Oberherrschaft der deutschen Sprache über die zusammenwachsenden deutschen Stämme geschrieben werden. Sprache entwickelt, verschiebt sich aber nicht selbst. Wohl aber verschiebt sich die Erinnerung, mit Hilfe derer sie unsere Verständigungsbereitschaft aussortiert und speichert.

Recht

Der Leser darf nicht überrascht sein zu erfahren, dass die germanischen Stämme ihre ersten Volksrechte nicht auf Germanisch aufzeichnen konnten, sondern das Lateinische zur Hilfe nehmen mussten. Diese sprachjuristische Entlehnung hat ab dem frühen Jahrzehnt um 500 n. Chr. für vierhundert Jahre funktioniert. Die wichtigste Gruppe bilden die Rechtsbücher des Frühmittelalters. Die Verfasser schrieben sie als Gedächtnis- und Überlieferungsstütze in volkstümlicher lateinischer Umgangssprache nieder. Zunächst benutzten sie den sog. sermo familiaris. So fand das niedersächsische Gewohnheitsrecht ohne amtlichen Auftrag seine lateinische Schriftlichkeit. In ihm suchen Sollvorschriften und nicht als neu empfundene Rechtsentwicklungen ihren Niederschlag. Man muss sich das so vorstellen, dass der Richter über ein umfassendes mündliches Kollektivgedächtnis verfügte.

In seiner Reimvorrede macht sich Eike von Repgow (ca. 1180 – ca. 1250) aus Reppichau an der Elbe zwischen 1225 und 1235 ans Werk einer Übersetzung vom Umgangslateinischen in elbostfälische Mundart. Bis auf eine Reimvorrede handelt es sich um Prosa, eine der ersten in mittelhochdeutscher Sprache. Sie gehört als Abbildung der sog. Spiegelliteratur zum Vorbild der Rechtsgeschichte. Dieses religiös verankerte Rechtsbuch umfasst zwei verschiedene Rechtsbereiche, erstens, das Landrecht als Recht und Schutz der freien Leute einschließlich der Bauern. Es umfasst aber nicht das Stadtrecht noch das Kirchenrecht; es schützt also nicht die Mönche und die unfreien Arbeiter. Es enthält auch Vorschriften des Strafrechts und die Gerichtsverfassung. Das separate Lehnrecht klärt strittige Standesverhältnisse. Auch die Königswahl wird hier bis zur Geltung der Goldenen Bulle von 1356 immerhin für vier Generationen geregelt. Jeder Angeklagte hatte schon damals das Recht, in seiner Muttersprache vernommen zu werden und sich in ihr zu verteidigen. „In Eikes Spiegelbild tritt uns fast die gesamte mittelalterliche Lebensordnung entgegen, das Privat-, Straf-, Verfahrens-, und Staatsrecht" (S. 8) Besonders eindringlich beschreibt aber auch Adolf Laufs, Rechtsentwicklungen in Deutschland (Berlin 2006) im ersten Kapitel, Eike von Repgow und sein Werk. „Im Mittelpunkt des Landrechtes stehen zwei Arten von Gerichten, deren jedes den Namen Landgericht tragen kann: das Gericht der Grafen mit seinen Schöffen, das über Eigen und Erbe, über Wergeld und Buße entscheidet, und das Gogericht, dem die Verfolgung handhafter Täter obliegt, und dem vom Bauermeister alle Verbrechen angezeigt werden müsse." (1. Band S. 279):

Wer mine rede niht vernemit, will her min buch beschelden san, so tut her daz im missezemit; wen wer so swimmen niht enkan, Wil her dem wazzere wizen daz, so iz her unversunnen. Si lernen daz si lesen baz, daz siez vernemen kunnen.

Ab Luthers Zeit wirkte die hochdeutsche Sprache als bündisches Element und half das Niederdeutsche als frühe Amts- und Bibelsprache wieder zu verdrängen. Auch das Namensrecht blieb jahrhundertelang davon nicht ausgenommen. Der Vater Martin Luthers hieß ursprünglich niederdeutsch Luder, als Goethes Eltern heirateten, hießen sie auf ihrer Anzeige Goede. Die Durchsetzung des Hochdeutschen beim Deutschen Bund ist in erster Linie nicht ein Sieg der Sächsischen Kanzlei, sondern ein Weichen der ursprünglich dynastisch verankerten niederdeutschen Sprache vor der bundesgeschichtlich obsiegenden Hochsprache. <Cuius regio eius religio> bedeutete bundessprachgeschichtlich eine Sprechweise und Druckform, die sich bis in die Familienebene durchsetzte.

Schriftlichkeit

Der Mainzer Johannes Gutenberg (ca. 1397–1468) erfand den Buchdruck mit beweglichen Metall-Lettern. Mit Hilfe dieser neuen Technik konnten

Vorder- und Rückseite auf einem Blatt einwandfrei bedruckt werden. In diesem Verfahren wurden die Lettern, nachdem sie säuberlich getrennt und alphabetisiert wurden, wiederverwendet. Zum Setzen der beweglichen Buchstaben erfand er den sog. Winkelhaken. Etwa 200 lateinische Bibeln wurden bis 1455 gedruckt und verkauft. In Wittenberg allein wurden bis 1584 einhunderttausend Bibeln gedruckt. Man darf auch sagen, dass Luther mit Hilfe seiner Gemeinsprache die Einengung durch die lateinische Syntax sprengte. Die Wirkung der lutherischen Übersetzung wurde auch dadurch vertieft und verbreitet, dass die gläubigen Protestanten die schönsten Passagen auswendig lernten. Die Erfindung des Buchdrucks war für die Verwirklichung einer deutschen Gemeinsprache von entscheidender Bedeutung. In raschem Tempo wurden auch nicht-theologische Wissensgebiete erschlossen und systematisiert. Auf dem Gebiet der Wissensverbreitung hatte die Renaissance in Mainz begonnen und deutschsprachigen Büchern einen Vorsprung verschafft. „Auf vielen Gebieten eroberte das Deutsche im 14. bis 16. Jahrhundert beträchtlich an Raum". (Bach, ibidem, § 117) Geistliche Stadtschreiber legen Chroniken an, Volksbücher werden populär. Weltliterarische Themen werden in deutscher Prosa bearbeitet. Erbauungsschriften auf Deutsch werden häufiger als die Bibel gelesen. Die erste Vorlesung auf Deutsch an der Universität Basel hielt 1526 der Arzt Professor Paracelsus (ca. 1493–1541). Auch hinsichtlich der Interpunktion machte das Lutherdeutsche Fortschritte. Der Genitiv geht unter. Einige ältere starke Verben werden schwach konjugiert. „Auf dem Gebiet des Satzbaus hat die altdeutsche Folge der Zeiten (...) eine Auflösung erfahren." (§ 118.4) „Luthers Wortschatz hat sich keineswegs völlig durchzusetzen vermocht, viele seiner Wörter sind später in der Schriftsprache untergegangen". (§118.6a). Während seine 95 lateinischen Thesen textlich nicht wirklich heimisch wurden, sind seine 35 Lieder und Choräle auf Flugblättern in vielen Sprachen zum Kulturerbe geworden. In diesem Genre behält die Mündlichkeit wegen Text und Melodie vor der Schriftlichkeit allein die Oberhand, dank der <Wittenbergisch Nachtigall>, wie ihn der Meistersinger Hans Sachs (1494–1576) in seinem langen Gedicht benannte.

Mündlicher Humor

„Humor ist, wenn man trotzdem lacht." Dieser Aphorismus von Otto Julius Bierbaum (1865–1910) alias Simplizissimus ist vielsagend und tiefsinnig. Er besagt, dass keine Situation denkbar sei, in der nicht mehr gelacht werden könne oder dürfe. Fraglich bleibe dabei, wie nah man das Gelächter an sich heran- oder wie weit man es aus sich herauslässt. Feststeht nach diesem Satiriker, dass Witz zum Humor eine gewisse Distanz zwischen beiden erfordert. Da ist mir die Idee gekommen, dass unter den Bergen, wo Althochdeutsch gesprochen (wie etwa im Walsertal), eine andere Lautentfernung herrscht als am altniederdeutschen Deich. Das Gelächter unter dem Gebirge löst ein Echo aus. Der Humor kommt ein großes Stück weit zurück, während er in der Niederung nicht widerhallt, also verloren geht. Es müsste also eine Verbindung zwischen dem im Dialekt ausgedrückten Spaß oder Witz und dem folgenden Gelächter geben, je nachdem wie hoch über der Ebene der Sprecher redet. Im Kern ist daher der Humor primär ein mündliches Phänomen des Gesprochenen und erst sekundär des Geschriebenen. Selten vermochte Humor als Triebkraft so große Verbreitung finden, dass er sich über ein gemeinsprachliches Gebiet ausdehnen konnte. So hat sich schon vor dem Anfang des 16. Jahrhunderts eine überregional Witz- und Gelächterkultur ausgebreitet, die man zwischen schwäbisch, bairisch, fränkisch, oberrheinisch, niederrheinisch, hessisch, thüringisch, sächsisch und nordländischem Plattdeutsch unterscheidet und beim Hören anheimelnd bzw. abstoßend empfindet. Weil das Niederdeutsche als Schul- und Kanzelsprache abgelöst wurde, verlor der plattdeutsche Humor sein Hinterland und wirkt auf uns tragischer. Es wird eben nicht mehr an den gleichen Stellen gelacht. Früher als das Militär und der Reserveleutnant noch für größeres Ansehen sorgten, fand selbst unter Zivilisten militärische Komik große Zusprache. Die Satire hat sich mancherorts in einigen Städten gegen den Zeitgeist entwickelt und sich außerhalb der spießigen Enge ebenfalls durchgesetzt.

Nachbarschaft

Ein Land und seine Einwohner werden nicht nur durch eigene Kräfte und auch seine Arbeitserträge definiert, sondern in abschwächendem Maße ebenfalls durch die seiner Nachbarn. Diese gehen in kultureller Hinsicht langsam, jedoch sprachlich unmittelbar, zu Fremdlingen über. Um zu erfahren, wie Altdeutsche als Deutsche zusammenhalten, empfiehlt es sich, ihre Erträge mit denen ihrer Nachbarn zu vergleichen. Deutsche gehen nicht urplötzlich an einer willkürlich gezogenen Grenze in Nichtdeutsche über, wie z. B. in Eupen-Malmedy (Ostbelgien). Will ein Schriftsteller die Errungenschaften eines Landes erkunden, sollte er auch deren Nachbarvolk wenigstens etwas kennen und mindestens einmal bereist haben. Verfasser hat fünfmal Österreich (Wien, das Salzkammergut und Tirol) besucht und hat ein Semester an der Adam Mickiewicz Universität in Poznan unterrichtet, war an der Universität Olomouc (früher Olmütz) in der Tschechoslowakei vom Land NRW angestellt, um Linguistik zu unterrichten – eine Verpflichtung, die buchstäblich ins Wasser gefallen ist. Er war in den siebziger Jahren ein Jahr am Petersplatz zu Basel als Gastprofessor eingeladen und hat im Zusammenhang damit Bücher in der Schweiz verlegt. Er kennt Norditalien und Rom und versteht etwas Italienisch, weil er seit Pennälerzeiten gerne Latein hatte und es auch später im Ausland unterrichtete. Er studierte nach dem Abitur eine année scolaire an der Rechtsfakultät der Sorbonne und wohnte damals in der Cité universitaire. In Liège, das auf Deutsch nach Karls Sohn, Ludwig dem Frommen, Lutticum hieß, hielt er ein Grundsatzreferat und landete auf dem zweiten Platz einer Berufungsliste. Die alten belgischen Städte Brügge und Ghent sind ihm vertraut. Er versteht gut Niederländisch und hat ein halbes Jahr in Oegstgeest, im Vredespalais und in Leiden geforscht. Er ist bezaubert von der Hauptstadt seiner Urgroßeltern Schmidt-Tychsen, Kopenhagen, hat Grundbegriffe des Dänischen und verfasste vergleichende deutsche Bücher über dänische Dichter, vor allem Adam Oehlenschläger (1779–1850) und Johannes V. Jensen (1873–1950). Aus diesen vergleichenden Perspektiven hebt sich die deutsche Landeskunde ab. So gesehen haben sich Feindschaft, aber auch Kultursolidarität mit den Nachbarsprachen abgewechselt. Ideentransfer von ausländischen Arbeitsmethoden (z. B. bei der dänischen Volkshochschule) machten in Grenzregionen Unterschiede aus. Es darf nicht vergessen werden, dass die Könige von Dänemark (für den Landesteil Holstein) und die Niederländischen (für das Großherzogtum Luxemburg) von 1815–1865 vorteilhaft für alle Drei zum Deutschen Bund gehörten.

Handel

Im Spätmittelalter beginnt der Güteraustausch im einfachen Tauschhandel unüblich zu werden und der Geldumlauf übernimmt die Bezahlung der Ware. Geldwechsler kommen zum Zuge und schlagen ihren Stand auf. Marktordnungen werden eingerichtet und geregelt. Die wichtigsten anerkannten Währungen werden nach dem Hauptvorkommen im böhmischen Joachimsthal und im Harz abgebaut und geprägt. Der Taler, der sich im 17. Jahrhundert sogar als Dollar in Nordamerika als Freibeuterwährung fortsetzt, floriert. Während die deutschen Landesherren Münzprägungen dieser Art gestatten, verbietet Großbritannien 1704 diese geldwirtschaftliche Notwendigkeit in ihrer Kolonie. Eine Parallelwährung mit niederdeutschem und niederländischem Namen setzt sich verspätet noch in New York durch. Eine auf den Goldgehalt gemünzte Währung, die diesen Standard (so wie der Peso) nicht einhalten kann, geht zur Recheneinheit von Silber über. Im Süden und Westen des Heiligen Römischen Reiches Deutscher Nation setzt sich der Gulden durch, in Tirol und im Harz werden Silbertaler geprägt, die bis Norddeutschland angenommen werden. Um 1500 ist das Erlassen von Reichsmünzordnungen zu wiederholten Malen auch sprachlich gescheitert. „Die Hanse vermittelt den Güteraustausch zwischen Ost und West, zwischen den Naturalien der Ostländer und den Fertigprodukten des Westens." (Heinz Stoob, Die Hanse, Verlag Styria 1995, Umschlag). Die Städte mit eigener Münzprägung machten das Rennen. Allerdings führten Preissteigerungen immer wieder zu Geldentwertungen. Unglücklicherweise konnte die Hansestadt Lübeck als caput omnium oder Haupt aller etwa 190 Städte, die meist an Flussmündungen oder Häfen lagen, sich gegen die aufstrebenden niederländischen Kaufleute und deren Schiffsverkehr nicht behaupten, wenn es ihnen auch öfter (wie Lübeck) gelang, im Dreißigjährigen Krieg neutral zu bleiben. Als durch Wipper und Kipper verursacht, bezeichnet man eine unaufhaltsame Geldentwertung, bedingt durch Silberknappheit während des Dreißigjährigen Krieges. Betrüger wippten die Waage und sortierten (niederdeutsch „kippten") schwere, verbleite Münzen aus. Erst nach Überstehen einer allgemeinen Hungersnot gelang eine Währungserneuerung durch angeordneten Umtausch. Der Handel erholte sich zuerst auf dem Lande und später auch in fürstenstaatlichen Städten. Ob der Käufer vom Verkäufer bei einem Handel einen angemessenen Gegenwert erzielt, gehört nur dann nicht dazu, wenn der Einkauf gegen die guten Sitten verstieß. Im Übrigen galt: der Käufer möge sich in Acht nehmen. Diese Maxime wurde vom römischen Rechtsgrundsatz caveat emptor übernommen.

Vorbilder

Zwar ist das Heilige Römische Reich deutscher Nation erst allmählich in den Auseinandersetzungen mit Westeuropa und Italien entstanden, wurde dann aber selbst zum Vorbild für die niederländische und die dänische Reichsentwicklung und deren Hofsprachen. Erst nach dem Westfälischen Frieden erhoben sich die Siegermächte Frankreich und Schweden zu Vorbildern der Katholischen Liga bzw. der Protestantischen Reichsstände. Im 17. Jahrhundert schwindet der Vorbildcharakter der deutschen Länder in deren schöpferischer Kraft, die nur noch in der Mystik ausstrahlte und schloss sich zu einer Gemeinsprache zusammen. Frankreich, aber auch Flandern traten in die Weltliteratur ein. Andererseits: „Die Überlegenheit des Hochdeutschen über das Niederdeutsche gilt nicht nur für den schriftlichen, sondern auch für den mündlichen Gebrauch." (Bach Geschichte der Deutschen Sprache, § 109, S. 212). Sobald die mittelhochdeutsche Blütezeit der Literatur vorüber war, übernimmt das Französische in Europa die geistige Führung, machen sich die Niederlande, Flandern und Brabant, sowie Chaucers Englisch literarisch selbständig. Dies entgegengesetzte nationale Selbstbewusstsein versucht sich, in den einzelnen Ländern an die Spitze zu setzen. Ebenso tritt eine unabhängige deutsche Prosa hervor. Es bleibt aber genügend Raum für ausländische Vorbilder.

Ab 1550 gelangt im Pariser Louvre die Inspiration der französischen Künstler durch die Antike wieder zu hohem Ansehen. Säulen und Kapitäle, sowie Statuen läuten die Stilrichtung der Baukunst der Renaissance in Frankreich ein. Auch jenseits des Rheins gerät das neue Vorbild zu Vorbildern. Vorbildhaft verbreitet die Renaissance den Humanismus außerhalb der französischen Ostgrenze. Das Durchgangsland bildet Burgund. Im alten Süddeutschland verbreitet sich ungefähr gleichzeitig die Renaissance aus Italien und bekämpft den Protestantismus mit baulichen und schulischen Mitteln. So wie sich vorher dieser Neue Stil von der Loire an die Seine verlagerte, wanderte dieses franko-italienische Zivilisationsmuster von der Donau zum Main. Der berühmte Universitätstyp der Sorbonne und des

Collège de France finden jedoch in Deutschland und England keine direkte Nachahmung und diente den vielen deutschen und den wenigen englischen Hochschulen nicht zum Vorbild.

Landfrieden

Der Landfrieden ist ein Ausfluss des Gottesfriedens. Er mündet in einen Gewaltverzicht. Nur im normannischen England und in Skandinavien ist es nicht dazu gekommen. Vermutlich ist dieses Rechtsinstitut auf einem frühen Kreuzzug entstanden. Er wirkt sich auf dem Felde des Privatrechts aus. Wo der Landfrieden (pax dei) zugesichert war, konnte in Ruhe gearbeitet, gebaut, gesät und geerntet werden. Die neu geschaffene Gerichtshoheit stellte das private Fehderecht gebietsweise außer Kraft. Literarisch hielt eine innewohnende Friedenssehnsucht das aus dem Französischen übersetzte mittelhochdeutsche Rolandslied fest. In ihm erschallte Reichsgraf Rolands Hornruf der Not vor dem arabischen (sarazenischen) Heer in den Pyrenäen. Dieser war als Pair des Frankenreiches berechtigt zur Privatfehde mit Graf Genelun. Nun aber musste er seinen König Karl (Martell) zu Hilfe rufen. Am Ende des Liedes wird Genelun und nicht Roland zur Vierteilung verurteilt. Als flankierende Warnung und Erinnerung stellten viele nord- und ostdeutsche Städte Rolandssäulen auf, weil der Sachsenspiegel auf dem Gebiet des Stadtrechts eine Lücke gelassen hatte. Heute stehen solche Säulen nur noch in norddeutschen Städten (wie Bremen) als Aufforderung zum Rechtsfrieden, d.h., zum privaten Gewaltverzicht. Das Verbot, eine Fehde durchzufechten, tarierte die Gewaltenteilung neu, indem ab dem 11. Jahrhundert das Gewaltmonopol des Königs beschworen werden musste. Der Landfrieden wurde in den altdeutschen Territorien schon früh geschützt, erstens durch bürgerliche Schwureinung, zweitens baulich-symbolisch durch Rolandsstatuen und drittens durch positive Rechtsvorschriften. Die Kirche regelte aus Angst vor Übergriffen auf Geistliche, Frauen und Waisen die Räume der Kirche vor aggressiven Übergriffen und bannte Übeltäter. Erweitert wurde dieser Rechtsschutz bald danach auf bestimmte wiederkehrende kirchliche Feiertage. Wegen weiterer Rechtsentwicklungen verweisen wir auf den Vierten und Fünften Teil.

Freiheit in der Standesordnung und deren Ausnahmen

Stände werden durch ein Modell von Vorrechten und Benachteiligungen schon im alten Frankenreich geformt. Es hat sich während der Regierungszeit der Karolinger entwickelt. Es handelt sich um ein System des Geburtsrechts, das es dem Hineingeborenen aber erlaubte, gleichzeitig Obrigkeit und Untertan zu sein. Der erste Stand umfasst die Geistlichkeit, den sog. Lehrstand, der zweite Stand die Mitglieder des Adels, der als Wehrstand angesehen wurde, zum dritten und niedrigsten Stand gehörten die freien und unfreien Bauern, der sog. Nährstand. An der Spitze der Ständeordnung stand der König, der zwar gewählt wurde, aber gleichzeitig durch Geburtsrecht eingesetzt werden konnte. An der unteren Basis der Ständepyramide mussten 90 % der Bevölkerung ihr Leben fristen. Sie hatten allenfalls begrenzte Rechte gegenüber ihrem Gesinde. Letztlich glaubte der Mensch des Mittelalters, dass Gott keine soziale Mobilität gestattet und die Kleidervorschriften schon im Himmel angeordnet hätte. Die generelle Ausnahme wird erst ganz am Ende durch die Gewährung einer bundesartigen Staatsbürgerschaft gewährt. Die Kleiderordnung entsprach der ständischen Herkunft und die grobe Sprache verriet die soziale Zugehörigkeit des Sprechers. Ein Überspringen der Standesfesseln war dem Höchstbegabten in jüngeren Jahren möglich. Ganz zuletzt wurde die Hürde der Hoffähigkeit überschritten. Ausgebildete Ärzte und Rechtsanwälte bleiben bis heute die Ausnahme, welche das Gewohnheitsrecht zum Teil im Ansehen weiter bestimmt. Besonders Ärzte zählen seit jeher bundesübergreifend zu den sog. Heilberufen. Bereits im Hochmittelalter rückte in einigen Fällen die Frau gesellschaftlich vor. Im Gewohnheitsrecht konnte im Zweifel eine Frau (als wäre sie eine Witwe) selbst bestimmen, wen sie erwählte. Der vorrückende Rechtsgrundsatz lautet lateinisch-rechtlich: consensus fiat nuptias. Die Übereinstimmung der eine Ehe Schließenden bringt die Heirat zustande, und nicht mehr, wie sonst bis dahin generell, die Zustimmung des Familienoberhaupts bzw. das Sakrament des Pfarrers. Überraschenderweise bleibt es dem Familienrecht vorbehalten, die Ausnahmen bei der Gattenwahl rechtsgestaltend zu erlauben. Die Rücksichtnahme auf die Bedürfnisse der Konsensual-Ehe entspricht dem heranreifenden bündischen Prinzip. Es ersetzt allmählich ab dem 11. Jahrhundert die vaterrechtliche, letztlich dynastische Fortsetzung der Familie und gliedert sie anders aus. Erst beim modernsten Ehebund (tausend Jahre später!) darf die Braut ihren Geburtsnachnamen standesamtlich behalten.

Zweiter Teil:
Die Entwicklung zum Bunde

Drittes Kapitel: Die vor-bündische Kulturverbreitung auf bedeutenden Burgen

Feste Hohensalzburg

Sie ist seit ihrer Gründung im 11. Jahrhundert eine der größten Burganlagen Europas und liegt oberhalb der den Stadtkern durchfließenden Salzach und ist ein Wahrzeichen der geistlichen Residenzstadt Salzburg, die von einem Erzbischof regiert wurde und ist mit Wien die älteste Stadt Österreichs. Sie besitzt auch die älteste erhaltene Sandseilbahn, den sog. Reißzug, auf die Festung. Hier wohnten und regierten einst die Römer, bis zu Mozarts Zeit dann die Bayern in einem deutschen Erzbistum des Heiligen Römischen Reiches Deutscher Nation das Sagen hatten. 1805 befahl Napoleon die Angliederung des Fürstbistums durch das Kaisertum Österreich, in dem Salzburg als Bundesland verblieben ist. Keine Stadt hat so viel Ess-Salz gewonnen, verkauft oder so viel politisches Schmalz gestrichen wie gerade diese Stadt. Ihr jeweiliges Eintreten für den gewählten deutschen Kaiser oder die Bannung durch ihre Bischöfe spielten immer eine große Rolle. Diese wurde durch die einzigartige Lage, die Baukunst ihrer Architekten und das Kunstverständnis ihrer Bürger klug und stark unterstützt. Die Feste wurde wegen dieser vorausschauenden Politik so gut verteidigt, dass sie niemals eingenommen, geschweige denn gestürmt werden konnte. 1481 versuchten die Stadtbürger aus einer Privilegien-Passage die Rechtszuteilung einer Freien (nur dem Kaiser unterstellten) Reichsstadt zu erwerben. Dieser Vorstoß blieb jedoch vergeblich. So erfüllte sich die Anmaßung, fortan als <Rom Bayerns> zu gelten, trotz ihres wunderschönen Baustils nicht.

Da Bayern nur eine Mittelmacht darstellte, konnte sich Salzburgs Schicksal besser in Österreich erfüllen. Wegen der strategisch günstigen Lage gelang es Salzburg zwischen Bayern und Österreich auf lange Zeit eine beherrschende Stellung einzunehmen und auszutarieren. Auch seine Bischöfe übten selbst auf Reichsangelegenheiten einen weit ausgreifenden Einfluss aus. Mancher Erzbischof erlangte die Kardinalswürde und war als solcher bei der Reichspolitik mitbestimmend. Die künstlerische Entdeckung des Salzkammerguts und später der Salzburger Festspiele machten die Stadt und ihr Umland weltberühmt.

Burg Hardegg

Eine düstere Burganlage aus dem 12. Jahrhundert liegt auf einer Felsenklippe am Fluss Thaya an der tschechischen Grenze im Waldviertel Niederösterreichs. Es ist heute nach Einwohnerzahl die kleinste Stadt Österreichs und verdankt ihre Erwähnung in unserem Katalog der Größe und rauen Pracht seiner sehr geräumigen Anlage. Burg Hardegg umfasst Turm, einen repräsentativen Saalbau und eine Kapelle. So erstaunt es zu erfahren, dass eine solche Burg und ihr Territorium dreihundert Jahre nach ihrer Gründung reichsunmittelbar geworden ist. Nach dem Tod des letzten kinderlos gestorbenen Reichsgrafen von Hardegg ging seine Grafschaft an die Habsburger über. Mitte des 17. Jahrhunderts wechselte Burg Hardegg wiederum den Eigentümer. Seit damals begann der Verfall dieser Burg einzusetzen. Im 18. Jahrhundert durften Steine abgetragen werden. Erst im 19. Jahrhundert baute ein Mitkämpfer <Kaiser> Maximilians von Mexiko die Burg wieder auf und ließ in ihr ein Museum zu Ehren Maximilians einrichten. Die Burg diente im 20. Jahrhundert für den Film nach Hermann Hesses Roman Narziss und Goldmund als Kulisse. Die treueste Besucherin des 21. Jahrhunderts ist heuer die Weinbergschnecke.

Trostburg von Wolkenstein

Die gut erhaltene Trostburg liegt an einem Talhang oberhalb des Südtiroler Ortes Waidbruck. Sein Bergrücken fällt steil in den Fluss Eisack (italienisch Isarco). Es gibt dort oben romanische Türbögen, gotische Wehranlagen, einen repräsentativen romanischen Saalbau. In der Mitte der Anlage steht ein Bergfried. Auf der Felsnase ist ein Wachtturm errichtet worden. Für mehrere Jahrhunderte besaß bis 1967 die nicht ausgestorbene Familie der Grafen von Wolkenstein diese Burg. Die gut betreute Trostburg wird heute als Museum verwaltet und erfreut die Besucher als südtirolisches Burgenmuseum. Als zweiter Sohn gehörte der berühmte Komponist und Dichter, Sänger und vortragender politischer Diplomat dieser illustren Familie an. Er verwickelte sich jedoch ständig in Streitereien, wurde als Schuldner eingekerkert und gefoltert. Die Deformation seines rechten Auges war angeboren. Er ist trotz der Randlage seiner Herkunft ein bedeutender spätmittelhochdeutscher Künstler gewesen, der Autobiographisches in seine Lyrik einbaute und eine reichliche Prise selbstironischen und desillusionierenden Humors verarbeitete. Seine Klänge suggerieren Weltläufigkeit. Da er als Diplomat am Hofe Kaiser Sigismunds tätig war, konnte er selbst für die Verbreitung seiner ungefähr 130 Lieder sorgen. Ein einschlägiges Beispiel möge seinen Stil vertreten:

Ich spür ain tier
mit füssen brait, gar scharpf sind im die horen;
das wil mich tretten in die erd
und stösslichen durch boren.
den slund so hat es gen mir kert,
als ob ich im für hunger sei beschert,
Und nahet schier
dem herzen mein in befündlichem getöte;
dem tier ich nicht geweichen mag.
owe der grossen nöte,
seid all mein jar zu ainem tag
geschübert sein, die ich ie hab verzert.
Ich bin erfordert an den tanz,
do mir geweiset würt
all meiner sünd ain grosser kranz,
der rechnung mir gebürt.
doch wil es got, der ainig man,
so wirt mir pald ain strich da durch getan.

Der oktroyierte Verlust Südtirols 1919 an Italien wird von vielen österreichischen Patrioten zwar ertragen, nicht aber vergessen. Das Sprach- und Kulturgut der deutschsprechenden Südtiroler ist von der italienischen Regierung heute gesetzlich geschützt.

Runkelstein

Die Schlossburg Runkelstein (italienisch Castel Roncolo) ist eine altehrwürdige Burg in Südtirol und sie liegt auf einem schroffen Felsen oberhalb Bozens unweit der Talfer, einem Nebenfluss, der in den Eisack mündet. Sie hat ihren mittelalterlichen Charakter bewahrt. Diese ruhig gelegene Höhenburg wurde 1237 von zwei adeligen Brüdern neu erbaut. Die Bauanlage ist stark gegliedert, durch eine Ringmauer und im Westen durch einen repräsentativen Saalbau, wie durch eine Kapelle. Diese wird von einem profanen Freskenzyklus geziert, dem größten Altösterreichs, den es irgendwo im Reich gab. Vor dem Zuschauer entlang ziehen sich malerische Abbildungen des Heiligen Christophorus, ein Teil der Legende des Heiligen

Antonius Abbas, darüber höfische und speziell ritterliche Spiele. In den Einzelarkaden stehen männliche und weibliche Figuren in höfischer Tracht, darüber Jagdszenen und eine Freske von Tristan und Isolde, Heldengestalten wie Hektor, Alexander der Große und Julius Caesar, König David, König Artus, Karl der Große und Gottfried von Bouillon. Diese Fresken wurden in Kaiser Maximilians I. Auftrag gründlich renoviert. Sie geben über die Kleidervorschriften Deutschtirols einen einmaligen Aufschluss. Ohne die entsprechenden kirchlichen Wandmalereien Oberitaliens ist jedoch die Runkelsteiner Freskenkunst nicht vorstellbar. Die Möglichkeit einer Anregung aus illustrierten Handschriften besteht. Zu beachten dabei bleibt, dass, wie bei Wolkenstein, Minneszenen ausgespart bleiben. Diese Ausklammerung kann nicht genug betont werden und passt zur spätmittelalterlichen Entstehungszeit. Die Bildfelder scheinen sich auch den Felsvorsprüngen anzupassen. Diese Übergänge machen die Fresken einzigartig. Später, gegen 1880, schenkte Erzherzog Franz Salvator von Österreich-Toskana (1866–1939), der Franz Josephs Tochter Marie Valerie (1868–1924) geheiratet hatte, seinem Schwiegervater Burg Runkelstein. Schließlich gelangte diese Burg an die Stadt Bozen, die sie bis heute besitzt.

Turm zu Nürnberg

Nörren sind Muschelkalksteine, die einen Naturfelsen bilden. Die Felsburg Nürnberg hat dem Platz, den die Regnitz, ein Nebenfluss des Mains, durchfließt, den Namen gegeben. Sie liegt in der bairischen Region Mittelfranken; die Franken waren ursprünglich ein germanischer Großstamm, der sich im Laufe seiner Geschichte mit Thüringern, Baiern und Südhessen vermischte, möglicherweise schon in nach-hunnischen Zeiten. Die Grundbedeutung seines Stammesnamens, die <Mutigen>, ist nicht mit der Rückentlehnung aus dem Französischen franc (wie in frank und frei) zu verwechseln. Der Burgberg ist architektonisch eine Doppelburg. Sie zählt als Reichsburg und als Bruggrafensitz historisch und baugeschichtlich zu den bedeutendsten Wehrbauten Europas und damit auch Deutschlands. Gegen eine Belagerung schützte der (mhd.) „gewaltig runde" Sinwell-Turm, unter den ein tiefer Brunnenschacht gegraben war. Er macht das Wehrzentrum der Kaiserburg im Westteil aus. Dort liegt auch der innere Burghof mit einem repräsentativen Saalbau und eine Doppelkapelle. Zentral gelegen ist ein

Rundturm, weiter östlich ein Fünfeckturm und ganz am Ostrand der Anlage das getürmte sog. Luginsland mit einem Torhaus. Zwischen diesen beiden Türmen lagerte die Stadtverwaltung Nürnbergs ihre Kornbestände ein und speicherte sie dort für Krisenzeiten. Kein Wunder, dass bei so viel Voraussicht schon zweihundert Jahre nach der ersten Beurkundung dieser militärischen Schnittstelle der Status einer Freien Reichsstadt eingeräumt wurde. Darüber wird im Vierten Kapitel mehr über die Städtegeschichte berichtet.

Marienberg Festung Würzburg

Würzburg liegt unterfränkisch am Main gegenüber einer 1120 gebauten Steinbrücke und unterhalb einer noch älteren Burg, die 704 als Virteburch beurkundet wurde; das heißt auf althochdeutsch gevierte oder viereckige Burg, wie das Wappen von Würzburg mit seiner gevierten Fahne, die das Schloss mit seiner rechteckigen Ringmauer symbolisiert, festhält. Im Hochmittelalter wurde die Burg zunächst zu Frauenberg, dann Marienberg umbenannt. Da aber Reste eines Freya Heiligtums im Fundament aus Muschelkalk gefunden wurden, darf man annehmen, dass der Berg eine vorchristliche Heilige Stätte gewesen ist. Die Burg steht quadratisch viertürmig etwa 100 Meter über dem Fluss. Oben ist auch eine Bischofskirche errichtet, die Bonifatius 742 zum Bischofssitz erhob. Um 1200 wurde die Festung Marienberg verstärkt durch einen tiefen Brunnen, einen Prachtsaal, der den Fürstbischöfen von Würzburg als Residenz diente, und einen Bergfried. Die Burg hielt dem Aufstand im Bauernkrieg von 1525 stand. Bei dem Angriff focht Götz von Berlichingen (ca. 1480–1562) <mit der eisernen Hand> auf Seiten des Bauernheeres mit. Nachdem der Bauernkrieg verloren ging, wurde Götz auf dem Reichstag angeklagt und auf sein Schloss Hornberg am Neckar gebannt. Erst fünfzehn Jahre später erhielt Götz die Lösung aus dem Territorialbann durch Kaiser Karl V. Er sollte dem Reich als Rittergeneral in Wien zur Hilfe kommen. Daher brauchte er am Ende die zugesagte hohe Entschädigung an den Fürstbischof von Würzburg nicht zu leisten. Wichtig festzuhalten: als deutsches Wort unterlag Virteburch zweimal einer Lautverschiebung, nämlich mhd.t zu z und i zu ü. Mit (Bier)Würze hat der Stadtname nichts zu tun. Die humanistische Übersetzung ins Lateinische, Herbipolis, führt auf eine falsche Geruchspur.

Henneburg am Main

Diese heute unter dem Namen Henneburg, früher aber auch als Prozelten bekannte Burg ist eine Höhenburg am rechten Ufer des Mains im Kreis Miltenberg in Bayern. Diese Stauferburg wurde um 1200 als Grenzbefestigung des Ortes gegen die Hessen am Südrand des Spessarts von der staufischen Partei durch den Schenken von Limpurg errichtet. In der Ruine ist allein ein nördlich gelegener viereckiger Bergfried erhalten geblieben und die westlich gebauten Umrisse eines Saalbaus. Vor Ende des 13. Jahrhunderts gelangte die Henneburg an den Deutschen Orden, und dieser ließ die Verteidigungsanlagen weiter ausbauen. Der letzte Komtur dieser Burg hieß Graf Georg von Henneberg. An seinen Namen hat sich die Bezeichnung für immer festgemacht. Sie gilt allerdings militärisch als wenig bedeutende Burg, weshalb sie auch langsam verfiel. Erst König Ludwig I. von Bayern (1282–1347), der erste Wittelsbacher auf dem Thron, und Pfalzgraf bei Rhein, befahl, die Burg auszubessern und sie so vor dem Ruin zu bewahren. Die Sanierung bestand im Verhindern des Eindringens von Wasser, dem Verschließen der Fugen des Bauwerks und der Ausrodung der wild wuchernden Wurzeln. Der teilweise unterirdische Wehrgang bildet für den heutigen Besucher ein repräsentatives Burgenerlebnis. Die Ringmauer besteht bereits seit der Zeit der Staufer.

Rhein Zollburg bei Caub

Diese auch zeitweise Burg Pfalz genannte Zollburg wurde durch einen strömungssicheren Turmbau begonnen. Der gesperrte Übergang liegt pikanterweise in der Verbandsgemeinde Loreley. Ungefähr ein Dutzend Jahre später (1327) vereinbarten der Pfalzgraf Rudolf von der Pfalz und seine Verwandten einen ewigen Burgfrieden für diese Zollstation und erweiterten den Turmbau zum Zwecke der Eintreibung des Zolls. Diese Kontrolle begann wie bei einem Leuchtturm mit nur einem einzigen Wächter. Allmählich wurde die Zollburg auch als Gerichtsstätte und möglicherweise als Gefängnis benutzt. Der gegenüber den Franzosen misstrauische Pfalzgraf, der schon als Kind aus Straßburg fliehen musste, wollte seinen achten Regierungsbezirk, die Pfalz, durch zollrechtliches Ansehen stärken. Noch vor dem Dreißigjährigen Krieg erhöhte der pfälzische Kurfürst Friedrich IV. (1574–1610), der Großvater des Großen Kurfürsten, Georg Wilhelms von Brandenburg (1595–1640), die Besatzung auf mindestens 25, vermutlich teilweise Invaliden. Berühmt und volkstümlich wurde die Veste, weil Marschall Blücher seine schlesischen Truppen in den Neujahrsnächten von 1813/14 auf Pontons heimlich bei Kaub über den Rhein setzte: etwa 50.000–60.000 Mann, 1500 Pferde und 182 Kanonen. Seine russischen Pontoniere hatten ihm Spezialpontons für den vereisten Rhein gebaut. Mit ihrer Hilfe drängte <Marschall Vorwärts> die napoleonischen Truppen weiter rückwärts nach Frankreich. Nach der Bismarckschen Gründung des Reiches wurde dieser Rheinzoll 1876 aufgehoben.

Burg Cochem

Diese Moselhöhenburg wurde in dem Jahr erbaut, als der Sohn Kaiser Heinrichs III. (1017–1056), der Salier Heinrich IV., als Minderjähriger gerade auf den Thron kam und ihm die Vormundschaft und Herrschaft seiner Mutter streitig gemacht wurde. Die Burg erhebt sich linksmoselisch 154 m über dem Fluss. Diese Höhe war von Anfang an mit der Pfalzgrafschaft der Ezzonen verbunden. König Konrad III. soll diese Anlage als Reichsburg in seine Gewalt gebracht haben und ließ sie von einem Ministerialen erweitern und verwalten. Dieser befestigte sie wie folgt: mit einem zentralen Bergfried und drei Toren und Wällen, die eine Rundumverteidigung möglich machten und einen Brunnen. 1282 belagerte Burg Cochem der erste Habsburger König Rudolf I. und nahm sie ein. Erzbischof Balduin von Trier verankerte im 14. Jahrhundert unterhalb der Burg eine starke Kette, die mit einem Zugseil von oben bedient werden konnte (so http://www.burg-cochem.de), um die Mosel zwecks Verzollung zu sperren. Die Burg überstand den Dreißigjährigen Krieg. Ludwig XIV befahl 1689 Conte de Mélac: „Brulez le Palatinat!" Total gesprengt verfiel sie in den nächsten zweihundert Jahren und blieb unbewohnbar. Der Berliner Mäzen, Glockengießerfabrikant und Investor Jacob Louis Ravené (1823–1879), hugenottischer Abkunft, ließ sie im Stile des Historismus, nachdem er sie dem Preußischen Staat für 300 Reichstaler abgekauft hatte, 1868ff. romantisch wieder aufbauen. Dabei half ihm sein Sohn Louis Auguste. Seine Frau verließ den alten Ravené, brannte mit ihrem Hausgast durch und heiratete ihn schließlich. Diese Geschichte mit dem Ehebruch der Frau Ravenés errang im damaligen Berlin der guten Gesellschaft Aufsehen. Sie regte Theodor

Fontane an, seinen berühmten Roman L'Adultera (Die Ehebrecherin) 1879 zu veröffentlichen. Mélanie van der Straaten und ihr Liebhaber Rubehn wurden fast genauso berühmt wie Effi Briest und von Crampas, die allerdings psychologisch feiner gezeichnet sind. Auch Fontane war durch beide Eltern hugenottischer Herkunft und nahm es ironischerweise mit der ehelichen Treue auch nicht genauer als seine Figuren. Der Schriftsteller Fontane wusste wie seine modernen Leser: "Man wandelt nicht ungestraft unter Palmen." (L'Adultera, München 1978, S. 73) und brach die Konvention des standesgetrennten Historismus. Das Palmenhaus der van der Straaten spielt eine symbolische Rolle und beherbergt eine ganze Schlüsselszene. Der Schriftsteller wie seine Romanfiguren nehmen es zur Süffisanz des Berliner Publikums mit der ehelichen Treue nicht so genau. Die Burg in Cochem aber bleibt getreu der eigentliche Anziehungspunkt für die Stadt, welche in den dreißiger Jahren des Zwanzigsten Jahrhunderts zum führenden Touristenzentrum des Moseltales aufsteigt.

Burg Eltz

Dies ist eine Höhenburg, 320 m über dem Meeresspiegel (die letzten 70 m auf einem Felskopf), am Fluss Elz gelegen, die unweit Cochems in die Mosel fließt. Dort liegt, auf drei Seiten von der Elz umflossen, die Trennstelle zwischen dem Eifeler Maifeld und dem Hunsrück an zwei Handelsstraßen. Diese Burg, ein Geschenk König Friedrich Barbarossas von 1157 zieren drei Eigenschaften: erstens, sie ist vollständig erhalten und wurde zweitens, nie eingenommen und befindet sich drittens, seit 33 Generationen über 850 Jahre in Familienbesitz derer Grafen und Edlen von und zu Eltz genannt Faust von Stromberg. Im 14. Jahrhundert spitzte sich eine Auseinandersetzung mit dem Kurfürsten von Trier namens Balduin zu, der die Besatzung nach zwei Jahren aushungern konnte und der dem Burgherrn die Reichsfreiheit entzog. 1510 stieg Jacob III. von Eltz zum Kurfürsten des Erzbistums Trier auf. In der Burg wurde ein Brunnen über dem Treppenturm ausgeschachtet und eine Kapelle erbaut. Im Pfälzer Erbfolgekrieg wurde die Burg vor der Vernichtung und Sprengung bewahrt, weil der damalige Edle zu Eltz in der französischen Armee als ranghoher Offizier diente. Es gab im Laufe der Geschichte drei grundlegende Sanierungen, die von 1845ff., eine zehnjährige nach einem Brand von 1920, und eine umfangreiche

Sicherung am Gewölbe und Grundsanierung bis 2012. Man darf es mit der Eltzschen Werbung zusammenfassen: „Burg Eltz gilt als Inbegriff der deutschen Ritterburg".

Reichsburg Trifels in der Pfalz

Wo heute der Pfälzerwald auf die Weinstraße trifft thront seit langem eine Burg aus dem späten elften Jahrhundert. Die Anlage liegt fast 500 m hoch auf einem Sonnenberg, vermutlich einer älteren germanischen Kultstätte. Vor der ersten urkundlichen Erwähnung 1081 hielten die Römer diese -Kontrollstätte. Der Name rührt von dem dreifach gespaltenen Felsvorsprung her, dort, wo der Pfälzerwald einst mit den Vogesen zusammenstieß. Die erste Schenkung erfolgte 1081 unter dem Salier König Konrad III. Der Name des ursprünglich Beschenkten ist nicht überliefert. Eine gewichtige Bedeutung liegt in der damals angenommenen Sicherheit als Reichsverwahrungsburg. Dort wurden auf Befehl des Kanzlers des Reiches seit dem späten 13. Jahrhundert die Reichskleinodien, nämlich Krone, Szepter und Reichsapfel, verschlossen aufbewahrt. Heute werden sie dort oben in einem Museum als nachgeahmte Attrappen ausgestellt, während die Originale in der Wiener Hofburg, wo sie historisch hingehören, kugelsicher aufbewahrt bleiben. Die Silhouette der Burg von heute ist nicht authentisch, sondern z.T. phantasievoll ahistorisch restauriert. Trifels diente aber auch als Staatsgefängnis für hohe Gäste. Der prominenteste Gefangene, der dort standesgemäß behandelt wurde, war 1193 der englische König Richard Löwenherz (1157–1199), der schließlich gegen ein horrend hohes Lösegeld freigelassen wurde. Im 14. Jahrhundert begann der Niedergang durch eine nötige Verpfändung. Dann brannte die Burg aus und die Ortseinwohner von Annweiler bedienten sich am Steinbruch. Erst nach dieser Phase wurden der repräsentative Saalbau (der Palas), ein Brunnenturm und der Anfang einer Ringmauer dazu gegraben. Die Austrocknung dieser Erwerbs- und Steuerquelle ging mit einer erbtrennungsbedingten Territorialherrschaft Hand in Hand. 1602 zerstörte ein Blitzschlag die Burg, die danach dem Verfall preisgegeben wurde.

Während des Dritten Reiches unternahm das SS Ahnenerbe unter der Leitung Heinrich Himmlers eine Restaurierung der Trifelsburg als gemeinschaftliches Staatsgroßprojekt, das heute verschwiegen wird, weil es wissenschaftlichen Standards nicht entsprach, sondern von einem NS-Wunschdenken geprägt blieb. Eine nicht nur romantisch angehauchte Vorliebe für Burgen, die nur ihrer mittelalterlichen Funktion auf den Grund geht, und darüber vergleichende Betrachtungen anstellt, bildet für unsere Studie einen hoffentlich vertretbaren Rahmen. Die Burg Trifels ist keinesfalls eine deutsche Weihestätte.

Burg Hohenzollern

Die erste Burg der Grafschaft Zollern auf einem Bergkegel der Schwäbischen Alb seit ihrer beurkundeten Gründung existierte nur 350 Jahre bis 1267, während sie dann vom Schwäbischen Städtebund belagert und zerstört wurde. Da sie über 850 m hochliegt, wehrte sich die Besatzung des Grafen von Hohenzollern zäh über ein Jahr lang. Des Grafen Gegner, der besagte Städtebund, den der Deutsche Kaiser Karl IV. als Rebellenverbindung ansah, wurde freilich am Ende dieser Fehde von einer noch schwebenden Reichsacht losgesprochen. Der Schwäbische Heimatdichter und Jurist, Ludwig Uhland (1787–1862), hat die entscheidende Schlacht vor Reutlingen „in einer Ballade verewigt", die den Sieg der Städter gegen den Grafen Eberhard II. von Württemberg (1315–1392) feiert:

> Den Rittern in den Rücken fällt er mit grauser Wut.
> Heut will der Städter baden im heißen Ritterblut.

Einen parallel zum zunächst nur Schwäbischen, später auch Rheinischen Städtebund, also einem historischen Burgenbund, hat es in der deutschen Reichsgeschichte nie gegeben. Burgen überlebten als dynastisch kontrollierte Naturanlagen in Einzelstellung.

Im Dreißigjährigen Krieg verstärkte sich die Position des Kurfürsten, da das süddeutsche Hohenzollern im Staate Brandenburg allmählich aufging. Nach dem Abzug der letzten Burgbesatzung verfiel die Burg am Ende des 18. Jahrhunderts und verwandelte sich in eine Ruine. Der Gedanke des jugendlichen Kronprinzen von Preußen, des späteren Königs Friedrich Wilhelms IV. von Preußen (1795–1861), gehen auf einen Traum und einen Besuch der Ruine zurück. Dieser wurde später von dem Nachfolger Friedrich Schinkels (1781–1841) als neugotisches Denkmal realisiert und ganz neu aufgebaut. Es gilt als Muster der neuromantischen Kriegsbaukunst des 19. Jahrhunderts. Prinz Louis Ferdinand von Preußen ließ diese Zollernsche

Burg ab 1952 neu ausstatten. In der Jetztzeit wird die gepflegte Anlage, in der fast vierzig Jahre lang Friedrich der Große gastbestattet lag, von jährlichen Besucherströmen gegen Eintrittsgeld aufgesucht.

Meersburg am Bodensee

Mehr als 450 m über dem nördlichen Ufer des Bodensees, nämlich seinem Südhang, erhebt sich seit dem 7. Jahrhundert „die älteste bewohnte Burg Deutschlands." Ein Merowinger-König bemühte sich um die Christianisierung seiner alemannischen Untertanen und um die Einnahme eines Fährzolls. Nach ihm heißt der Bergfried im Volksmund <Dagobertturm>. Als Fürstbischöfe im 13. Jahrhundert die Burg übernahmen, erhielt Konstanz das Stadtrecht. Belagerungen ließen nicht auf sich warten. „Zum ersten Mal werden auf deutschem Boden Feuergeschütze eingesetzt". Der Wittelsbacher Kaiser Ludwig IV., den wir schon kennen, musste verlustreich abziehen. Er verfiel danach dem Kirchenbann. Diese negativ verlaufende Schwäbische Kirchenpolitik „stärkte die Position der Habsburger" auf der anderen Seite. 1414–1418 weilte Kaiser Sigismund während des Konstanzer Konzils aus Sicherheitsgründen auf der Burg und machte sie berühmter. Trotz Zusicherung eines freien Geleits wurde der einstweilige Rektor der Karls-Universität Prag, Professor Jan Hus (1369–1415), da er nicht widerrufen wollte, hintergangen, zum Scheiterhaufen verurteilt und verbrannt. Die Hinrichtung von Jan Hus hatte die Hussitenkriege zur Folge, nützte aber Konstanz und seiner Meersburg. Nach einer Verfallszeit wegen der Säkularisation von 1802/3 erwarb Joseph Freiherr von Laßberg (1770–1855), ein juristischer Germanist im alten Sinne für 10.000 Gulden 1838 Schloss Meersburg. Er behauptet, als junger Mann den letzten Ritterschlag auf Burg Trifels empfangen zu haben. Durch seine zweite Heirat war er ein Schwager der Westfälischen Dichterin und Komponistin Annette von Droste zu Hülshoff (1797 bei Münster-1848 auf Meersburg) geworden. Die Nacherben besitzen die Meersburg noch heute und richteten darin ein Museum von 30 Räumen ein.

Habsburg

Die Habsburg ist charakteristischerweise ebenso wie die Hohenzollern eine Gipfelburg, die im Kanton Aargau der Nordschweiz angesiedelt ist. Wegen mangelnder Wasserversorgung dort oben musste (allerdings erst im 12. Jahrhundert) ein fast 70 m tiefer Brunnen ausgeschachtet werden. In diesem Bereich wurde, von Norden her gesehen, durch ein Steinhaus im Kernbau und einen Ostturm die Anlage befestigt. Bald aber verfiel dieser erneuerte Ostteil, da die Habsburger Dynastie durch Unterstützung der Staufer zu mächtig, die Burg aber zu klein geworden war, so dass sie auszogen und die Burganlage an Ministeriale weiter verliehen. Später ging die Burg und das umgebende Gelände nach dem Konzil von Konstanz endgültig verloren. Das Land wurde nach dem Wiener Kongress von 1815 sogar geschleift. Der heutige Eigentümer ist die Kantonalregierung von Aargau, die für den Wiederaufbau verantwortlich ist und dort kulturgeschichtliche Museen in den Türmen unterhält. In der populären Vorstellung hat Wien die Schweizer und Elsässer Herkunft dieses Herrscherhauses abgelöst. Ihr Andenken füllt nur ein kleines Fenster der dynastischen Herkunftserinnerung aus.

Wartburg

Die Wartburg ist eine alte Wächterburg auf 411 m Höhe oberhalb Eisenachs, die am Ende des Thüringer Waldes liegt. Obwohl sie nie eingenommen werden konnte, ist ihr heutiges Erscheinungsbild unhistorisch und stellt ein Abbild aus dem 19. Jahrhundert unter Einbeziehung des ehemaligen Grundrisses dar. Der Sohn des Gründers aus dem Adelsgeschlechts der Ludowinger, Ludwig der Springer, sprang der Sage nach tollkühn in die Saale, um der Gefangenschaft zu entkommen, nachdem er das Zentrum seiner Rodung auf die Burg verlegte, musste sie aber wegen Streitigkeiten mit Kaiser Heinrich V. wieder herausgeben. Da half es ihm nichts, dass ihn Konrad III. in den Landgrafenstand von Thüringen erhoben hatte. Aber der spätere Schwager, Friedrich Barbarossa, wollte die Ludowinger zum Teil entmachten, weil sie es nicht eng genug mit den Staufern statt mit den Thüringer Erzbischöfen gehalten hatten. Vermutlich geschah das, weil sie sich als Burgherren zu verschwenderisch verhielten. Jedenfalls ging nach dem Tode Barbarossas unter dem Landgraf Hermann I. die Wartburg einer „Blütezeit" entgegen und erklomm für eine Generation den Gipfel der höfischen Hochkultur in Deutschland. Zu dieser Zeit veranstaltete der Eisenacher Herrscher mehrere Sängerkriege, an denen sich auch Hendrik van Veldeken, Wolfram von Eschenbach, Klingsor und Walther von der Vogelweide beteiligten. So belegt es die Große Heidelberger Liederhandschrift des Zürchers Rüdiger Manesse. Danach ragte der zentrale Sängerkrieg von 1207 besonders hervor. Allerdings rügte Walther den ohrenbetäubenden Krach, der bei diesem Wettbewerb „am Hof zu Eisenach" herrschte. Zu dieser Zeit war die Wartburg in Deutschland bekannt und beliebt. Als Ludwig IV. die ungarische Königstochter Elisabeth 1221 heiratete, wusste er nicht, wozu sich die Landgräfin entwickeln würde. Nach ihrem sehr frühen Tode mit 24 Jahren wurde ein Kanonisierungsverfahren in Gang gesetzt, an dessen Ende sie nach vielen bezeugten Wunderheilungen Pfingsten 1235 zu einer Heiligen erklärte. Unter Elisabeths Tochter, Sophie von Brabant, entfachte ein Thüringer Erbfolgekrieg. An dessen Ausgang fiel das Markgrafentum, verbunden mit Meißen, den Wettinern anheim. Nach einem Blitzschlag mussten 1317 Bergfried und Palas notdürftig repariert werden. Auf der Wartburg stehen sich die Elisabethkemenate und Luthers Arbeitszimmer als Übersetzungsstätte der Bibel gegenüber, wenn auch durch dreihundert Jahre Zeit getrennt, zusammengeführt in einem „Erinnerungskult des deutschen Volkes" (nach Jutta Krauß. Ulrich Kneise, Welterbe Wartburg. Porträt einer Tausendjährigen. Regensburg 2000, S. 23).

Nach einer Scheinentführung, die von Kurfürst Friedrich dem Weisen befohlen war, entführte man Professor Dr. Martin Luther als angeblichen Junker Jörg 1521 auf die Wartburg. Dort übersetzte er in seinem Versteck das Neue Testament mit Hilfe Professor Philipp Melanchtons, der in Wittenberg Luthers Vorlesungen übernahm, aus dem Griechischen in sein Lutherdeutsch. Er schaute auch während dieser zehn Monate von 1521/22 „dem Volk aufs Maul" bei einem heimlichen Besuch in einem Wirtshaus zu Eisenach. Er übersetzte, streng genommen, nicht aus dem Lateinischen, sondern aus dem Griechischen und Hebräischen. Melanchton überprüfte diese Übersetzungen mit handschriftlichen (überlieferten) Randnotizen. Luther befreite somit indirekt das Deutsche von den Fesseln und dem Korsett der lateinischen Übersetzungssyntax. Das umwerfend Erhebende an dieser wahren Geschichte ist, dass sie von einem vogelfreien Junker Jörg, der in Acht und Bann geschlagen war, heimlich geleistet wurde. Es ist kein Zufall, dass die wichtigste Arbeit an der deutschen Sprache oben auf einer Burg geleistet und dort vorzeitig einer der Höhepunkte des Minnesangs ausgetragen wurde. Deutsche Burgen sind Wahrzeichen der Arbeit und danach eine Pilgerstätte des Wiedererkennens. Im Oktober 1817 trafen sich anlässlich einer Luther-300-Jahrfeier ein paar hundert deutsche Studenten auf der Wartburg. In der Mehrzahl waren es Burschenschafter, die gegen Napoleon gefochten hatten und nun als Rückkehrer ihr Vaterland suchten.

Schloss Merseburg in Sachsen

Kaiser Otto I. gründete 968 das Schloss Merseburg am linken Ufer der Saale, gleichzeitig mit einem Domkapitel, zu Merseburg in Sachsen-Anhalt. Bis zur Reformationszeit entwickelte sich hier ein reges religiöses Leben. So wurde dort bald eine Dombibliothek in der neu errichteten Kaiserpfalz angelegt. Hier fand der Historiker Dr. Georg Waitz (der später die Monumenta Germaniae Historica berühmt machte), zwei althochdeutsche (sog. Merseburger) Zaubersprüche. In dem zweiten bespricht der heidnische Gott Wodan wie ein Pferdeflüsterer, ein Fohlen, das sich seinen Fuß verrenkt hatte. Waitz legte einen Handschriftenauszug davon dem anerkannten Experten Jacob Grimm (1785–1863) zur Prüfung vor. Beide bewiesen die Echtheit des Fundes. Es handelt sich um einen heidnischen Heilzauber aus der germanischen Völkerwanderungszeit. Es sind, genauer gesagt, alliterierende Langzeilen aus dem 10. Jahrhundert. Wir geben den Text Langzeilen 6, 8 und 9 und Halbzeile 7, frei nach Heinrich Eichner, 2000, wieder:

6	so wie die Knochenrenkung	so die Blutrenkung
7	so wie die Gliedeinrenkung	
8	Knochen zu Knochen,	Blut zu Blut
9	Glied zu Gliedern	so seien sie zusammengeleimt

Tierheilzauber finden sich auch auf sog. Brakteaten; das sind metallene Amulette. Das Wissen um diese alten Zusammenhänge ist immer noch nicht vollends ausgestorben. Germanische Götter wurden sich als heilkundige Veterinäre vorgestellt. Eins steht mindestens fest: Pferde waren bei den alten Germanen in Midgard, also auch auf hohen Burgen, Vertraute der Götter.

Ortenburg in Bautzen

Die Ortenburg (Sorbisch Hród) liegt hoch über der Altstadt Bautzen (Sorbisch Budyssin) auf einem granitenen Felssporn, der auf drei Seiten von der Spree umflossen wird, auf dem rechten Ufer dieses Flusses. Sie war als slawisch-deutsche Grenzburg stark umkämpft. Ihr Landesherr wechselte ab ca. 1000 zwischen dem Deutschen Reich, Böhmen und Polen ab. Der eigentliche Name der Burg wird allerdings erst 1405 (sehr lange nach der Gründung) erwähnt. Bis 1868 trug der Ort den sorbischen Namen offiziell. Mit diesem Namen verbindet sich das sorbisch-deutsche Ministerialgeschlecht Baudissin. Die Sprache des Spreewalds, Sorbisch, blieb bis heute geschützt als Sprache einer nationalen Minderheit (so wie das Dänische zwischen Eider und Wiedau), ist jedoch nur noch wenig in Gebrauch. Ihre starken Befestigungen erhielt die Burg erst während der Hussitenkriege. Im 15. Jahrhundert fiel der Besitz an der Burg und Budyssin an Matthias Corvinus (1443–1490), den König von Ungarn. Seiner Baupolitik folgte die Errichtung eines Burgwasserturms, des Schlossturms und des Hauptgebäudes. Wahrscheinlich war die Ortenburg in der Völkerwanderungszeit, als die Sorben in dieses Gebiet einzogen, schon eine heidnische Kultstätte einer unbekannten Göttin. Im Dreißigjährigen Krieg jedenfalls endete die Herrschaft Böhmens über das sorbische Land, als der Kurfürst von Sachsen Budyssin eroberte und die Ortenburg zerstörte. Nach einer erneuten Plünderung und Zerstörung durch die schwedische Armee wurde die Ortenburg im Renaissancestil wieder aufgebaut. In der Zusammenschau steht hier ein Bollwerk Sachsens gegen die Sorben, d.h., gegen die Slawen. Längst ist die Zeit der Auseinandersetzungen vorüber. Heute erinnert ein Sorbisches Museum an die Große Slawische Zeit des Mittelalters.

Festung Königstein in der Sächsischen Schweiz

Die älteste Erwähnung findet sich in einer Urkunde König Václavs (Wenzels) von Böhmen (1205–1253) im Jahre 1233 als Grenzziehung und -befestigung. Seine Burg liegt auf einem Hügel des linken Ufers der Elbe im Elbsandsteingebirge. Sie muss zu den größten Bergfestungen Europas gezählt werden, obwohl sie sich nur auf 240 m erhebt. Dafür ist die umgebende Wallanlage 1.8 km lang und wird zudem von einer 40 m hohen Mauer umgeben. Schon im 12. Jahrhundert wird eine Burgkapelle erwähnt, deren Bedeutung in einem sächsisch-böhmischen Vertrag zu Eger erst 1459 endgültig auf dieser natürlichen Grenze anerkannt wird. Auf dem Burggelände wurde der tiefste Brunnen Sachsens von über 150 m Schachtöffnung gebohrt. König Karl IV., der spätere Kaiser des Deutschen Reiches, hielt sich 1359 in seiner Burg auf und unterzeichnete dort damals mehrere Privilegien für die Querung und Weiterfahrt auf der Elbe als Handelsweg in Richtung Hamburg. Die Burg oberhalb dieser Elbfurt brachte indes nicht genügend Geld ein und musste daher wegen Säumigkeit bei Zahlungen verpfändet werden. Diese Verteidigungsanlage wurde von der böhmischen Seite, so lange es ging, militärisch weiter genutzt. Dann wurde in einem scharfen Gegensatz zur politischen Lage in Sachsen dort oben ein Marienkloster von kurzer Lebensdauer unterhalten; denn Sachsen wurde ab 1524 vorübergehend evangelisch. Zwei Generationen später baute der Kurfürst Königstein zur stärksten Festung des katholischen Sachsens aus. Dort unterhielt die sächsische Strafverwaltung ein gefürchtetes Staatsgefängnis, die Zivilverwaltung ein umfangreiches Staatsarchiv. Im 18. Jahrhundert kapitulierte die sächsische Armee vor den anrückenden Preußen kampflos. Der Präzisionsguss weiterreichender Geschütze machte die Unterhaltung dieser Veste, wie vieler anderer Festungen, überflüssig und obsolet.

Reichsburg Falkenstein im Ostharz

Diese Burg stand in 320 m Höhe in Sachsen-Anhalt im Unteren Harz an den Flüssen Selke-Bode-Saale unweit Magdeburgs. Als Höhenburg wurde sie frühestens 1120, spätestens 1180, von einem Burchardt von Konradsburg errichtet, von ihnen als <Falkensteiner> immer wieder umgebaut, und wegen ihrer verborgenen Lage niemals eingenommen. Da ihr späterer Burgherr, Graf Hoyer von Falkenstein, etwa hundert Jahre danach Eike von Repgow den Auftrag gab, dessen lateinischen Sachsenspiegel ins Ostfälische, d.h., ins Niederdeutsche, zu übersetzen, darf jetzt hervorgehoben werden, dass er seinen Dienst in der Abgeschiedenheit dieser Burg erledigte. Wir verweisen zurück auf unsere Einleitung, Stichwort Recht. Es ist jetzt an der Zeit festzustellen, dass der Meißner-Sächsische Dialekt Eikes von Repgows und das Niederdeutsche, das im Elternhause Martin Luthers gesprochen und gehört wurde, sehr nachbarlich klangen, und Luthers Beichtsprache nicht Mitteldeutsch, sondern das Niederdeutsche gewesen ist. Es nahm ihm zeitlebens sein Freund und Weggefährte, <Dr. Pomeranus>, Johannes Bugenhagen (1485–1558), Verfasser von norddeutschen Kirchenordnungen, auch der von Kopenhagen, die Beichte ab. Er wirkte auch als Lehrer auf Niederdeutsch an der Universität Kopenhagen. Wichtig bleibt für unsern Zusammenhang, dass der Meißnisch-Sächsische Dialekt Eikes und Luthers Heimatdialekt aus angrenzenden Gegenden der Benrather Linie stammten und das verleiht unserem Vergleich eine gewisse Tragfähigkeit. Jedenfalls entstanden beide berühmten Übersetzungen auf der Grundlage des Mitteldeutschen, mitsamt Kenntnissen des Niederdeutschen, auf einsamen Burgen. Beide Gelehrten verdichteten in ihren Sprachdokumenten die Volksnähe stilistisch noch mehr als in formaler Hinsicht. Ihre außerordentlichen Gestaltungskräfte machten ihre eigenen Übersetzungen selbst zu Grundlagen einer neuen volkstümlichen Rechtssprache und einer neuen christlichen Erbauungssprache. Die jetzige Gestalt wird wesentlich im 16. Jahrhundert erreicht. Im 17. Jahrhundert besetzte ein schwedisches Heer die Burg, ohne sie zu zerstören. Dann wurde sie „wiederholt erweitert und im Renaissancestil umgebaut." Schließlich begann sie im 18. Jahrhundert zu verfallen. Im 19. Jahrhundert wurde die Ruine noch einmal aufgebaut. Sachsen-Anhalt errichtete im 20. Jahrhundert dort oben ein Heimatmuseum.

Frauenstift Quedlinburg

Der Deutsche König Otto I. (912–973) stiftete 936 beim Tod seines Vaters, Königs Heinrichs II., auf dem Burgberg von Quedlinburg am Harz ein hochadeliges Damenstift zu seines Vaters und seiner Mutter, der Witwe Mathilde, memoria. Seine Mutter leitete es 30 Jahre lang, ohne je zur Äbtissin gewählt oder geweiht worden zu sein. Die nächsten drei Äbtissinnen, die bis 1096 regierten, waren ebenfalls Kaisertöchter. Das Frauenstift nahm ledige Töchter auf. Es gab im Ganzen 28 zum Teil berühmte Äbtissinnen. Diesem Stift wurden immer wieder (etwa 150) Orte geschenkt. Die berühmteste ist die Schenkung Kaiser Ottos III. an Mathilde, seine Tante, und Stellvertreterin (matricia) des Reiches. Einer der beiden Orte lautete nach der Originalauflassung, noch heute in Magdeburg als Urkunde aufbewahrt, auf Wendisch <Pozdupimi>. Dies war im deutschrechtlichen Sinne noch keine Stadt. Lehnsrechtlich verschenkte Otto III. eine Siedlung, die eigentlich slawisch-rechtlich Pan Chotemysl gehörte. Es ist kaum möglich, dass sprachgeschichtlich eine Entsprechung von <Posdupimi> = <Unter den Eichen> und dem heutigen <Potsdam> besteht. Diese vage Entsprechung wurde 1993 als Tausendjahrfeier zelebriert, weil die Potsdamer Stadtverwaltung und das Land Brandenburg die Macht hatten, diese Schenkung landesrechtlich als historische Tatsache durchzusetzen. Ironischerweise wird in Potsdam auf dem geschenkten Territorium eines Damenstifts das Rückgrat

Preußens mit den wendischen Wäldern verheiratet. Es ist eine sorgenvolle Mitgift geblieben. Die errichtete Stiftskirche St. Servatius wurde 1477 wie Quedlinburg auch kursächsisch. 1540 wurde das Stift evangelisch. 1697/98 besetzte Kurbrandenburg Quedlinburg. 1803 wurde das Reichsstift als Fürstentum von Preußen in Besitz genommen. 1815 gehörte es wieder zum Preußischen Staat. Nach Auflösung Preußens 1946 ist das Stift mitsamt dem wiederaufgebauten Schloss von der DDR übernommen worden. Seit 1994 gehört es zum Weltkulturerbe der UNESCO.

Kaiserpfalz Goslar

Eine Kaiserpfalz der Ottonischen Salier von ca. 6000 qm liegt am Fuße des Rammelsbergs von 635 m Höhe – in dem bis 1988 eintausend Jahre ein Bergwerk betrieben wurde – im Süden der Stadt Goslar im Harz. Darauf steht „der größte, älteste und zugleich besterhaltene Profanbau des 11. Jahrhunderts in Deutschland", wie Goslars Werbung stolz verbreitet. In dieser im romanischen Stil erbauten Stiftskirche der Pfalz ist König Heinrich III. bestattet und ist sein Sohn Heinrich IV. 1150 geboren. Errichtet hat sie dort sein Großvater, König und Heiliger, Heinrich II. im Jahre 1075. Er ist im nahe gelegenen Göttingen gestorben. Heinrich IV. empfing dort ein Schreiben des Papstes Gregors VII., an dem sich der Investiturstreit entzündete. Bereits Mitte des 13. Jahrhunderts war die Glanzzeit der Kaiserpfalz vorüber und das Kaiserhaus fing an zu verfallen. 1530 stürzte sein Turm ein. 1802 war bis zur Säkularisation nur eine Ruine übriggeblieben, „die zum Abbruch verkauft wurde." 1879 wurde die anbefohlene Restaurierung abgeschlossen, der das Gebäude des Kaiserhauses einer kritischen Prüfung gegenüber nicht standhielt. In der Vorhalle des Domes der Stiftskirche stand ein Konkurrent zum Kaiserstuhl Karls des Großen in Aachen. Er wurde Ende des 11. Jahrhunderts in drei Lehnen aus Bronze gegossen und sitzt mit seinen Thronschranken auf einem Sockel von Sandstein. Es ist verbürgt, dass nur ein Gegenkönig jemals auf diesem Stuhl gekrönt wurde. Prinz Carl von Preußen, der dritte Sohn Königin Luises, erwarb diesen (dem Aachener Stuhl ähnelnden) Thron bei einer Versteigerung und vermachte ihn später der Stadt Goslar. Sein älterer Bruder, Kaiser Wilhelm I., nahm auf diesem herbeigeschafften Thron sitzend 1871 die Eröffnung des 1. Berliner Reichstags ab. Diese symbolische Ansippung an die Ottonen nimmt einen Teil der Reichsgründung gefangen. Die wirkliche und auch die symbolische Restauration eines ahistorischen Mittelalters verstieg sich bei den Preußen ins Monumentale, wie auch die Ausmalung des Kaiserhauses der Pfalz Goslar nahelegt.

Wallensteins Schloss Friedland

Diese Burg wurde Anfang des 13. Jahrhunderts auf einem steil aufragenden Felsen aus Basalt im nördlichen Isergebirge Böhmens von dem deutschen Freiherr von Ronow errichtet, geht aber wohl schon in eine slawische Gründungsphase des 11. Jahrhunderts zurück. Dann blieb die Herrschaft für etwa 300 Jahre bei der Familie Biberstein, deren Mitglied, Rudolf von Biberstein, dieses Gebiet Friedland von König Ottokar II. 1278 für sich und seine Familie erwarb. Nach der Schlacht am Weißen Berge im November 1620 wurde die im Renaissancestil umgebaute Burg enteignet und der Familie Biberstein damit entzogen. Der Heerführer Albrecht von Wallenstein (geb. 1583, ermordet 1634 in Eger), der 1602 zum Katholizismus übertrat, erwarb käuflich unter Wert das ganze Fürstentum Friedland. Nachdem er das Protestantische Heer 1627 aus Jütland, Pommern und Schleswig-Holstein vertrieben hatte, „bekam [er] für seine vorgeschossenen Gelder das Herzogtum Mecklenburg als Lehen des Kaisers Ferdinands II. "Unter Wallenstein blühte auch das Herzogtum Friedland zu einem Musterstaat von 9000 qkm auf." Wallenstein prägte dort eigene Münzen und war Oberster Gerichtsherr. Nach Wallensteins Ermordung wurden seine Herzogtümer zerschlagen und enteignet. Die Familie des als Hochverräter angesehenen Generalissimo ging wegen ihrer Ansprüche leer aus. Das Eigentum ging an den neuernannten Oberbefehlshaber der Kaiserlichen Armee, Matthias Gallas. Am Ende des 17. Jahrhunderts fügte dessen Familie Umbauten im Stil des Barocks hinzu. Seit der Säkularisation 1802 sind seit damals Räume und heute wieder im tschechischen Schloss Frýdlant sogar 50 Räume der Öffentlichkeit zugänglich. Dort sind kunstgeschichtlich wertvolle Ausstellungsstücke zu besichtigen.

Wasserschloss Assen, Westfalen

Diese „Borch to Assen", ein Wasserschloss im Kreis Soest, vergab Kaiser Heinrich II. 1023 einem Kloster zu Paderborn als Geschenk. „1384 erhielt

Röttger von Ketteler die Burg als Lehen." Ende des 16. Jahrhunderts wurde die alte Burg getrennt, aber danebenliegende Neu-Assen, miteinander verbunden. Nach nicht beigelegten Erbstreitigkeiten, die durch Kinderlosigkeit entstanden waren, kauften 1653 die Brüder Heinrich und Christoph Bernhard Freiherr von Galen (1606–1678) das Wasserschloss [Letzterer war von 1650–1678 Fürstbischof von Münster]. So wie es heute steht, wurde es 1564 von Goswin von Ketteler im wehrhaften Renaissancestil des Lippe-Landes Soest erbaut. Christoph Bernhard erwarb sich um die Rekatholisierung westfälischer Adelsgeschlechter Verdienste auch anderswo und erneuerte das Kloster Corvey. Der nachgeborene <Löwe von Münster>, Clemens August von Galen (1878–1946), hielt sich in seiner Jugend oft in Haus Assen auf. Sein Neffe, Bernhard Graf von Galen, schenkte es einer Ordensgemeinschaft namens „Der Diener Jesu und Mariens" für deren Jugendarbeit.

Schloss Karls IV. Tangermünde

Burg Tangermünde liegt 43 m über dem Meeresspiegel an der Elbe in der Stadt Tangermünde, Landkreis Stendal, Sachsen-Anhalt. Die Anlage direkt an der Mündung der Tangera in die Elbe wurde bereits 925 von den askanischen Markgrafen in Angriff genommen. 1009 erwähnt Thietmar von Merseburg eine „civitas Tongeremuthi", weil dort Elbzölle erhoben werden konnten. Der Sitz dieser Burg auf einer felsigen Endmoräne machte eine solche Eintreibung durchführbar und von lukrativer Aussicht. Tangermünde war von 1375–78 der Zweitplatz nach Prag, wo der Kaiser Karl gerne residierte. So wurde aus der Burg eine Kaiserpfalz. 1415 wurden die Hohenzollern mit der Kurfürstenwürde der Mark Brandenburg belehnt. Tangermünde, im Gewande der norddeutschen Backsteingotik neu entstanden, verlor die Unterstützung und die Gunst des Kurfürsten Johann Ciceros (1455–1499), der aus Ärger über einen Biersteuerstreit mit Tangermünde und einer anschließenden Rebellion seinen Regierungssitz nach Cölln, also letztlich nach Berlin, verlegte. Die Blütezeit der Hansestadt Tangermünde, die im 15. Jahrhundert begonnen hatte, war zu Ende. Tangermünde, handelsgünstig an der Elbe gelegen, hätte Brandenburgs Hauptstadt werden können. 1617 brannte es bis auf die Grundmauern ab und nieder. Eine Waise namens Grete Minde soll Tangermünde aus Rache über ihr vorenthaltenes Erbe die Stadt angezündet haben. Sie wird gefoltert, unschuldig verurteilt und auf dem Scheiterhaufen verbrannt. Theodor Fontane gibt an, er habe seine 1880 erschienene Novelle Grete Minde „nach einer altmärkischen Chronik" verarbeitet, die es tatsächlich gegeben hat. Meine Ausgabe ist 1911 in Princeton, N. J. bei Henry Holt erschienen! Ein Vergleich mit L'Adultera und Effi Briest wäre in einem anderen Zusammenhang geboten. Jedenfalls ist die ehemalige Hansestadt Tangermünde immer noch gut erhalten, wie auch die Burg selbst. Nach dem Frieden von Tilsit (1807) war die Stadt Teil des napoleonischen Königreichs Westfalen. Die 1933 fertiggestellte Elbbrücke wurde 1945 gesprengt. Die Stadt und die Burg konnten ihre Bedeutung nicht aufrechterhalten und sanken zu einer nicht sehr bedeutenden Rolle als mittlere Landstadt herab.

Wasserschloss Glücksburg

GGGMF „Gott gebe Glück mit Frieden" lautete der Wahlspruch, der über dem Portal steht, des Begründers und Erbauers dieses Schlosses von Herzog Johann dem Jüngeren zu Schleswig-Holstein Sonderburg (1545–1622). Er war der dritte Sohn des Königs Christian III. von Dänemark, der nach dessen Ansicht als jüngerer Bruder standesgemäß unterhalten werden sollte. Nach dem vertraglichen Teilungsabkommen von 1582 galt Johann als sog. „Abgeteilter Herr von Schleswig-Holstein-Sonderburg, einer ursprünglich Oldenburgischen Nebenlinie." Der Bau, der auf einem 2.5 m hohen Granitsockel auf dem Areal des Rüdeklosters verankert und auf einen Teich aufgestaut wurde, beruht auf einem weiteren Vertrag zwischen dem dritten Herzogssohn und einem Baumeister namens Nikolas Karies. Das umstrittene ehemalige Kloster wurde sorgfältig abgetragen, so dass sein Baumaterial (einschließlich der Sargdeckel beerdigter Mönche!) wiederverwendet werden konnte. Sogar die Dachziegel wurden zum zweiten Mal aufgelegt. Auch die Einführung der Reformation berührte innerdynastische Reibereien. Im Ergebnis spielten die Glücksburger landespolitisch keine große Rolle, wohl aber als Familiensitz und Ferientreffpunkt. Das Dänische Königshaus nutzte dieses geräumige dreigeschossige Schloss als Sommerresidenz. Der fast gleichquadratische Grundriss besteht aus drei gleich großen Häusern, die von vier Ecktürmen umklammert werden. Da der Erbauer in zwei Ehen 22 Kinder zeugte, lässt sich absehen, wie viele Abkömmlinge in den nordeuropäischen Königshäusern glücksburgische Spuren hinterlassen haben. Direkte Nachkommen sitzen auf den Thronen Dänemarks, Norwegens, Schwedens, Großbritanniens, des Zarenreichs und bis 1974 Griechenlands. Der Chef des Hauses ist der 1949 geborene Herzog Christoph von Schleswig-Holstein-Sonderborg. Schreiber dieser Zeile musste einst am Schlosstor Druck machen, um an einem Tag, an dem Besichtigungen nicht vorgesehen waren, Einlass gewährt zu bekommen. Wegen des weiten Weges von Münster und weil er androhte, darüber zu schreiben, wurde eine Ausnahme gewährt. Das Schloss liegt vor dem Betrachter wuchtig, strahlend weiß, gleichzeitig schwebend auf dem Wasser, das mit der Flensburger Förde in Verbindung fließt. Hier kann das bedeutendste Wasserschloss Norddeutschlands betrachtet und verinnerlicht werden.

Deutschordensschloss Mergentheim

Die Wasserburg Mergentheim, urkundlich zuerst 1058 erwähnt, entstand an der Tauber, einem Nebenfluss des Mains in Mergentheim. 1219 schenkten drei Brüder von Hohenlohe, die von einem Kreuzzug sicher zurückgekommen waren, dem Deutschen Orden diese Wasserburg. Der Orden, der darauf u. a. eine Burgkapelle und einen Palas erbauen ließ, schlug hier sein Hauptquartier auf. Im 16. und 17. Jahrhundert ließ der Orden dieses Ensemble zu einem repräsentativen Schloss umbauen. Der Ritterorden, dem stets Prinzen aus dem Hause Habsburg als Hochmeister vorstanden, regierte im Heiligen Römischen Reich, bis Napoleon ihn im Rheinbund, allerdings nicht in Österreich mit Wien, 1809 auflöste. Die Wasserburg-Umwidmung zweigte sich von einem Spitalorden ab, der 1190 in Akkon gegründet worden war. Dahinter stand ein Feldhospital bremischer und lübscher Kaufleute. Dieser Ritterorden beteiligte sich maßgeblich an der Kolonisation des Baltikums, wo er als eigener Deutschordensstaat eine zentrale Rolle spielte (sieh dazu den nächsten Eintrag). Es agiert dieser Orden in Österreich noch heute nach kanonischem Recht. Bekannt ist ihr an das Ritterkreuz erinnernde sog. Tatzenkreuz mit vertikal verlängertem Balken. Der Orden hat heute über 1.100 Mitglieder. Berühmte und bekannte Ehrenritter waren Otto von Habsburg, aber auch Konrad Adenauer, dieser als 12. Ehrenritter von 1958. Der polnische Dichter, Patriot und Professor Adam Mickiewicz

(1798–1855) zeichnete in seinem Versepos Konrad Wallenrod 1828 ein düsteres Bild des Deutschen Ordens im polnischen Mittelalter.

Marienburg des Deutschen Ordens

Sie ist eine im 13. Jahrhundert gebaute Burg größten Ausmaßes des Deutschen Ordens am Flusse Nogat, die in die Weichsel (Vistula) fließt und bei der Stadt liegt, die heute auf Polnisch Malbork heißt, aber bis 1945 auf Deutsch Marienburg hieß. Dort hatte der Hochmeister oder sein Vertreter seinen Sitz. Die mächtige Burg besteht vor allem aus einem dreiseitigen Mittelschloss und einem ihm zugewandten vierseitigen (quadratischen konstruierten) Hochschloss. Bis 2016 konnte diese sehr stark zerstörte Anlage in der bekanntermaßen qualitativ hochgradigen polnischen Renovierungskunst wieder aufgebaut werden, die aus Warzawa, Poznan, aber auch am Stadtschloss von Potsdam, wo der Schreiber dies als Gastprofessor aus seinem Bürofenster beobachtete, bekannt geworden ist. Die hohe Burg erstrahlt heute in renoviertem Glanz einer soliden Backsteingotik. Die bemerkenswerten Kammern sind das Refektorium im Hochschloss und der Große Remter im Mittelschloss. Remter heißt vermutlich das eingedeutschte lateinische Wort für Refektorium im Speisesaal, der in Ordensburgen gebraucht wird. Der vierte Hochmeister, Hermann von Salza (ca. 1162–1239) setzte beim Papst eine Gleichstellung des Deutschen Ordens mit dem Templerorden durch und bei Kaiser Friedrich II. die Schenkung des Pruzzenlandes, das sich die Ordensritter vorher unterworfen hatten. Im Jahre 1309 verlegte der fünfzehnte Hochmeister, Siegfried von Feuchtwangen, den Venediger Sitz aus Gründen der Wirtschaftlichkeit auf die Marienburg unweit der Handelsstadt Danzig. 1511 säkularisierte der Markgraf Albrecht von Hohenzollern-Ansbach als letzter Hochmeister den bis dahin katholischen Ordensstaat zu einem lutherischen Herzogtum Preußen. Er trat selbst 1525 zum Protestantismus über. Neben Lateinschulen gründete dieser vielseitige Herzog die nach ihm benannte Albertus-Universität Königsberg 1544 zur ältesten Hochschule Preußens. Heute operiert diese Hochschule mit über 12.000 Studenten erfolgreich als (Baltische Föderale) Immanuel-Kant Universität Russlands, genauer gesagt, ab dem 750. Stadtjubiläum in „Kaliningrad-Königsbergs" umbenannt von Putin und Schröder 2005 zu Ehren des Philosophen Immanuel Kants. Historisch gesehen, schlug das polnisch-litauisch-tatarische Heer 1410 bei Tannenberg (polnisch Grunwald) unter dem Polnischen König Wladyslaw II. Jagiello und dem Großfürsten Witold von Litauen das Ordensheer vernichtend. Ihr Hochmeister-Gebietiger, Ulrich von Jungingen (1360–1410) ist in dieser Schlacht gefallen. Danach „gehörte [dieses Gebiet] (mit kurzen Unterbrechungen) von 1457–1772" zum Polnischen Königreich von 1772, dem Datum der Ersten Polnischen Teilung. Bis 1945 gehörte das Ordensland wieder zu Preußen, ab 1945 zu Polen. Auch die weiteren Teilungen Polens gehen letztlich auf das expandierende Machtstreben Preußens zurück.

Interimsicht

Wir hatten uns die schwierige Aufgabe gestellt, aus der Masse der deutschen und österreichischen Burgen, die bei der Arbeit am Reiche mitwirkten, die für unsere Themenstellung maßgeblichen auszusuchen. In dieser Studie werden eintausendstel der amtlich gezählten 22.524 Burgen, Schlösser und Ruinen, die in Deutschland errichtet wurden, und 0,25 % der in Österreich existierenden Burgen, Schlösser und Ruinen, repräsentiert und besprochen. Wie bei repräsentativen Umfragen lässt sich eine Zusammensicht aus einer kleinen Auswahl herausdestillieren. Sie lautet: auf wenigen Quadratkilometern, eine Tagesreise voneinander getrennt, ballte sich eine den Deutschen eigentümliche Kohäsionskraft zusammen, die durch Umsicht und gegenseitigen Austausch versuchte, die Interessen der hart arbeitenden Bevölkerung wahrzunehmen, so dass Aussaat und Ernte im übertragenen Sinne zum Ausgleich gelangten. An diesen Prozessen beteiligten sich vergleichsweise wenige Familien gegen sehr zahlreiche Namenslose und zum Großteil unterdrückte Hintersassen. Neben den Herrscherfamilien gelang es nur einer einzigen Familie, als Ganerben ihre Burg an der Mosel zu erhalten und zu behalten. Aber auch viele Mitarbeiter konnten in diesem Lehnssystem aufsteigen und manchmal als Ministeriale beteiligt werden. Die moderne Artillerie ruinierte schussweise tausende von Burgen, war aber auch wegen ihrer Anwesenheit als solcher für einen langsamen Ruin mitverantwortlich. Burgen erscheinen heute als Utopien einer vergangenen Epoche, obwohl sie in Wahrheit beim Zusammenwachsen vieler Territorien genützt haben. Alliierte oder befreundete Burgen wirkten gegenüber Feinden wie ein Verteidigungsverbund.

Viertes Kapitel: Maßgeblich im Reich wirkende Klöster und Abteien

Es ist eine wenig beachtete Tatsache, dass wesentlich weniger Klöster in Altdeutschland und Österreich gebaut und unterhalten wurden als Burgen. Da aber der Einfluss von Klöstern ein anderer als der von Burgen gewesen ist, muss die Bedeutung von Vergleichszahlen näher beleuchtet werden. Es existierten auf deutschem Gebiet 2.100 katholische und 220 evangelische Klöster, in Österreich 96 katholische Klöster. Die Gründungen begannen etwas früher als die der Burgen, nämlich die der deutschen ab 603, die der österreichischen ab 696 A.D. Burgen umgaben militärisch erforderliche Erdwälle in Befestigungsanlagen, Klöster geistige Mauern, Kräutergärten und öfters größerer Ländereibesitz. Im Rahmen dieser Studie wurden etwa gleich viele Klöster wie Burgen ausgewählt, deren Einflüsse anders miteinander rivalisierten, aber auch zusammenhielten. Da Burgen anders mit dem Boden verwurzelt waren, ist ihre Ausstrahlung nicht oft gleich umfassend gewesen. Da es eine Idealburg nicht gegeben haben kann, ist sie auch nicht behandelt worden, während wir diesen Abschnitt mit dem Idealkloster schlechthin beginnen.

St. Gallen als Idealkloster

„St. Gallen ist Denkmal eines Konfliktes, in dessen Verlauf die jüngere Institution der Stadt die ältere des Klosters besiegt hat. Ganz anders sieht es an Plätzen aus, in denen sich ein Kloster aus einer Burg auf einem Felsenrücken entwickeln konnte An ihnen allen wurde zur Regel, dass das Kloster, wenn immer es auch als staatliche Institution fortbestand, die bürgerlichen Siedlungsformen beherrscht hat." (Braunfels, Klosterbaukunst, S. 207). Schon Karl der Große erkannte, dass „das Kloster als Schule, als Missionszentrum, als landwirtschaftlicher Betrieb, als Stützpunkt der Verwaltung [...] eine streng und straff organisierte Einheit sein [musste]." St. Gallen geht auf eine Einsiedlerzelle im Hochtal des Wasserfall-Flusses Steinach, der in den Rhein fließt, in der Ostschweiz, 612, zurück. Ursprünglich glaubten die dort siedelnden Alemannen an heidnische Götter und wehrten sich gegen das Christentum eines Mönchs aus dem Bereich Vogesen-Elsass (irischen

Stammes ?) namens Gallus (ca. 550–620). Christianisiert gründeten seine Nachfolger gegen 720 ein Kloster, 816 eine Benediktinerabtei, die erst 1805 säkularisiert und aufgehoben werden musste. Der älteste Klosterbau, der etwa 50 Gebäude umfasst, wird nach einem Plan von einer Umzäunung umgeben. Der Grundriss sieht streng quadratisch aus. Es gibt freistehende Türme, eine vollendet schön proportionierte Bibliothek, ein Scriptorium (eine Schreibwerkstatt) und eine kleine Pfalz. Es handelt sich um einen Idealplan, und nicht um eine Baukonstruktionszeichnung. Die Klosterkirche richtet sich, wie üblich, von Osten nach Westen, die meisten anderen Gebäude von Süden nach Norden aus. Wenn man die moderne Stiftsbibliothek betritt, weht einen eine fast heilige Regelmäßigkeit der bedeutendsten Klosterbibliothek, die es im deutschsprachigen Abendland überhaupt gibt, an. Als Weltkulturerbe birgt sie den althochdeutschen Abrogans, das Vater Unser, die Übersetzungen Notkers III., die Nibelungen-Handschrift B und eine Wolfram von Eschenbach Parzival-Handschrift. Die Hülle dieser wertvollen Handschriften bildet der schönste nicht-kirchliche Barockbau, der in seiner Vollendung in Europa Seinesgleichen sucht. Die Abtei St. Gallen war seit 1451 ein sog. „engerer zugewandter Ort der alten Eidgenossenschaft" – also weder ein voller Eidgenosse, noch voller Untertan, sondern eben ein Verbündeter der Confoederatio Helvetica. Dem Althochdeutschen haftet aber nicht nur eine Helvetik an, sondern sie ist, historisch gesehen, ein Kommunikationszweig des Althochdeutschen selbst.

Wiener Klöster

Schottenkloster Wien

Von allen Klöstern Wiens ist für unsere Untersuchung das Schottenkloster das wichtigste, da es mit der Besitzung Wiens als Hauptstadt zusammenhängt. Dieses Schottenstift ist eine Benediktinerabtei in der Innenstadt Wiens. Es gründete sie 1155 der Babenberger Herzog Heinrich II. von Bayern (1107–1177), genannt Jasomirgott, der seine Karriere als Pfalzgraf bei Rhein begann und als Herzog von Österreich beendete Er ehelichte 1148 die byzantinische Prinzessin Theodora Komnena, der er im Privilegium Minus Mitspracherechte bei der Regierung einräumte. Als seinem Vater, Heinrich dem Stolzen, von Friedrich I. sein Herzogtum Bayern un-entlehnt wurde, schuf der Kaiser ein neues Markgrafentum Österreich aus Großbayern. Dadurch kommt es, dass des Stolzen Sohn Jasomirgott Wien statt Klosterneuburg (im Norden von Wien) zur neuen Residenz- und Hauptstadt machte. Für diesen Vorgang benötigte er ein Kloster, siedelte iro-schottische Mönche an, und ließ sich dort nach seinem Tode begraben. In einem solchen Kloster konnte das Wissen seiner Zeit bewahrt und weitergereicht werden. Eine Schreibschule wurde dort 1310 eingerichtet. An der 1365 gegründeten Universität Wien beteiligten sich die <schottischen> Gelehrten, die allmählich von deutschsprachigen Benediktinern ersetzt wurden. Im 17. Jahrhundert beteiligte sich auch das nicht mehr unvermögende Kloster an der Bautätigkeit in der Innenstadt Wiens. Die Schottenabtei veräußerte ihren Besitz in der Josefstadt. Im 19. Jahrhundert gelang es, die Auflösung des Klosters im Josephinismus zu verhindern. „In diesem Jahrhundert entfaltete [der Abt] eine rege Bau- und Umgestaltungstätigkeit in Kirche, Krypta und Gymnasium."

Minoritenkloster Wien

Dieses Kloster des Franziskaner-Minoriten Ordens (der Minderen Brüder) wurde 1225 von Herzog Leopold VI. von Österreich in der Alservorstadt nahe der Stadtmauer in Wien I gegründet. Der Böhmenkönig Ottokar II., der 1278 von Rudolf von Habsburg besiegt wurde, ist in dieser Kirche „aufgebahrt und sein Herz in einer Urne hier beigesetzt worden." Es dauerte eine Zeitlang, bis sich dieses Kloster auf die neue Herrschaft, die immerhin 640 Jahre dauern sollte, eingestellt hatte, aber dann wiederholte Rudolf die Verleihung des Stadtrechts und „erklärte Wien zur Freien Reichsstadt. Als Reichsverweser setzte er 1281 seinen ältesten Sohn Albrecht ein." (Sachslehner, S. 54). So wurde dieser gleichzeitig zum Landesfürsten und zum Stadtherrn. Danach wird die Reichsunmittelbarkeit Wiens zurückgezogen. 1296 erhielt Wien eine neue Stadtrechtsurkunde formuliert, die zum ersten Mal in deutscher Sprache ausgestellt worden ist. In der Minoritenkirche wurde Rudolf III. s Frau Blanche von Frankreich, die sehr jung im Kindbett starb, in einem Hochgrab bestattet. Im 16. Jahrhundert belagerten die Türken Wien und beschädigten den Turm. Bis ins 17. Jahrhundert besetzten die Protestanten diese Kirche. Der Kaiser schenkte sie im 18. Jahrhundert der italienischen Nation. Die Minoriten bekamen 1957 ihre Kirche zurück. Am Minoritenplatz 1 wird das Österreichische Haus-, Hof- und Staatsarchiv eingelagert und verwaltet. Der Zeitraum umfasst bis 1918 fast 1100 Jahre. Der Kernbestand katalogisiert die ganze Geschichte des Hauses Habsburg.

Dominikanerkloster Wien

Der Dominikanerorden wurde wie andere Orden 1226 vom Babenberger Herzog Leopold VI. (1176–1230) nach Wien Innenstadt berufen und sie erbauten dort für ihn ein Kloster mit einer Kapelle, die 1237 geweiht wurde, aber 1302 nach Bränden neu errichtet werden musste. Während der ersten Türkenbelagerung 1529 wurde der Bau, weil er im Schussfeld lag, und sein Baumaterial in der Stadtmauer zur Verteidigung gebraucht wurde, abgetragen. „1631 legte Kaiser Ferdinand II. [1578–1637] (unterhalb des Wien-Flusses) den Grundstein für eine neue, barocke Kirche." Sie war damals nach dem Stephansdom die zweitgrößte Kirche Wiens. Sie ist aber, anders als er, im italienischen Barockstil erbaut. „Die Fassade der Dominikanerkirche ist mit ihrer kräftig-strengen Gliederung und der Würde ihrer Plastiken (...) eines der besten Beispiele für römisches Barock auf Wiener Boden." (Hermann Teifer, Wien Artemis-Cicerone 1984, S. 62) Ab Mitte des 19. Jahrhunderts ist der Dominikanerplatz mit einer zweigeschossigen, aber auch dreijöchigen Saalkirche von einem umrahmten Portal ausgezeichnet. Ihr wurde wegen eines Straßenniveau-Ausgleichs eine Freitreppe zum Eingang von der Straße vorgebaut. Für den Schreiber dieser Zeilen sind dort Nachforschungen angestellt worden.

Clarissenkloster Wien

Das erste Kloster dieses katholischen Nonnenordens wurde 1305 von Rudolf III. (1195–1249), dem Schweigsamen und seiner Gattin (die im Kindsbett starb) Blanche von Valois als Clarakloster gegründet. „Es verpflichtete zu Andacht, Stillschweigen und Einkehr." Wie viel Gutes sie neben ihren Versorgungsleistungen an die Wiener Bevölkerung geleistet haben, ist heute nur schwer festzustellen. Jedenfalls starb dieser Nonnenorden 1572 in Wien aus. Bekannt ist noch heute, dass die meist adeligen Nonnen viele Schenkungen bekamen, so dass sie im Wiener Gebiet Zukäufe machen konnten. Eine zweimal verwitwete Herzogstochter, Anna, trat 1338 in das Klarakloster ein. Sie wurde später zur Äbtissin gewählt. Diesem Kloster wurde in seinem Keller ein Weinausschank erlaubt. Dies deutet auf einen erheblichen Besitz von Weingärten hin." Als ein Abt des Schottenklosters die Geburt eines unehelichen Kindes einer Clarissin verheimlichen musste, war das Maß voll, weil der Bischof keine Strafe zu verhängen wagte. Spätestens 1530, als die Osmanen Wien seit einem Jahr belagerten, wurde das Klarakloster geschlossen und als Bürgerspital weitergeführt.

Augustinerkloster Wien

1327 stiftete Herzog Friedrich der Schöne von Habsburg dem Eremitenorden der Augustiner ein Kloster mit einer Kirche. Etwa dreihundert Jahre später wurde dieses Kloster in den sog. Augustinertrakt der Wiener Hofburg eingefügt. Von 1634 an bis 1918 blieb diese Augustinerkirche die kaiserliche Hofpfarrkirche. Die allerhöchste Heirat, die dort je geschlossen wurde war die der Erzherzogin Maria Theresias mit Franz Stefan von Lothringen 1736, die Stellvertreterhochzeit ihrer Tochter Marie Antoinette mit Louis XVI. 1770 und die von Franz Josephs I. mit Elisabeth von Bayern 1854. Um diese Zeit war die Kirche wieder regotisiert worden. Zwar wurde das Kloster in der Hofburg schon 1836 aufgehoben, die Hofpfarre indes von sog. Weltpriestern bis 1918 weitergeführt. Hinter der Kapelle der Augustinerkirche befindet sich das im Volksmund genannte Grüfterl der Herzen von 54 Habsburgern, die in einer Nische in silbernen Behältern aufgebahrt werden.

Stift Kremsmünster

Dies ist ein Benediktinerstift an der Krems, einem Nebenfluss der Traun, im Bistum Linz in Oberösterreich, das schon 777 vom bairischen Herzog Tassilo III. (ca. 741 – ca. 796), einem Vetter Karls des Großen, aus dem Geschlecht der Agilolfinger, gegründet wurde. Die heutige Stiftskirche wurde erst 1232 begonnen und erst 500 Jahre später im Barockstil umgebaut und erweitert. Seit 1548 betreibt Kremsmünster ein öffentliches Gymnasium. Etwa 1750 wurde ein Mathematischer Turm für eine der ältesten Sternwarten in Europa errichtet. Seit einem Vierteljahrtausend wurde in einer sog. Wetterkammer ohne Unterbrechungen Temperatur gemessen und aufgezeichnet. „Die Stiftsbibliothek ist [...] eine der größten und ältesten Österreichs." „Stift Kremsmünster zählt zu den größten Forstbetrieben Österreichs von 9.800 Hektar." „Das Stift Kremsmünster bezog an EU-Agrarförderungen ca. € 140.500 aus Förderprogrammen und

Direktzahlungen." Kremsmünster, das auf 384 m Höhe liegt, und 42 qkm beträgt, hat 6.564 Einwohner.

Stift Melk

Jahrhunderte lang hieß es Kloster Mölkh und stellt als solches die Fortsetzung eines markgräflich Babenbergischen Stiftes aus dem frühen 11. Jahrhundert auf einem Felsen oberhalb des rechten Donauufers und der Krems in der Wachau Niederösterreichs dar. 1089 zogen Benediktinermönche in das neue Kloster auf dem Berg ein. Die Stiftsbibliothek wurde gleichzeitig mitgegründet. 1297 wurde das ganze Kloster und seine Kirche durch einen Brand zerstört. Auch die Bibliothek und mit ihr wertvolle Handschriften wurden ein Raub der Flammen. Dieses Brandunglück brachte das Felsenkloster an den Rand des Ruins, von dem es sich, zusammen mit der Pest, Missernten und einer zerrütteten Disziplin, lange nicht wieder erholte. Auf dem schon besprochenen Konzil zu Konstanz wurde eine Reform beschlossen, die in Melk beginnen sollte. „So wurde Melk zum Zentrum einer Reform, die Österreich und fast den gesamten süddeutschen Raum bis in den Schwarzwald hinein umfasste." (formulierte B. Ellegast 1998) Dieser Aufstieg fand wegen seines Vorbildcharakters im 16. und 17. Jahrhundert allgemeine Anerkennung. Im Jahre 1700 konnte der barocke Neubau beginnen. Zwei Jahre nach Fertigstellung des Ausbaus zerstörte erneut eine Brandkatastrophe die Dächer, die Türme und wichtige Repräsentationsräume des Klosters. Erst 1746 konnte die erneuerte barocke Klosterkirchenanlage geweiht werden. Nach dem Tod Kaiser Josephs II. wurden die Aufklärungsregeln des Josephinismus wieder aufgehoben und ein regulärer Stiftsabt durfte gewählt werden. Erst 1804 durfte das Stiftsgymnasium seinen Schulbetrieb wieder aufnehmen. Das Kloster verlor jedoch seine Grundherrschaft und damit einen Großteil seiner Einnahmen. Durch die napoleonischen Kriege bis 1815 entstand auch dem Kloster großer wirtschaftlicher Schaden. Die Klostergärtnerei konnte das Mostobst in der Wachau verbreiten, und dadurch die Verluste ausgleichen und mit Hilfe des Erlöses sogar mehrere Schenkungen von Weingärten machen. Trotz des Ersten Weltkriegs konnte des Klosters Kanalisation, neue Wasserleitungen und eine Elektrizitätsanlage eingebaut und angeschlossen werden. 1926 musste wegen der Inflationsverluste der Erstdruck einer dem Kloster gehörenden Gutenberg-Bibel an die Sterling Memorial Library von Yale University (heute Beinecke Rare Book Library) in New Haven, Connecticut, verkauft werden. Heute ist „das Stift die größte Klosteranlage des österreichischen Barocks. Die Melker Bibliothek besitzt über 100.000 Bände, darunter 798 Inkunabeln." In der ehemaligen Benediktinerabtei hat die Stiftsbibliothek St. Gallen 170.000 Bände (Bücher sowie andere Medien), sowie 1.650 Inkunabeln angesammelt.

Stift Göttweig

Dieses Stift „auf einem uralten Kultplatz" ist ein Benediktinerkloster, das auf einem Hügel nahe der Krems südlich der Donau in Niederösterreich liegt und 1083 gegründet wurde. „Die ersten Mönche kamen aus dem Schwarzwald." Aus dem 12. Jahrhundert sind nur die Grundmauern der Burg und eine alte Kapelle erhalten; aus dem 15. Jahrhundert ein Teil der Stiftskirche mit Krypta und Kreuzgangansatz. Ende des 15. und Anfang des 16. Jahrhunderts musste das Kloster einen Niedergang hinnehmen und verkraften. Dieser beruhte wesentlich auf zwei Gründen: der akuten Türkengefahr von außen und der Reformation von innen. Kurz vor Ausbruch des Dreißigjährigen Krieges herrschten kraft der Gegenreformation auf dem Göttweiger Berg wieder geordnete Verhältnisse im Klosterbetrieb. Nach einem Brand von 1718 konnte ein Teilumbau rekonstruiert werden. Durch die Josephinischen Reformen wurde ein Aufschwung in mehreren Bereichen der Geistes- und Naturwissenschaften erzielt. Während des Zweiten Weltkriegs richtete die Österreichische Regierung als NS-Satellitenstaat oben eine Nationalpolitische Erziehungsanstalt (NPEA) ein. Nach anschließenden Kriegsverwüstungen konnte dieses Benediktinerstift wieder eingerichtet und weitergeführt werden. Im Gegensatz zum modernen Leistungsdenken übernahm auch Göttweig als Zweig des Benediktinerordens den zum Motto verkürzten Spruch als Ansporn <ora et labora>.

Benediktbeuern

Das Kloster Buron in einem oberbayerischen Dorf vor dem Kesselberg in Tölz ist, so wird angenommen, spätestens 728 von Karl Martell (ca. 688–741), dem Großvater Karls des Großen, als „Wach- und Kontrollstation", die er einem alemannischen Lehnsmann übergab, gegründet worden.

Der Name des Heiligen wurde mit diesem Kloster verbunden, weil „eine Reliquie vom rechten Arm Benedikts" von seinem Enkel Karl überbracht wurde. Das Wappen zieren zwei gekreuzte goldene Abtstäbe, die durch eine stehende Schreibfeder getrennt sind, weil auf der Rück- oder Nordseite des Männerklosters ein Frauenkloster untergebracht war, das um 800 von Kochel am See umzog. Dort blieb es, ohne dass Streitereien bekannt wurden, bis ins 14. Jahrhundert. Allerdings waren schon 955 beide Teile des Klosters von den Ungarn zerstört worden. 1031 bauten es Benediktinermönche aus dem Kloster Tegernsee wieder auf. Um 1200 wurde Benediktbeuern kraft Anbau von berühmten Heilkräutergärten bekannt. Ihr Gymnasium, auf das die Mönche zu Recht stolz waren, fiel dem Dreißigjährigen Krieg zum Opfer; und konnte erst 1689 von den mönchischen Lehrern mit botanischen Schwerpunkten wieder zur Blüte gebracht werden. Inzwischen war der barocke Neubau der gesamten Klosterkirche vollendet. 1726 schloss der Hofkupferstecher Michael Wening (1645–1718) sein vierbändiges Historico-Typographica descriptio Bavariae, das er 1701 begonnen hatte, ab. „Abbildungen von bayerischen Städten, Schlössern und Klöstern von fast eintausend Orten in Kupfer gestochen, sind von ihm in Bayern gesammelt worden. Er stach auch Veduten vom Kampf der Bayern gegen die Türken. Das Kloster wurde 1704 im Spanischen Erbfolgekrieg <wundersam> gerettet. Kurz vorher wurde noch im Nordtrakt eine Hochschule eröffnet. „Das Kloster wurde 1803 im Zuge der Säkularisation aufgelöst." In der Bibliothek entdeckt man die Carmina Burana, von denen Carl Orff 1936 vierundzwanzig Lieder vertonte. Mehr als zehn Jahre zuvor war die ehemalige Klosterbrauerei geschlossen worden. 1941 richtete die deutsche Wehrmacht oben im Kloster eine Zahlmeisterschule für sich ein. Während der letzten fünfzig Jahre wurde eine Theologische Studienanstalt in Benediktbeuern eingerichtet, die heute den Charakter einer Theologischen Hochschule besitzt.

Maria Laach

Diese wegen Kinderlosigkeit von Pfalzgraf bei Rhein Heinrich II. von Laach und seiner Gemahlin Adelheid 1093 in der Eifel am See Laach gegründeten Abtei gehört zur Beuroner Kongregation des Benediktinerordens. Die sechstürmige Klosterkirche, eine romanische Pfeilerbasilika „mit einem prachtvollen Westeingang", dem sog. <Paradies>, gehört zu den hervorragendsten Sakralbauten Deutschlands. Schreiber dieser Zeilen lernte dieses sehr wuchtig-schöne Bauwerk der Salierzeit, bei seiner ersten Fahrradtour mit seinem Bruder, dem späteren Architekten und Baudirektor Mülheims und Dortmunds, von der Lüneburger Heide durch Westdeutschland 1951 in seinen ersten Semesterferien kennen. Diese sportlichen Fahrten verinnerlichten Eindrücke von und Erfahrungen mit Burgen, Klöstern und Städten Deutschlands und Österreichs und legten den anschaulichen Grundstein für diese Arbeit Jahrzehnte später. Wie weit Klostersubstanz und -name auseinander klaffen können, errechnet sich aus den 770 Jahren, die dazwischen passen und das Schicksal der Heiligen Jungfrau Maria im Vergleich umfassen. Der Name Laach, der sich aus dem Althochdeutschen entwickelt hatte, wurde zur Bezeichnung für den See, den Ort und das Kloster. Die ersten mönchischen Bauhandwerker kamen aus Trier. Im Übrigen gehörte dann das Kloster den Erben zur Landgrafschaft Brabant. Nach den Klosterbauten wurde die Kirchenerrichtung weitergeführt und die Nordhälfte des Sees kam durch Schenkung hinzu. Denn der abflusslose Laacher See musste künstlich abgesenkt werden. Diese komplizierte Stollenbauweise sollen schon die Römer gekannt und hier begonnen haben. Bis 1230 wurde die Säulenvorhalle des Westgangs vorgebaut und angefügt. Bis ins 14. Jahrhundert erlebte das Kloster, vor allem auf dem Gebiet der Schreibkunst, eine Blütezeit, die schon in den Humanismus hinüberweist. Vom 17. zum 18. Jahrhundert wurde das Kloster Laach <barockisiert>. 1802 musste die Abtei, die sich unter französischer Verwaltung wiederfand, aufgehoben und der Güterbesitz des Klosters enteignet werden. Die Domäne wurde dem französischen Staatsvermögen zugeschlagen, die beweglichen Güter versteigert. 1815 ging das ganze Kloster mitsamt seiner Ländereien in Preußens Staatsbesitz über. Während der Zeit einer <Jesuitenprovinz> wurde die Anlage endgültig in Maria Laach umbenannt. Wegen des Kulturkampfs wurde das Collegium geschlossen und die Abtei dem Benediktinerorden zum Kauf angeboten. Kaiser Wilhelm II. erlaubte 1892 diese Übernahme. 1893 wurde das Kloster zum zweiten Male konsekriert. Konrad Adenauer, den die Nationalsozialisten seines Amtes als Oberbürgermeister Kölns enthoben hatten, soll hier ein ganzes Jahr Zuflucht gefunden haben. Besonders nach dem Zweiten Weltkrieg wurden kirchenbauliche Renovierungen vorgenommen, die das achthundertjährige Weihejubiläum einläutete. Die Abteikirche Maria Laach ist damit „eines der am besten erhaltenen und hervorragenden romanischen Bauwerke Deutschlands" geworden. Eine zweite Absenkung des Seespiegels um 5 Meter war notwendig geworden, um die Fundamente der Klosterkirche permanent zu schützen.

Kölner Klöster

Groß St. Martin

Der Standort dieser Kirche gehört ursprünglich auf eine Rheininsel in die römische Zeit. In der Mitte des 2. Jahrhunderts schüttete man dort den Boden etwa 2 Meter auf, so dass ein Ufergrundstück entstand. Dort soll eine Kirche errichtet worden sein., die erste oder zweite Kölns, die in vorkarolingischer Zeit, aber frühestens im 4./5. Jahrhundert entstand. Im 10. Jahrhundert wurde St. Martin als Chorherrenstift erweitert. Damals übernahm es der Erzbischof von Cöllen und „besserte das Münster zu dem Großen St. Martin" vor dem Verfall aus. Der gleiche EB zog iro-schottische Benediktinermönche an seine Kirche.; diese wurden allmählich durch einheimische Mönche ersetzt. Erzbischof von Köln (1056–1075) war Anno II. (1010–1075). Im April versuchte dieser energische Erzbischof die Reichsverweserschaft an sich zu reißen. Mit Hilfe von anderen Reichsfürsten lockte er den jungen, noch unmündigen Heinrich (IV.) in ein besonders schön ausgeschmücktes Schiff und wollte ihn von Kaiserswerth aus auf dem Rhein entführen oder, drastischer gesagt, kidnappen. Der sportliche Jungschwimmer Heinrich sprang aber über Bord und musste herausgezogen werden Seine Königsmutter Agnes von Poitou (1025–1077) zog sich indigniert von den Reichsgeschäften zurück. Drei Jahre lang konnte Anno II. seine eigenmächtige Herrschaft ausüben, die ihm der Erzbischof Adalbert von Bremen streitig machte. 1068 wurde Anno von Papst Alexander II. vorgeladen und musste auf eine Art Klein-Kanossa „mit bloßen Füßen Buße tun." Annos Maßnahmen als Stadtherr Kölns führten 1074 zu einer Erhebung der Bürgerschaft Kölns. Er wurde in Rom, wohin er gepilgert war, 1186 dennoch formgerecht heiliggesprochen. Aus Anlass dieser Zusammenhänge entstand das spätalthochdeutsche Annolied zwischen 1080–85. Es umfasst 878 Verse mit Endreimen in 49 [50?] Kapiteln. Im letzten Kapitel wird Annos Erlöserstellung mit der Moses' verglichen. Zum ersten Mal in einer deutschen (nicht-lateinischen) Dichtung werden Diutischi liuti (V. 474) und das Gebiet mit Ci Diutischimo lante (406) beschrieben und angeredet und auch der Ausdruck Diutischin sprecchin (316) wird geprägt. Der noch nicht heilig gesprochene Anno gründete fünf weitere Klöster im Raum Siegburg-Köln und ließ an St. Martin vermutlich am Ostchor einen Doppelturm errichten. 1150 vernichtete ein städtischer Brand die Kirche so stark, dass sie abgerissen werden musste. 1185 brach erneut ein Brand aus. 1378 wurde das Dach des Vierungsturms durch Feuer vernichtet. Fünfzig Jahre später wehte ein Sturm die Turmgiebel ab, die herunterfielen. Innerhalb der Kirche fielen auch mehrere mittelalterliche Altäre einer frühbarocken Neuausstattung zum Opfer. Ab Ende des 18. Jahrhunderts wurden Nebenaltäre „extrem schlicht" gehalten. 1792 marschierten französische Truppen in Köln ein und hielten es 20 Jahre lang besetzt. „Das Erzbistum Köln hörte 1801 auf zu existieren." Das Kloster Groß-St. Martin musste sich 1802 auflösen. Die Kirche wurde abermals abgerissen. Ab 1843 wurde St. Martin im Geiste des Historismus dennoch wieder aufgebaut. Schwere Alliierte Luftangriffe 1942, 1943 und 1945 beschädigten die Kirche wie viele andere Gotteshäuser so, dass Ruinen entstanden. Der Wiederaufbau Kölns nahm 40 Jahre in Anspruch. Die Wiedererrichtung zog sich in Einzelheiten sogar bis 2008 hin. Im Kircheninneren blieben Überreste von einem 1509 gestifteten Heiligkreuzaltar und ein staufischer Taufstein aus dem 13. Jahrhundert und wurden zur Wiederverwendung im Inneren aufgestellt.

St. Gereon

Das nach einem antiken Feldherrn benannte St. Gereon Münster ruht seit dem 4./5. Jahrhundert im nördlichen Stadtteil Kölns auf einem spätrömischen Ovalbau und wurde im 6. Jahrhundert „das größte frei überwölbte Sakralgebäude des Mittelalters nördlich der Alpen." Archäologische Funde wiesen auf eine Verwendung als Isis-Weihestätte hin. Ab dem 5. Jahrhundert darf mit einer kirchlichen Nutzung gerechnet werden. Das würde den Vorläufer von St. Gereon in der Merowingerzeit „zur bedeutendsten fränkischen Königskirche des östlichen Reichsteils" gemacht haben. Seit 839 gibt es den Beleg dieser Anlage als Stiftskirche. Der seither bezeugte Ovalbau muss im frühen 13. Jahrhundert zu einem Zehneck erweitert worden sein. „Der Bau erreicht eine Höhe von fast 35 Metern." Im 11./12. Jahrhundert wurde diese Baukonstruktion um einen Langchor, Türme und eine Apsis erweitert. Damals wurde <die heilige Stadt Köln> zur einwohnerstärkste Stadt des Reiches. Selbst EB Anno II. soll als Heiliger einen Albtraum gehabt haben, der auf diese Erweiterung von 1227 hingedeutet hätte. Ob damit eine nachträglich konstruierte Rivalität mit der Aachener Pfalzkapelle (dem Dom) zum Zuge kam, wissen wir nicht. Aber von beiden Oktogonen könnte das Kölner älter als das Aachener gewesen sein, da die Merowinger den Karolingern im Ostreich vorausgingen. Im Übrigen ist auch das alte Taufbecken achteckig. Ein Pfeiler mit Traufrinne ist noch aus römischer Zeit erhalten geblieben. Es dauerte nach dem Ende des Zweiten Weltkriegs fünfzig Jahre, bis die Kirchenruine St. Gereon wieder vollständig aufgebaut war. Die Rettung der Bausubstanz, die Werktreue, aber auch eine Vermeidung einer ahistorisch nicht vorhandenen Identität standen im Mittelpunkt dieser Bemühungen.

Kloster Heilig Kreuz

1221 wurde dieses Dominikanerkloster gegründet und schon sieben Jahre später durch die Ankunft von Albertus Magnus Teutonicus Coloniensis (ca. 1207–1280), der sich dann mehrfach in Köln aufhielt und Dominikanern ein Studium Generale unterrichtete, bereichert. Er wurde 1248 wahrscheinlich ein Zeuge der Grundsteinlegung des Kölner Doms. Nach einem Großen Biographischen Lexikon war er eine kurze Zeit lang ein Lehrer von Thomas von Aquin, der ihn später an Bedeutung überstrahlte. Albertus hatte jahrelang in Paris an der Sorbonne studiert und dort auch den Grad eines Magisters der Theologie erworben. Er stieg als profunder Aristoteles-Kenner zum Universalgelehrten auf und wurde 1260 zum Bischof von Regensburg und damit zum Reichsfürsten (allerdings nur für zwei Jahre) ernannt. 1269 kehrte er, nachdem er an mehreren Orten Europas als Kreuzzugsprediger gewirkt hatte, ins Dominikanerkloster Heilig Kreuz nach Köln zurück. Albertus trat politisch für die Anerkennung Rudolfs von Habsburg als deutscher König ein. Das Dominikanerkloster wurde wie viele andere Ordensklöster wegen der Säkularisation Jahrhunderte später 1804 aufgehoben. Die Dominikaner hatten in der Zwischenzeit als Aufspürer und Verfolger von Häretikern, im Auftrag der Inquisition, eine große, aber nicht rühmliche Rolle gespielt. Im 20. Jahrhundert erlebte der Orden erneut eine Blüte.

Fulda Reichskloster

Dieses Benediktinerkloster wurde 744 direkt auf einer Aue des Flusses Fulda im Auftrag des Heidenmissionars Bonifatius (672–754) gegründet und war die Keimzelle der späteren Stadt Fulda. Als Hochstift erklomm es den Status eines geistlichen Fürstentums im Römischen Reich. Der Gründer Bonifatius empfing den Grundbesitz vom Hausmeier Karlmann (Karl Martells Sohn). Zehn Jahre später wurde der Missionar in Dokkum, Friesland, von Heiden ermordet, aber in Fulda, seiner Gründung, statt in Mainz, bestattet. Diese erzwungene Grablegung brachte dem Kloster den Status eines Reichsklosters, dem auch eine Reichsimmunität angegliedert wurde, ein. Von Fulda aus begann die Christianisierung der sächsischen Gebiete bis 757. Ein hervorragender Abt (822–842) des Klosters war der Gelehrte Hrabanus Maurus (780–856), der die Stiftsbibliothek ordnete und vergrößerte. Seine begabtesten und einflussreichsten Schüler heißen Walahfrid Strabo, der Verfasser des lat. Liber de Cultura hortorum (840) und Otfried von Weissenburg in der Südpfalz (Wissembourg im Alsace), Dichter der ahd. Evangelienharmonie von 140 Kapiteln in Endreimen [mit 7.104 Langzeilen] statt des Stabreims. Das Skriptorium der Abtei wechselte 840 zu karolingischen Minuskeln über.

Die Abtei Fulda erhielt 1019 durch Kaiser Heinrich II. das Münz-, Markt- und Zollrecht und nur wenig früher auch das Stadtrecht. Eine Auseinandersetzung zwischen der Stadtregierung und den damals schon entfremdeten Klostergütern konnte nicht ausbleiben, da diese zu bloßen Pfründen herabsanken und damit im 12. Jahrhundert zum Niedergang des Klosters führten. Die Spannungen wirkten sich zwischen dem Reichsstift und der Landgrafschaft Hessen aus. Geistliches und weltliches Regiment machten die Treue zum Vaterland schwierig. Oder wie Otfried es in seiner Evangelienharmonie formuliert hatte: Mit der Mühsal leben diejenigen, die des Heimatlandes entbehren.

1752 wurde die Fürstabtei vom Papst zu einem Fürstbistum noch einmal erhöht und im Zuge der späten Gegenreformation auch erhoben. Diese Bewegung setzte sich gegen den evangelisch gewordenen Stiftsadel durch. 1803 aber musste das Fürstbistum Fulda aufgelöst werden. Ab 1994 gehört Fulda zum Bistum Erfurt des Freistaates Thüringen.

Kloster Lorsch

In der Bibliothek des Klosters Lorsch (Lauritsheim) wird der ahd. Bienen-
segen (Segnung der Immen) aus dem frühen 10. Jahrhundert aufbewahrt.
Während des 17. Jahrhunderts wurde diese endgereimte Handschrift aus
der Palatina, die in die Klosterbibliothek von Lorsch einverleibt worden
war, entwendet und tauchte danach im Vatikan wieder auf: Der Text lautet
in meiner Übersetzung:

> Oh, Christ, ein Immenschwarm ist aus [geflogen]
> nun flieg du, mein Völkchen, her [zu mir]
> im Frieden des Herrn, von der Hand Gottes [geleitet]
> gesund heim zu kommen
>
> Setz dich nieder, sitz, Biene [nschwarm]
> gebot dir die heilige Maria
> Urlaub hast du keinen
> in den Wald flieg nicht
>
> Weder sollst du von mir wegschwärmen
> noch dich mir entwinden
> sitz ganz still [nieder]
> setz Gottes Willen durch

Diese knappe Sprache durchströmt eine starke Konzentriertheit, die unsere
heutige laberige Ausdrucksweise kaum wiedergeben kann. Das liegt am
Ausfallen der Pausen und dem Wegfallen von ruhig gefügten Gedanken, die
eine Dialogfähigkeit kontemplativ verklammert. Zur Zeit der Abfassung
dieses Gedichts waren die Benediktiner der bedeutendste Orden, dessen
Wahlspruch, ora et labora, uns schon bekannt geworden ist und der hier
als Stoßgebet an die Jungfrau Maria (als jungfräuliche Biene) vom leeren
Imkerstock hergerichtet ist. Dieses Kloster wurde 764 von der fränkischen
Kirche in enger Verbindung zu dem Hausmeier Pippin (dem Vater Karls des
Großen) an der Bergstraße gegründet. Bereits unter Karl wurde auch die
freie Abtwahl genehmigt und mit der Immunität des Klosters gewährt. Diese
Anlage wurde von ihm und seinem Sohn Ludwig dem Frommen regelmäßig
besucht. Aus fünfzehn verschiedenen Gauen wurden diesem Benediktinerkloster ansehnliche Schenkungen gemacht. Danach wurde seine Macht
aber wieder beschnitten und das Kloster dem Erzbistum Mainz unterstellt.
1461 musste Kurmainz seine Anwesen an der Bergstraße verpfänden. Die
Pfandnehmerin, die Kurpfalz, wurde 1556 evangelisch. 1621 brannten die

Spanischen Truppen die Abtei Lorsch nieder. 1623 gelangte sie wieder an das katholische Kurmainz, diente aber nur noch als Steinbruch. Lediglich die berühmte Torhalle blieb unversehrt und repräsentiert heute in Hessen das Weltkulturerbe der UNESCO. Er macht auf alle Besucher einen nachhaltigen Eindruck karolingischer Architektur.

Kloster Corvey

Diese Benediktinerabtei liegt seit 822 im Stadtgebiet von Höxter direkt an der Weser gegenüber vom Solling zwischen Paderborn und Hildesheim in Ostwestfalen. Unter Ludwig dem Frommen wurde Corvey 815/16 nach dem Vorbild von Corbie, bei Amiens an der Somme, als erstes Kloster der zu christianisierenden Sachsen gegründet. Wo genau, ist nicht bekannt. 822 von einem unfruchtbaren Ort nach Nova Corbeia verlegt, fand sich ein gut gewählter Ort am Übergang der Weser auf den Hellweg, einer westfälischen Heer- und Handelsstraße (u.a. für Salz) zwischen Rhein und Elbe. Von hochadeligen Mönchen besetzt, entwickelte es sich schon im Gründungsjahrhundert zu einem wirtschaftlichen und kulturellen Zentrum im Sachsenland jener Zeit. Es konnte als kaiserliches Stift ein Territorium aufbauen und stimmte im Reichsfürstenrat mit. Es wurde vermöge Schenkungen zu einem reichen Klosterbesitz bis zu Weinbergen an der Mosel. Ursprünglich bestand die Klosterkirche aus einem dreischiffigen Langhaus. Der schlicht gotisierende Außenausbau steht im Gegensatz zur prunkvollen barocken Innengestaltung, die sich bis zum Hochaltar steigert. Die Barockorgel erbaute dem Kloster 1681 ein Meister des Fachs. Dreißig Jahre später erweiterte ein Geselle von Arp Schnitger (1648–1719) diese Neukonstruktion. Trotz dieser Prachtentfaltung verlor das Kloster wegen der Verlagerung der Königsmacht und dem Anstieg der Macht des Herzogs von Braunschweig und Lüneburg, sowie der Landgrafen von Hessen, an Einfluss. Im Zuge der Reichreform kam Corvey 1500 zum Niederrheinisch-Westfälischen Rechtskreis. Der Dreißigjährige Krieg zerstörte das Kloster stark. Corvey gehörte 1807–1814 zum napoleonischen Königreich Westphalen, 1815 gelangte es an Preußen. 1840 kam Corvey durch Erbgang an Victor I., Herzog von Ratibor, in dessen nachfolgenden Besitz sich Corvey noch heute befindet. 1842 wurde der damals berüchtigte, heute berühmte Germanistikprofessor Dr. August Heinrich Hoffmann von Fallersleben (1798–1874), von 1835–42 ordentlicher Professor an der Preußischen Universität Breslau angestellt. Wegen seiner Unpolitischen Lieder, die angeblich im Ton hochverräterisch ausfielen, wurde er danach entlassen und ihm auch die Preußische Staatsbürgerschaft entzogen. Nach den 1848er Amnestiegesetzen wurde ihm von Berlin aus ein Wartegeld ausgezahlt. Von 1860 bis zu seinem Tode bestallte ihn der Herzog von Ratibor zu seinem Privatbibliothekar. Wer kennt nicht Fallerslebens schönste Kinderlieder: Alle Vögel sind schon da; Der Kuckuck und der Esel; Ein Männlein steht im Walde; Summ, summ, summ – und wer singt nicht heute gerne die dritte Strophe seines Liedes der Deutschen, unsere Nationalhymne? Wichtig für unseren Zusammenhang, dass er sein Lied so und nicht anders betitelt hat ... der Deutschen! Heute ist <seine> Bibliothek und die ganze Klosteranlage ein Weltkulturerbe der UNESCO.

St. Michelsberg in Bamberg

Das Errichtungsschreiben dieser Benediktinerabtei durch Kaiser Heinrich II. ging der Gründung des Bistums Bamberg 1015 im Fränkischen Bayern an der Regnitz voraus. Die ersten Mönche kamen aus Miltenberg am Main und aus Fulda. Es wurde anfangs als Eigenkloster des Bischofs von Bamberg geführt. Seine wirtschaftliche Kraft zog das Kloster aus dem Grundbesitz von mehreren hundert Orten und Flecken. 1435 plünderten Bambergs Bürger das bis dahin reiche Kloster. Sowohl im Bauernkrieg wie auch im Dreißigjährigen Krieg erlitt es große Einbußen und einen erheblichen Machtverlust. Die Kirche hat einen romanischen Grundriss mit gotischem Aufbau. Im frühen 18. Jahrhundert erweiterte Johann Leonard Dientzenhofer den Bau im barocken Stil. 1739–42 machte sich Balthasar Neumann (1687–1753) um diese Stilerneuerung St. Michelsbergs verdient. Des Mittelschiffs Decke ist wie ein Himmelsherbarium als Kräutergarten mit etwa 600 Pflanzen bemalt. Die Anordnung folgt seiner Theorie des kurvierten Raumes, die er als Hochschullehrer auf dem Lehrstuhl an der Universität Würzburg ab 1731 entwickelt hatte.

Während der Säkularisation von 1802 beschlagnahmte die Stadtregierung Bambergs Kloster und Bibliothek (heue Staatsbibliothek Bamberg). Weiterhin wurde die Anlage als Spital genutzt. St. Michelsberg wird zur Verfilmung der Kriminalkomödie <Pfarrer Braun> verwendet.

Kloster Maulbronn

Um 1147 wird die Gründungszeit dieser Zisterzienserabtei auf dem Stromberg nördlich des Schwarzwalds nahe Pforzheim in Baden-Württemberg angesetzt. Die Anlage rund um einen Mulenbronnen herum ist nicht zerstört, sondern, wie wunderbar, erhalten geblieben als vollständigstes Kloster Süddeutschlands. So können alle Entwicklungsstufen auch heute noch besichtigt werden. Vielleicht hat es geholfen, dass diese Klosterschule von einer (wenn auch nicht hohen) Mauer umgeben blieb? Das anmutige Kloster stand schon zehn Jahre nach seiner Gründung unter der kaiserlichen Schirmherrschaft Barbarossas. 1235 ging diese Anlage als Vogtei zu den Pfalzgrafen bei Rhein über. Im Deutschen Bauernkrieg wurde das Kloster von aufständischen Bauern geplündert. Der Bauernführer selbst jedoch verhinderte den spontan geforderten Abriss des Klosters. Da der Herzog von Württemberg, als er die Herrschaft auch über Maulbronn antrat, wie jeder Herzog 1555 im Augsburger Religionsfrieden das Recht erhielt, die Religionszugehörigkeit seiner Untertanen zu bestimmen, maßte er sich dieses Recht (cuius regio eius religio) auch an und überführte sein Territorium zur evangelischen Religion. Ein Ausweg wurde durch ein Weiterverpachten von Klosterflecken gefunden, da die von der Enz geteilte Anlage 1556–58 zu einer evangelischen Klosterschule Maulbronn umgewandelt worden war. Heute liegt sie unweit der Bundesstraße, die im Neckarbecken von Ulm nach Speyer führt. Dort wurde ab jetzt der „Nachwuchs an evangelischen Pfarrern herangebildet". Maulbronn blieb also in einem neuen reformatorischen Gewande als Internat und Gymnasium weiterbestehen und brachte, von Reformenergie gestärkt, so verschiedene Geister wie Johannes Kepler, Friedrich Hölderlin und Hermann Hesse hervor. 1806 säkularisierte König Friedrich I. von Württemberg das Kloster. Durch die Aufnahme in das Weltkulturerbe der UNESCO werden Besucher heute aus aller Welt begrüßt. Die Klosterschule mit Innenhof, Refektorium und Brunnenhof gehören, wie Maria Laach, zu den inspirierenden und geistig eindringlichsten Schulanlagen, welche vom Schreiber dieser Zeilen jemals in Augenschein genommen worden sind.

Kloster Ottobeuren

Uotburen wurde schon 550 als Rodungssiedlung im oberschwäbischen Allgäu angelegt. Im 8. Jahrhundert hatte sich das Dorf zu einem fränkisch gräflichen Reichshof hochgearbeitet und gründete 764 das ursprünglich alemannische Benediktinerkloster Ottobeuren. Im 11. und 12. Jahrhundert wurden Kloster und Kirche trotz mehrerer Brände neu- und umgebaut. 1365 musste sich das Kloster dem Bistum Augsburg unterordnen. Im Deutschen Bauernkrieg nahm die Kirche abermals großen Schaden davon und musste in einem neuen Stil wiederaufgebaut werden. Eine Soldateska plünderte im Dreißigjährigen Krieg das Mobiliar. Gleichzeitig mit der Wiedererlangung der Reichsunmittelbarkeit finanzierte die Klosterführung ihren Wiederaufbau im Barockstil. 1766 nach dem Siebenjährigen Krieg wurde zum Tausendjährigen Jubiläum des Reichshofs die heute noch stehende Basilika errichtet, die das Ensemble kunstfertig mit Eleganz abschließt. Mit der Säkularisation von 1802 säckelte sich Bayern das Kloster ein. Da altgediente Mönche dort wohnen bleiben durften, darf, obwohl Landgericht und Kasernenabteilung dort einzogen, behauptet werden: die Klostertradition ist hier in Oberschwaben zum einzigen Mal nicht ganz unterbrochen worden. Heute könnte in Ottobeuren im Schulort mit Kneippkur ein 1253. Gründungsjubiläum gefeiert werden. Der Limes hat es auf die längere Liste eines Weltkulturerbes der UNESCO geschafft; Ottobeurens Klosteranlage noch nicht.

St. Emmeram Regensburg

Das Benediktinerkloster ruht auf einem Areal der Castra Regina, einer römischen Siedlung, die in dem Rabensymbol Odins (Emmeram heißt ahd. Heimeran, der Rabe) ihre Fortsetzung gefunden haben dürfte bis zu einer frühchristlichen Begräbnisstätte des Märtyrers Emmeram, einem fränkischen Wanderbischof. Er wurde dort im 7. Jahrhundert beigesetzt. In dem nächsten Jahrhundert, wohl 739, wurde das eigentliche Kloster gegründet, dem die Bischöfe von Regensburg vorstanden. Für die Einschätzung der Deutschen Stämme als Reichsteile sui generis hilft uns eine ehemalige Freskenabbildung in einer 1160 abgebrannten Dionysius Kapelle vom Kloster Emmeram im 12. Jahrhundert. Diese hat Verfasser in seiner kumulativen Habilitationsschrift Basel 1974 (recte Athenäum Verlag Frankfurt am Main

1971, S. 163–166) genauer untersucht. Danach wäre Julius Caesar als Welt-
reichherrscher auf einem (schwarzen?) Löwen im Weltraum geritten. Sein
Löwe (oder Löwin?) und die anderen drei Weltreichtiere sind zirkulär um
eine Zentralsphäre angeordnet gewesen. Danach hätte Balthasar Neumanns
Theorie des <kurvierten Raumes> ein viel höheres kunstgeschichtliches
Alter zu beanspruchen. Die sog. Translatio imperii (die Ablösung der Welt-
reiche) wäre eben nicht nur linear zu verstehen gewesen, sondern mehrdimensional gebogen.

Vom König Adolf von Nassau (1250–1298) erhielt das Kloster die
Reichsunmittelbarkeit. „Die Bedeutung des Klosters ließ im 16. Jahr-
hundert nach", als Regensburg evangelisch geworden war, weil sich die
Pfalz dem Augsburger Religionsfrieden von 1555 auf der lutherischen Seite
angeschlossen hatte. Im Dreißigjährigen Krieg, als die Rekatholisierung
Bayerns sich wieder durchsetzte, stieg die Bedeutung des Klosters wieder
an. 1731 wurde die Fürstenwürde der Reichsabtei St. Emmeram verliehen.
Die ausgebrannte Abteikirche musste mehrfach im Barockstil aufgebaut
werden. Während der Säkularisation kamen die Klostergebäude und das
Schlossgebiet durch Ablösungskauf an das Haus Thurn und Taxis, das einst
mit dem kaiserlichen Reichspostregal (für Frankfurt am Main ab 1701)
beliehen wurde, und das das Schloss ab 1748 bewohnte und bis heute besitzt. Die Prunkräume des Schlosses können heutzutage besichtigt werden.

Inselkloster Reichenau

Diese einzigartige Bodenseeinsel-Anlage bestand ursprünglich aus einer
Holzbaukirche auf Pfählen, ein Benediktinerkloster, das der ausländische
Wanderbischof Pirminius (um 670–753) im Jahre 724 in Mittelzell auf der
Insel Reichenau gründete. Dieses Dorf liegt in der Nähe von Allensbach.
Pirminius ist bis heute der Schutzpatron der Insel geblieben. Er christia-
nisierte alemannische Heiden. Wegen der Abgelegenheit kam es zwischen
Karl Martell und den alemannischen Herzögen zu Spannungen, die P. schon
drei Jahre nach seiner Gründung zum Verlassen der Insel zwangen. Auch der
Stadtname Pirmasens soll sich auf diesen Wanderheiligen beziehen. König
Heinrich I. und die Ottonischen Könige gewährleisteten diesem Kloster,
das weiterbestand, Immunität und Zollfreiheit. Karl der Dicke liegt dort
begraben. Es entwickelte sich an diesem Standort eine berühmt gewordene

Schreibstube. Schon ab dem frühen 13. Jahrhundert setzte der Niedergang ein, weil der Mönchsgemeinschaft die Einkünfte ausgingen und die Mitglieder wegfielen. Die Leitung des Klosters musste an den Bischof von Konstanz abgegeben werden. Bereits 1727 aufgelöst und 1802 durch die Säkularisation aufgehoben, hätte sich die Kirche dort seit den Karolingern und Ottonen und ihren Nachfolgern zu „einem der wichtigen kulturellen und wissenschaftlichen Zentren des Reiches" weiterentwickeln sollen. Aber nur bis zur Jahrhundertwende von 1100 zum zwölften Jahrhundert entwickelte sich die Klosterbibliothek zu einer der größten im Südwestdeutschen Raum. 1803 verließen die letzten Mönche die Insel. 1805 ging der gesamte Bestand, darunter 267 Pergamenthandschriften, dieser einzigartigen Bibliothek, an den Staat Baden über. Der Experte Arno Borst hat Reichenaus Wirken von 610–1525. Sigmaringen 1978, untersucht. Wolfgang Erdmann gab eins der schmucken Blauen Bücher, Nr. 11 , über Die Reichenau im Bodensee, 2004 heraus. Die Insel und ihre verbliebenen Schätze wurden 2000 in die Liste des Weltkulturerbes der UNESCO aufgenommen.

Interimsicht

Wir haben uns ebenfalls die schwierige Aufgabe gestellt, aus der Masse der deutschen und österreichischen Klöster, die bei der Arbeit an der deutsch-österreichischen Kultur mithalfen, die maßgeblichen herauszulesen. In dieser Studie werden 1 % der deutschen und österreichischen Klöster, Abteien und Stifte, die landesstatistisch gezählt wurden, ausgewählt und besprochen. In Österreich soll es 2163 Klöster gegeben haben, schreibt Stephan Vaida, Felix Austria, S. 398. Es gab in beiden Ländern zehnmal so viele Burgen wie Klöster. Diese Klostergründungen begannen im Deutschen Raum anfangs, in Österreich Ende des siebten Jahrhunderts. Es gibt in <Deutschland> zehnmal so viele katholische als evangelische Klöster, Abteien und Stifte. Es existierten 430 deutsche Männerorden, 16 österreichische. Wie bei repräsentativen Umfragen lässt sich auch hier eine Zusammensicht herausdestillieren. Die Klöster liegen weiter voneinander entfernt als die Burgen. Im Deutschen Gebietsraum sind die Benediktiner die mit Abstand einflussreichste Klosterkultur gewesen. Burgmannen verteidigten die Herrschaft des Besitzes, auch an Ländereien, gegen äußere Feinde und Aufstände, Klöster unterwarfen die inneren Feinde, also die

Heiden und die wankelmütigen Christen. Die Burgmannen schützten nach außen als Wehrstand, die Mönche gärtnerten und lehrten als Nährstand, beteten und arbeiteten. Heil- und Apothekerwissen wurde oft durch Frauen weitergegeben. Jedenfalls arbeiteten die Orden, auch wenn ihre Klöster weit verstreut lagen, eng zusammen. So entstand ein bündisch bedeutsames Gitter für das Reich.

Das Perverse am Ausdruck „Ordensburg" gehört zum übersteigert Rassistisch-Nationalen. Das Bündische besteht neben und nicht unter dem Nationalen. Zu Auschwitz darf gesagt werden: hätte sich der Verbund früher entfalten können, so wäre Deutschland vielleicht ein Rückfall in das grausige Tötungs-Verbrechen erspart geblieben. Immerhin ist das Dürr-Nationale verjährungsbereit. Das Bündische und die Gerechtigkeit blühen nämlich gleichzeitig weiter auf. Die Klosterkultur vertrat eine auf dem deutschsprachigen Gebiet fruchtbar wirkende Fleißarbeit vieler Generationen.

Fünftes Kapitel: Die wichtigsten Städte in ihrer Ausstrahlung auf das Reich

Wien

Wien war ab 1278 Residenzstadt und Hauptstadt, bis 1806 Residenzhauptstadt, insofern auch Hauptresidenzstadt, und das 528 Jahre, gleichzeitig ‚Deutschlands' und ‚Österreichs'. Vorher war es eine der vorübergehend besuchten Kaiserpfalzen des Heiligen Römischen Reiches. Die beliefen sich, je nachdem, wie man zählt, auf 367 Orte, darunter solche, die heute niemand mehr kennt, wie z. B. Ermschwerd, Imbshausen oder Schienen. Von Berlin aus wurde der Norddeutsche Bund 4 Jahre, das Deutsche Reich 78 Jahre und die DDR 41 Jahre, zusammen 151 Jahre, aus Bonn die BRD 42 Jahre lang regiert. Vom Blickwinkel einer auswechselbaren Hauptstadt wurde, ohne Berücksichtigung von Interims, über 700 Jahre lang regiert. Ohne vorgeschriebene Hauptstadt bewegte sich der König oder Kaiser von einer Pfalz zur anderen. Eine besuchte Königs/Kaiserpfalz hatte dem König und seinem Hofstaat gegenüber Gastungspflicht. Die Untertanen verteilten sich auf jeweils acht größere Städte, Wien oder Prag nicht mitgezählt. Bis 1350 betrug deren gemeinsame Einwohnerzahl von mindestens 11.000–54.000 E; im Jahre 1600 etwa 23.000–45.000; im Jahre 1800 etwa 35.000–172.000 [Berlin]. Die meisten deutschsprachigen Einwohner wohnten also nach wie vor auf dem Lande und waren in der Landwirtschaft beschäftigt. Die zentralen Funktionen mussten asymmetrisch verteilt werden, so dass der Sitz des Reichstags in Regensburg verblieb, das Reichskammergericht wie die Regierung sechsmal umzog und ansässig wurde. Die aus dem 10. Jahrhundert stammende Kaiserkrone und die anderen Reichsinsignien lagerten ab 1800 in der Wiener Hofburg, von wo sie der Österreicher Hitler 1938 unautorisiert nach Nürnberg, einen bei Kaisern beliebten Kaiserpfalzort, unter ihm Aufmarschgelände für Reichsparteitage, bringen ließ. 1946 mussten die Kronjuwelen des Reiches und die Kleinodien Habsburgs an deren angestammten Platz in der Hofburg zurückkehren, wo sie nach Habsburgs Hausrecht hingehörten.

Die Anzahl der Hauptregierungsstädte deutscher Bundesländer, historisch nur 54, hat die Anzahl der Pfalzen nie erreicht. Bonn und Berlin waren nie Kaiserpfalze. Die Glanzzeit Wiens gelang den Babenbergern als Aufstieg zu einer selbstbewussten Residenzstadt. Ein vergleichbarer Aufstieg gelang der brandenburgischen Hauptstadt Berlin erst 1701. Beide Städte ließen sich vom barocken Herrscher- und Stilgefühl umarmen und begeistern. „Ein Liebhaber der Kayserl. Erbland Wolfahrt" ließ sein berühmtes Buch drucken: „Oesterreich über alles wann es nur will." Wien bereitete sich auf eine neuartige Wirtschaftspolitik und eine eigene Gründerzeit vor. Während es seit hunderten von Jahren ein kräftiges hauptstädtisches Wienbewusstsein gegeben hat und gelebt worden ist, entstand ein unabhängiges österreichisches Nationalbewusstsein erst nach 1945.

Für die Regulierung 1857 veröffentlichte die amtliche Wiener Zeitung ein Handschreiben Kaiser Franz Josephs, mit dem er den Innenminister auffordert, „ehemöglichst" durch die „Auflassung der Umwallung und Fortifikationen" der inneren Stadt für „die Regulierung und Verschönerung der Residenz- und Reichshauptstadt Sorge zu tragen." Mit der Erbauung der Ringstraße begann die Gründerzeit in Wien, während derer man die Boulevards von Wien noch vor den Grands Boulevards des Präfekten von Paris, Haussmann, ersann. Wer hätte gedacht, dass sich dahinter ironischerweise das alte deutsche Wort Bollwerk verbarg? Wien wurde in seinem Tiefbau den Erfordernissen einer modernen Großstadt angepasst. Darunter verblasste aber auch der Traum der vormodernen Anführerschaft im Reich. „Das Ende des neoabsolutistischen Polizei- und Militärstaats war gekommen," Sachslehner, Wien, S. 153. Mit einer neuen Gewerbeordnung wurde der Zunftzwang abgeschafft. "Der südliche Arm der Donau" …„verlor als Donaukanal… seine Bedeutung als Schiffsverkehrsweg." (ibidem, S. 155). Zahlreiche neue Banken wurden gegründet. Die Gasversorgung der Stadt Wien wurde einer britischen Firma übertragen (S. 157).

Die sich im Norddeutschen Bund anbahnende Vorherrschaft des brandenburgischen Berlins über das österreichische Wien wurde 1866 durch den Sieg bei Königgrätz besiegelt. Ein Zentralfriedhof wurde 1874 eröffnet. Sachslehner geht gründlich und ausführlich auf die Erweiterungsbauten, wie das neue Rathaus, ein. Fred Hennings beleuchtet sachkundig, anschaulich und amüsant seine einmalige Studie über die Ringstrassen Symphonie. Wien 1963: „Von den 55 Privatbauten, die im Sektor zwischen der Babenbergstraße und der Wollzeile die Ringstraße säumen und die alle in den sechziger Jahren errichtet wurden, gehörten: zwei Mitglieder des Kaiserhauses, zwei

Fürstlichkeiten, fünf Aristokraten, acht Bürgerliche und die überwältigende Mehrheit von 38 Großhändlern, Bankiers und Industriellen (S. 71). Von den drei großen Architekten ragt der Schwabe Friedrich Schmidt besonders hervor. „Der einstige Steinmetzgesell vom Kölner Dom wird schließlich Dombaumeister von St. Stephan und bleibt sein Leben lang der Gotik treu." (S. 70) Allerdings war politisch die Kluft zwischen den Einheimischen und den Tschechen, Polen, Slowenen und Ungarn größer geworden. Daran konnte die Einführung des Wahlrechts für Männer 1907 nichts ändern (Sachslehner S. 182). Große Schwierigkeiten des Vielvölkerstaats führten zusammen zum Zusammenbruch und Untergang der Donaumonarchie. Dazu lieferte Professor Siegmund Freuds Studie Zeitgemäßes über Krieg und Tod 1915 einen Beitrag zur Lehre über die menschliche Aggressivität. Viele österreichische Bildungsbürger konnten die Welt nicht mehr verstehen. Die ökonomische Sicherheit war dahin.

Der Untergang führte vom Bürgerkrieg zur Selbstannexion Österreichs, „die hitlerische Heimkehr ins Reich". Danach schrumpfte sich das materiell und geistig verhungerte Deutsch-Österreich zur Republik Österreich gesund. Dr. jur. Karl Renner (1870–1950), der Allzeitmann aus Mähren, erledigte seine patriotische Pflicht als zuverlässiger Staatskanzler 1918–20 und schuf die politischen Grundlagen für den Wiederaufbau Österreichs als Präsident von 1945–50. Er tat dies auf kleinerem Maßstab für Österreich als Konrad Adenauer (1876–1967) das Pendantwerk ab 1949 einige Jahre für die Bundesrepublik Deutschland vollbrachte.

Innsbruck

„Als Kulturstadt sieht sich Innsbruck über seine Vergangenheit als habsburgische Residenzstadt, die im Stadtbild durch Gebäude und Erinnerungsorte allgegenwärtig ist." „Ein historisch-kritischer Zugang zur Geschichte des Landes Tirol, aber auch zur Vergangenheit der Landeshauptstadt Innsbruck kann den Weg in eine selbst-bewusste Zukunft eröffnen." (Karin Schneider, Kleine Innsbrucker Stadtgeschichte Tyrolia 2008, letzte Textseite, S. 271). Die Grafen von Andechs-Meran hatten 1133 am nördlichen Ufer des Inns, der in Richtung Osten in die Donau fließt, einen nach St. Laurentius benannten Markt errichtet. Knapp fünfzig Jahre später konnte Graf Berthold V. ein Grundstück auf der südlichen Gegenseite erwerben und durch eine

steinerne Brücke (daher Insprucke) miteinander verbinden. Durch das ver-
liehene Stadtrecht stiegen die Zolleinnahmen auf dieser Brennerstrecke nach
Norditalien. Jeder Händler musste an diesem Knotenpunkt seine Waren
ausstellen und zum Verkauf anbieten. Kraft eines Erbvertrags fielen die Innsbrucker Besitzungen der Meraner an die Grafen von Tirol-Görz. Heinrich
von Tirol-Görzens Tochter, Margarete, (1318–1369), genannt Maultasch,
heiratete in zweiter Ehe Ludwig von Wittelsbach. Vor ihrem Lebensende
übergab sie, da ihre Kinder und ihr zweiter Mann, Ludwig V. von Bayern
bereits vor ihr gestorben waren, ihr Erbe Tirol an die Habsburger. Damit
gehörte Tirol rechtlich nicht mehr zu Bayern, sondern zu Österreich. Unter
Maximilian I. (1459–1519), dem <Letzten Ritter>, stieg Innsbruck zu einem
regierungspolitischen Zentrum des HRRs auf. Um 1500 eröffnete das Zeug-
haus eine der größten Waffensammlungen Europas. Das <Goldene Dachl>
wurde als gotischer Prunkerker in der Altstadt und Wahrzeichen der Stadt
vollendet. Die Schindeln bestehen allerdings nicht aus Gold, sondern aus
Kupfer.

Der bedeutendste Künstler, der für den Hof, aber nicht dort gegenwärtig
arbeitete, war gewiss, und doch nur indirekt, Albrecht Dürer (1471–1528).
Er bezog für diese Arbeiten vom Kaiser zwischen 1515 und 1519 eine
jährliche Rente von 100 Gulden. Von Nürnberg und einer Reise nach den
Niederlanden aus arbeitete er für den kaiserlichen Hof vor allem als Mathematiker. Er porträtierte Maximilian auf dem Reichstag zu Augsburg.
Dürer verfasste ebenfalls ein Lehrbuch der Geometrie. Er verfasste aber
auch eine Proportionslehre. In den Niederlanden hielt er sich bei Erasmus von Rotterdam als Gast auf. Entwürfe zu Maximilians Prunkgrab in
Innsbruck (einem leeren Scheingrab oder Kenotaph) stammen von Dürer.
Sogar der Ostgotenkönig Theoderich und König Artus werden dort (und
im Stammbaum) als habsburgsche Vorfahren verewigt. Die Hofkirche, die
aus statischen Gründen für dieses Kenotaph herhalten musste, war zur Zeit
des Gusses noch nicht existent.

1562 errichteten die Jesuiten eine Hohe Schule, die sich um „die Ausbildung einer religiös-katholischen Beamtenschicht" kümmern sollte. Sowohl
die päpstliche wie auch die kaiserliche Bestätigung traf 1677 in Innsbruck
ein. Die Mitglieder des <Universitäts-> Collegiums mussten einen Eid auf
die unbefleckte Empfängnis der Jungfrau Maria ablegen. Dadurch wurde
verdeutlicht, dass es sich vor lauter geistigen Enge um eine veraltete Anstalt

der Wissensvermittlung handelte (vgl. K. Schneider, Kleine Innsbruck Stadt-geschichte, S. 101). 1773 fand diese Anti-Aufklärungs-Universität ein jähes Ende, als der Orden auf kaiserlichen Befehl aufgelöst wurde. 1782 wandelte sie Kaiser Joseph II. dieses Collegium in ein Lyzeum um. Sein ihm nachfolgender Bruder Leopold II. errichtete die Universität zum zweiten Male. Für eine dynastisch herausragende Fürstenhochzeit von Leopold mit der Infantin von Spanien, Maria Ludovica, 1765 in Innsbruck, wurde ein noch heute stehender Triumphbogen extra errichtet. Die Universität in der Hauptstadt Tirols nimmt vor allem heute im internationalen Ranking einen sehr hohen Platz ein. Innsbruck als Austragsort der Olympischen Winterspiele von 1976 hat seinen Ruf als rasante Wintersport- und elegante Wintertouristenstadt ausgebaut.

Kein wohlwollender und gerechter Erzähler und Schreiber kann über Tirol berichten, ohne nicht des Sandwirts Andreas Hofes (1767–1810) und des Bergisels als Tiroler Erinnerungsortes zu gedenken. Für echte Tiroler spielt dabei das „Andreas-Hofer-Lied" [zu Mantua in Banden …] eine Rolle. Für Tiroler und andere Österreicher war er ein Volksheld. Dreimal siegte Hofer mit seinen Mannen am Bergisel vor Innsbruck gegen die Bayern und die ihnen alliierten Franzosen. Beim vierten Mal siegten seine Gegner. Andreas Hofer wurde verraten, gefangen gesetzt und bei Mantua von schlecht schießenden Feinden erschossen. Ganz ähnlich gingen die Isonzo-Schlachten gegen die Italiener aus, wo Schreibers Großvater und seine Brüder siegreich kämpften. Und doch ging Südtirol Österreich in Versailles verloren.

Graz

Darf man Salzburg eine verbindende Grenzstadt, Wien hingegen als groß-österreichische Hauptstadt bezeichnen, so ist Graz vor allem die Hauptstadt des Bundeslandes Steiermark, einer europäischen Stadt von quellender Ballungskraft, die den Besucher zum Bleiben einlädt. Was ballt sich hier vor uns zusammen? Eine gut erhaltene Altstadt, verbunden und getrennt durch den reißend-rauschenden Mur-Fluss mit moderner Architektur von Flair – und doch einer bergigen Verbindung mit einer slawischen Vergangenheit. Denn der Name Graz leitet sich von Altkirchen-Slovenisch Gradec her, das bis ins 19. Jahrhundert Grätz geschrieben wurde. In der Mitte steht ein Dolomitenfelsen, darauf der Grazer Schlossberg. Wie Dr. Johannes Korlen, der kundige Verfasser von Graz 2001 und Leiter des Österreichischen Kulturgesprächs es ausgedrückt hat: „Graz ist geblieben, was es immer war: Eine Stadt in der vieles möglich ist, was man anderswo vergeblich möchte…", „eine Stadt mit überschaubaren Größenordnungen" … „um das kulturelle Angebot einer Weltstadt zu bieten" … „und klein genug, um sich hier zu Hause zu fühlen, Heimat zu spüren." Bedarf es insofern einer historisch-politischen <Wegelagerung> von Graz, um es ganz zu verstehen? Hier wurden nämlich die Gegensätze anders als in Innsbruck ausgetragen. Als Residenzstadt der Habsburger ab 1379, das Land <Innerösterreich> genannt, ließ die Regierung in Wien den Jesuitenorden aus der Academia, Gymnasium et universitas ab 1585 „nach einer elitären Ausbildung für alle Schichten" streben zweispurig neben protestantischen Unternehmungen in dieser Richtung. Nach der Aufhebung des Jesuitenordens wurde die Universität von Staats wegen übernommen, aber 1827 wiedererrichtet von Kaiser Franz I. Nach dem Vorbild Wilhelm von Humboldts (1767–1835) wurde die Lehr- und Lernfreiheit aus Berlin übernommen. Die Universität wurde auch in Graz endgültig Träger der Wissenschaften und nicht allein des Glaubens an Wissenschaftlichkeit. Die Universität Graz lehrt heutzutage 45.000. Sie ist auch hinsichtlich studentischer Wohnungsnot Trägerin des Menschenrechtspreises. Die Altstadt von Graz gehört seit 2010 zum Weltkulturerbe der UNESCO. In Graz rauscht nicht nur ein alpiner Fluss durch die Stadt, sondern ein transalpiner europäischer Geist. Wer ihm unbekannte Wege nach und durch Graz beschreiten will, dem sei Wolfgang Bahr, Unsere Stadt Graz 1997 empfohlen. Das Buch ist vom Verfasser der Stadtgeschichte Wien Kompakt, den wir aus der Welt von Wien kennen gelernt haben, Johannes Sachslehner, sorgfältig lektoriert worden.

Salzburg Land

1803 wurde das Fürstbistum Salzburg aufgelöst. Die Frage stellte sich: wohin soll es fürderhin gehören? Am Anfang des 19. Jahrhunderts macht Salzburg eine abenteuerliche Geschichte der Ausgliederung und einer Eingliederung durch. 1803 macht es Napoleon mit einem Federstrich zu einem säkularisierten Kurfürstentum innerhalb Bayerns, 1805 wird es Österreich zugeschlagen. Damals und abermals 1809 besetzten es französische Truppen, die Salzburg ausplünderten. 1810 wurde das Salzburger Land abermals Bayern zugeteilt. 1816 wurde gemäß den Beschlüssen des Wiener Kongresses die Wiederausgliederung von Bayern angeordnet. Damit fiel Salzburg Land endgültig an das Kaiserreich Österreich. Für die einfachen Menschen machte das für ihren Broterwerb aus der Landwirtschaft nur einen kleinen, für das Touristengewerbe einen größeren Unterschied. Der Alpinismus gewann am Fremdenverkehr einen größeren Anteil. Da sich der Österreichische Alpenverein bis zu schwindelnder Höhe mit dem Deutschen Alpenverein verband, importierte er während seines wirtschaftlichen Aufstiegs eine großdeutsche Gesinnung. Die konkrete Verbindung mit dem deutschen Wirtschaftsraum vollzog sich im Anschluss an das deutsche Eisenbahnnetz. Hervorragend ausgebildete Ingenieure konstruierten die teilalpine Westbahn, Giselabahn, Tauernbahn und die schmalspurige Murtalbahn. Moderne Brücken verbanden die beiden Flussufer der Salzach. Ab 1884 wurde eine Tramway (sprich Trammwai) eröffnet. Elektrizitätswerke begannen 1888 ihre Dienste. Die Stadt entdeckte und pflegte ihre eigene Geschichte (vgl. Heinz Dopsch, Kleine Geschichte Salzburgs 2009, S. 182). 1870 kündigte die österreichische Regierung das Konkordat von 1855. Der Katholische Universitätsverein rang um die Meinungsherrschaft mit dem anti-klerikalen Universitätsverein um die Eröffnung einer wissenschaftlich verankerten echten Universitätsgründung ab 1901. Die beiden norddeutschen Wissenschaftler Max Planck und Theodor Mommsen empfahlen eine der beiden Typen von Hochschulen (Dopsch, S. 186). Die Altstadt musste gegen städtebauliche Verschandelung geschützt werden. Belief sich erst 1895 eine Normalarbeitszeit auf elf (11!) Stunden Festlegung, so wurde nach dem 1900–1914 erkämpften Streikrecht eine Forderung nach dem Achtstundentag laut und bestreikt. Der Achtstunden-Werktag konnte in Deutschland und Österreich erst nach dem verlorenen Ersten Weltkrieg zur Realität werden. Der Zuspruch zum 1919 noch populären Anschluss Deutsch-Österreichs, in Salzburg besonders hoch, wurde von den Alliierten Mächten missachtet. Salzburg sollte durch Hugo von Hofmannsthals Jedermann und die Aufführungen der Salzburger Festspiele 1918, noch durch Kaiser Karl genehmigt, (ibidem, S. 197), als Symbol der Versöhnung zwischen Verbrechen und Todessehnsucht und zwischen Krieg und Frieden berühmt werden. Das öffentliche Leben erlaubte sich einen schwerwiegenden „Eingriff in das Privatleben", um einen Aphorismus von Karl Kraus (1874 in Böhmen geb., 1936 in Wien gest.) zu satirisieren. Es

darf hier Johann Nestroy (1801–1862), schlesischer Herkunft, der Wiener
Volksdichter und <Störenfried> der Gesellschaft, nicht unerwähnt bleiben.
Unter seinen 70 Stücken führt „Zu ebener Erde und erster Stock", 1837 mit
viergeteilter Bühne und großem Applaus aufgeführt, als Vorstufe der Wiener
Charakterkomödie zu Hugo von Hofmannsthals, Der Unbestechliche, die
der Wiener Neuen Presse 1923 beigelegt wurde.

Aachen

Archäologen konnten beweisen, dass die alte Römersiedlung, das Heil-
bad Aquae Granni, seit Anfang des 5. Jahrhunderts durchgängig besiedelt
worden ist. Karls Vater Pippin der Jüngere baute sich 765 dort einen Hof
namens Aquis Villa. Sein Sohn Karl erbte das Fränkische Reich und baute
seinen Hof zu einer Kaiserpfalz aus. Die Kapelle wurde im Laufe der Zeit
in den Aachener Dom erweitert. Ludwig der Fromme, Karls Sohn, wurde
dort zum Mitkaiser gekrönt; Karls Enkel, Lothar I. (795–855) und Otto I.
wurden beide auch dort zum Kaiser gekrönt. Der um 800 gebaute Aachener
Königsthron „hat alle Umbauten und Zerstörungen in der Kapelle überstanden." Er steht heute wieder im Hochmünster, d.h., im oberen Umgang
des Domes. Für einen Thron wirkt er überaus schlicht und passte insofern
zum Charakter des karolingischen Hofes, den Einhard in seiner Vita Karoli
Imperatoris auf Lateinisch verfasst hat. Karls römisches Repräsentations-
bedürfnis hielt sich in Grenzen. Nach dem Herausgeber, (Franz Petri, Handbuch der Historischen Stätten NRW. Landesteil Nordrhein. Kröner 273,
S. 2) ließen sich im Ganzen dreißig deutsche Könige bis 1531 in Aachen
krönen. „Drei andernorts Gekrönte holten ihre Krönung in Aachen nach."
„Die Goldene Bulle hat 1356 Aachen als Krönungsstätte reichsrechtlich fest-
gesetzt." Friedrich Barbarossa ließ Karl 1165 heiligsprechen und erhob damit Aachen zum caput regni Theutonici (S. 5). Durch den Thronantritt der
Staufer verlagerte sich die Königsmacht nach Süddeutschland und schließlich nach Österreich. Im 14. Jahrhundert setzte die „Aushöhlung" (ibidem,
S. 5) der materiellen Substanz durch Verpfändungen vor allem an die Stadt
ein, die ihr neues Rathaus errichtete. Sie bezog ihre Einnahmen besonders
aus der Tuchherstellung. Eine Mauer mit elf Toren schützte die Aachener
Stadt mit ca. 10.000 Einwohnern. Die Reformation konnte nur vorübergehend Fuß fassen (S. 8), und wurde schon 1614 das zweite Mal beseitigt.

Nach der Besetzung durch die Franzosen wurde ein neues Departement gebildet, aber auch als Bistum Köln zugeschlagen. Die Rheinisch-Westfälische Technische Hochschule wurde 1870 durch die Preußische Regierung in Betrieb genommen. Heute hat sie mit fast 45.000 Studierenden Weltgeltung erlangt und gehört weltweit zu den hundert allerbesten Hochschulen. Seit 1978 zählt der Dombereich Aachen zum Weltkulturerbe der UNESCO.

Köln

Köln wurde von den römischen Besatzungsmächten im Rheinland Germaniens um die Jahrtausendwende gegründet und im Jahr 50 n.Chr., in Colonia Claudia Ara Agrippinensium zu Ehren der Römischen Kaiserin Agrippina, der Frau des Kaisers Claudius umbenannt. Sie wurde hier am rechten Ufer des Rheins geboren. Ab diesem Jahr datiert auch die Erhebung zur Stadt in Germania Inferior (Niedergermanien). Ein Menschenalter später konnte sich diese Stadt eine Wasserzufuhr mit einem Aquädukt aus der Eifel zulegen. Über den römischstädtischen Niedergang wissen wir nicht genug, außer daß diese Endepoche bevölkerungsüberschüssig und bedeutend gewesen sein muss, bis die Franken Köln eroberten und zum bevölkerungsreichen Hauptort ihres Reiches erkoren. In dieser gallischen Residenzstadt lebten sogar noch unter Chlodwig I. die Römer und Franken parallel nebeneinander her, tranken das gleiche Eifelwasser und vermischten sich erst im 6. Jahrhundert nach seinem Tod. Aus diesem Soldatenkönigtum entwickelte sich ein <belgisches> Herrschaftsgebiet zentriert um Köln. Chlodwig hatte die Franken und Gallo-Römer geeint und die benachbarten Alemannen unterworfen. Um 500 etwa konvertierte Chlodwig nach der Schlacht von Zülpich zum Christentum. Der christliche Sieghelfer löste die vielfältigen altfränkischen Götter endgültig ab, denn mit ihm traten sein ganzer Stammesverband zum oströmisch kontrollierten Katholikentum über. Dieser kollektive Übertritt machte weitere Menschenopferungen unzeitgemäß. Im Gegensatz zu den Goten, Burgundern und Vandalen übernahmen die Franken das athanasische und nicht das arianische Christentum. Beide Bevölkerungsteile entwickelten sich entsprechend parallel zu Katholiken (bei oströmischer, antiwestgotischer Zustimmung) und viel später, vereinfacht gesprochen, zu Protestanten. Die französische Geschichtsschreibung verehrte lange Zeit Chlodwig als frühen französischen König, ehe es überhaupt zur Reichsteilung kam. Childerichs Sohn Chlodwig, der Alarich im Kampf tötete, konnte sich als fränkischer Kleinkönig ansehen. Aber unter seinem Nachfolger Dagobert I. wurde das Fränkische Reich zwar einerseits zerrissen, wuchs jedoch der Einfluss der Hausmeier. Karl Martell schließlich konnte die diversen Hausmeier-Ämter „in einer Hand vereinigen." Der marionettenhafte Verdrängungsprozess der Merowinger durch die Hausmeier dauerte bis ins 7. Jahrhundert, bis zur Krönung Martells, zu der ihm auch Überläufer aus Köln 717 verholfen hatten. Die siegreiche Schlacht von Tours und Poitiers 732 wird heute weniger epochal ausschlaggebend als noch im 19. Jahrhundert beurteilt. Durch seinen Erzbischof von Köln Hildbold, eingesetzt im Jahre 795, soll um ca. 800 mit der Grundsteinkonstruktion seines Doms begonnen worden sein. Köln wäre schon damals im Testament seines Enkels Karls (des späteren Großen) „die eleganteste Braut Christi nach Rom" benannt worden. Hildbold weihte den Friesenmissionar Liudger 805 zum ersten Bischof von Münster ein. Einen Höhepunkt in der späteren Stadtgeschichte Kölns bildet die Schlacht von Worringen 1288, zwischen dem Erzbischof von Köln und dem Herzog von Brabant. Die Niederlage der Kölner Lehensherrschaft durch die mit Brabant alliierte Bergische Mark macht die Beanspruchung einer Herzogsgewalt Kölns über Westfalen für immer zunichte. Nach Worringen gehörte auch die Stadt Köln selbst nicht mehr zum Erzstift. Die Erhebung Kölns zur Freien Reichsstadt konnte daher erst 1475 durchgesetzt werden. Der Aufstieg des linksrheinischen Düsseldorfs in ewiger Rivalität zur rechtsrheinischen Stadt Köln veränderte das Machtgefüge bis zum heutigen Bundesland NRW. Woran lag die Niederlage des an sich überlegenen Kölns? Letztlich resultierte sie aus der Tatsache, dass die Bürger von Köln, weil es ihnen auf die Autonomie vom Kölner Erzbischof ankam, nicht für ihren Erzbischof, sondern auf der Seite des Brabant-Bergschen Siegers gekämpft hatten. Ab 1500 gehörte Köln zum Niederrheinisch-Westfälischen Reichskreis. Vielleicht der am schönsten gezeichnete Holzschnitt von 1531 stellt das Panorama Kölns von Anton Woensam dar: „O Felix Agrippina Nobilis Romanorum Colonia" ist darunter gedruckt. Den Dreißigjährigen Krieg überstand die stark befestigte Stadt Köln unversehrt. Eine weitere Langzeitwirkung der vom Kölner Erzbischof verlorenen (aber von der Stadtregierung selbst gewonnenen) Schlacht von Worringen ist, dass rechtsrheinische Stadtbezirke außer dem linksrheinischen Deutz bis 1802 beim Herzogtum Berg verblieben, das als solches bis 1806 als Großherzogtum weiter existierte. Bei Worringen verlässt ironischerweise der Rhein (nicht aber das Flussglück) die Stadt. Der Rhein ist durchschnittlich nur 4,5 m tief und daher schwierig zu navigieren. Seit 2005 rettet den Rhein eine Hochwasserschutzanlage auch gegen seltene Eisschollen. Bei Hochwasser kann der Fluss bis zu 10.50 anschwellen. Während Köln im Mittelalter mit 40.000 E die einwohnerstärkste Stadt im deutschlandsprachigen Raum gewesen war, ist es heute mit 1.060.582 E nur die viertgrößte Großstadt Deutschlands nach Berlin, Hamburg und München. Düsseldorf ist als Landeshauptstadt NRWs die siebtgrößte Stadt geworden. 1794 zogen französische Truppen in Köln ein. Bei seinem Besuch 1804 wurde Napoleon in der Hauptstadt seines Department Roer/Arondissement Cologne begeistert (wie Hitler in Wien 1938) empfangen. 1812 wurde Köln als Bonne Ville de l'Empire ausgezeichnet. 1815 wurde Cöln nach dem Wiener Kongress Preußisch. 1919 durfte es wieder deutsch mit K geschrieben werden. Nach 632 Jahren Bauzeit durfte der Kölner Dom (wie es sich bis 1945 herausstellte, einigermaßen bombensicher, aber himmelsfrei) zugebaut werden. Dies persifliert Heinrich Heine in Deutschland. Ein Wintermärchen. Hamburg 1844, caput IV:

10   Doch siehe! Dort im Mondenschein
        Den kolossalen Gesellen!
        Er ragt verteufelt schwarz empor,
        Das ist der Dom von Köllen.

13   Er ward nicht vollendet – und das ist gut
        Denn eben die Nichtvollendung
        Macht ihn zum Denkmal von Deutschlands Kraft
        Und protestantischer Sendung.

Wichtig zu merken: nach 121 Jahren der Schließung der Kölner Universität seit 1798, wurde in der Weimarer Republik im Juni 1919 die Universität Köln wiedereröffnet. Sie gehört hierzulande mit und nach Heidelberg zu den zwei ältesten zwei Universitäten. Sie sollte wegen des Verlusts Straßburgs die deutsch-französische akademische Zusammenarbeit fortsetzen und ist heute mit knapp 50.000 Studierenden mit einem 10%igen Ausländeranteil die zweitumfangreichste Universität Deutschlands. Sie gehört weltweit zu den 150 angesehensten Universitäten der Welt. In den Managementfächern Betriebs- und Volkswirtschaft erreicht diese herausragende Universität eine

„Top5 Ranking" in Deutschland, wo z. Zt. 108 solche Hochschulen dieser und ähnlicher Art ihre Arbeit leisten.

Frankfurt am Main

Frankenfurt (lat. Franconofurd) wird zum ersten Mal 794 in einer lateinischen Urkunde Karls des Großen erwähnt, die er für das Kloster St. Emmeram in Regensburg ausstellte. Dieser dokumentierten Zeit gingen eine Besiedlung dieses Mainhügels von 112 Meter über dem Meeresspiegel seit der Jungsteinzeit, den Römern und den Merowingern im heutigen Stadtgebiet voraus. Ab 843 wurde Frankfurt zu einer regierungszentrierten Pfalz, in der auf Reichstagen seit 1147 deutsche Könige gewählt wurden. 1220 erklomm Frankfurt den Status einer Freien Reichsstadt. 1356 erließ Kaiser Karl IV. von Nürnberg das verfassungsrechtliche Wahlgesetz seines Reiches, das nach dem Siegel gerne „die Goldene Bulle" genannt wird. Es ist an dieser Stelle ausdrücklich festzuhalten, dass es im Deutschen, nicht aber im Österreichischen Sprachraum bis 1806 formal seine Gültigkeit behalten hat. Es beruht auf der Verteilung des Einflusses der Kurfürsten-Städte, sowie der Machtgewichtung zwischen Prag [König von Böhmen], Köln [für Reichsitalien], Trier [für Burgund] und in den landesrechtlich fast ebenso bedeutenden Städten Heidelberg [Staufischer Pfalzgraf bei Rhein], Wittenberg [Askanier, Rudolf I. Kurfürstentum Sachsen-Wittenberg für den Geltungsbereich des Sachsenspiegels], die vorübergehend luxemburgisch regierte Mark Brandenburg [mit Ludwig dem Römer ständig im Felde], Mainz [mit dem als Letzten mit einer Stichstimme wählenden Erzbischof des Kanzlers . Im Ganzen gab es also sieben Kurstimmen. Der ebenso entscheidende Punkt ist, wer nicht zur Königswahl zugelassen wurde, der jeweilige Habsburgische Erzherzog. Dies war verfassungsrechtlich eine schwere Benachteiligung und scheinbar ein Strickfehler, welcher die Residenz- und Großstadt Wien aus der Kür herausnahm oder aussparte, weil sie auf nicht mehr als 20.000 Einwohner geschätzt wurde und somit nur den achten Platz auf der Liste der damaligen Großstädte einnahm. Es wüteten dort die Beulenpest und andere Seuchen, welche die Bevölkerung stark reduzierten. Es regierte dort der ursprünglich im Reich nicht angesehene Herzog Albrecht der Lahme (1298–1358). Die Goldene Bulle bestimmte, dass die Wahl des Königs ohne Zustimmung des Papstes rechtsgültig wäre. Den Kurfürsten wurde vom

Text Immunität zugesichert. Die Söhne der Kurfürsten sollten ab ihrem 7. Jahr außer ihrer Muttersprache Lateinisch, Italienisch, Französisch und Tschechisch erlernen.

Ab 1562 wurde der Kaiser nicht mehr in Aachen, sondern fortan in Frankfurt am Main gekrönt, als letzter Franz II., der ultimative Habsburgsche Kaiser überhaupt von 1792–1806. 1815 wurde Frankfurt Freie Stadt. Hier tagte die Deutsche Bundesversammlung und die Nationalversammlung in der Paulskirche 1848/49. 1875 hatte Frankfurt 100.000 E, ab 1928 ca. 500.000 E. Heute ist es nach Köln die fünftgrößte Stadt der BRD mit ca. 733.000 E. Frankfurt liegt so verkehrsgünstig, dass es gleichzeitig mit Bahnhof und Flughafen den europäischen (und in Deutschland meistbefahrenen) Verkehrsknotenpunkt bildet. Ebenso ist es Deutschlands wichtigstes Finanzzentrum. Es gibt neben dem Römerplatz riesige Hochhäuser und eine 1914 gegründete Universität Diese Goethe-Universität hat z. Zt. 45.000 Studierende und ist die viertgrößte deutsche Hochschule, eine moderne städtische Stiftungsuniversität sui generis mit 16 Fachbereichen, die 2008 von einer noch königlich gestifteten Universität in eine öffentlich-rechtliche Volluniversität mit einem Graduiertenkolleg neuorganisiert wurde. Seit dem 12./13. Jahrhundert existiert eine Messe, die seit 1330 von wachsender Bedeutung wurde. Die heute weltweit größte Buchmesse entstand im Jahr 1485. Ihr folgte die eher protestantisch ausgerichtete Leipziger Buchmesse. Sie holte schon 1586 die Frankfurter Buchmesse ein und wurde für die volkssprachig deutsche Literatur wichtiger. Die Deutschen Klassiker des 18. Jahrhunderts wurden nicht in Frankfurt am Main, sondern in Leipzig verlegt. Nach und wegen der Französischen Revolution musste die Frankfurter Buchmesse einen Niedergang antreten, der 1830 einen „Jahrmarktscharakter" annahm. Sie wurde 1949 wiedergegründet und eröffnet und hatte 2007 etwa 277.000 Besucher bei ca. 7.100 Ausstellern.

Mainz

Vor den Römern siedelten hier an der Mündung des Mains in das linke Ufer des Rheins schon ca. 500 v. Chr. Spätestens 12 v. Chr. gründete Drusus (38–9 v. Chr.), der Stiefsohn des Kaisers Augustus ein römisches Legionärslager mit Namen Moguntiacum. Er besetzte auch Novaesium (Neuss) und Bonna (Bonn). Auf der Mainzer Zitadelle steht ein Drususstein zu seinem

Gedenken. Die Römer wollten als Besetzer Gallien defensiv sichern, Germanien aber offensiv kontrollieren. Vierhundert Jahre später während der Völkerwanderungszeit marschierten die Vandalen, Alanen und Sueben ein und plünderten Moguntiacum. Der Aufstieg der Stadt begann erst, als die Franken um 480 Mainz eroberten. Es wurde aktiv eine Christianisierung betrieben, so dass Mainz 782 zum Erzbistum erhoben werden konnte. Im frühen 12. Jahrhundert errangen die Mainzer Steuerprivilegien und zeitweise die Reichsverweserschaft. Nach Ermordung eines Erzbischofs ließ Friedrich Barbarossa die Stadtmauern schleifen, benutzte aber das aufstrebende Mainz für das Hoffest der berühmten Schwertleite seiner beiden Söhne Heinrich und Friedrich 1184 auf der Insel Maaraue in der Mündung des Mains. 70 Reichsfürsten versammelten sich dort. 1212 ließ sich sein Enkel Friedrich II. im Mainzer Dom zum König krönen. Von etwa 1244–1460 erreichte Mainz als Freie Reichsstadt den Höhepunkt einer überregionalen Macht und städtischen Wirtschaftskraft. Danach verspielte sie ihre Zukunft als Freie Reichsstadt und verlor einen Großteil ihrer stadtpolitischen Bedeutung Über die Goldene Bulle und die Rolle des Mainzer Erzbischofs haben wir schon unter Frankfurt berichtet.

Durch ihren Bürger Johann Gutenberg und seinen Buchdruck mit beweglichen Lettern verbreitete sich die Lutherische Reformation außer in Mainz, wo sie sich nicht durchsetzen konnte. Bis zur Säkularisation von 1802 „durfte sich keine evangelische Gemeinschaft (außer die der Garnison) bilden." „Im Dreißigjährigen Kriege nahmen schwedische Truppen Mainz kampflos ein." Französische Besatzungstruppen, die Mainz besetzten, gründeten im Auftrag ihrer Regierung eine „Mainzer Republik". Frankreich annektierte <Mayence> als Regierungsstadt eines Department du Mont-Tonnere, genannt nach dem alten Donarsberg von 586 m Höhe. Mainz wurde, salopp gesprochen, durch Wiesbaden geknebelt und konnte erst 1908 die Grenze von 100.000 E überschreiten. Sehr kürzend zusammengefasst, erlitt Mainz am 27. Februar 1945 durch ein Britisches Bombergeschwader eine fast völlige Zerstörung. Danach ist die Einwohnerschaft auf unter 76.00 E gefallen. Mainz wurde 1946 zur Hauptstadt von Rheinland-Pfalz bestimmt in Abgrenzung zu Hessen mit der rivalisierenden Hauptstadt Wiesbaden. 2010 wurde der Titel „Stadt der Wissenschaft" an Mainz verliehen. Die 1477 gegründete Universität bildet heutzutage 35.000 Studierende in 250 Studiengängen aus.

Wiesbaden

Spätestens 15 n. Chr. legten die Römer in Germania Superior eine Festung namens Aquae Mattiacorum an. Plinius erwähnt in seiner Naturalis Historia 77 n. Chr. Thermalquellen in seinem Werk. Einhard verzeichnet etwa 830 das Äquivalent von Wisibada erstmals. 1170 erwarben dieses heilkräftige Reichsgebiet in und um Wiesbaden die Grafen von Nassau. 1296 stiftete König Adolf von Nassau (ca. 1250–1298), der Deutsche König bis 1298, als er in der Schlacht gegen Albrecht von Österreich fiel, Wiesbaden das Kloster Klarenthal. 1543 wurde die Reformation in Wiesbaden eingeführt. Bis 1610 ließ die Stadt ihr neues Rathaus bauen, das noch heute steht. Wiesbaden wurde 1806 die Hauptstadt des Herzogtums Nassau. Nach dem innerdeutschen Krieg von 1866 annektierte das bismarcksche Preußen ohne Begründung Hessen-Nassau. Trotzdem erlebte Wiesbaden (weniger als Kurbad) als vielmehr als Kongressstadt und Verwaltungssitz einen ansehnlichen Aufschwung. Weil Wiesbaden regelmäßig von Kaiser Wilhelm II. „zur Sommerfrische besucht" wurde, hat man es als Kaiserstadt etikettiert. Wohlhabende Kaufleute und vermögende Unternehmer nahmen ihren Wohnsitz in Wiesbaden. Viele klassizistische Häuser wurden gebaut. Zu Beginn des 20. Jahrhunderts wuchs die Einwohnerschaft Wiesbadens auf 100.000. Ein Kurhaus und ein Hessisches Staatstheater entstanden. Heute hat Wiesbaden den Ruf einer deutschen Stadt mit den meisten Millionären. 1918 besetzten die Franzosen diese Stadt. 1921 musste Deutschland das Wiesbadener Abkommen über die deutschen Reparationszahlungen an Frankreich unterzeichnen. Die Britische Rheinarmee besetzte 1925 Wiesbaden. 1930 war Wiesbaden wieder besatzungsfrei. Während des Zweiten Weltkriegs wurde es weitgehend von alliierten Bombenangriffen verschont, bzw. der Abwurf wegen schlechten Wetters verfehlt. Ab 1948 funktionierte die US-Air-Base, welche von hier aus Berlin während der sowjetischen Blockade 1948/49 aus der Luft mit Lebensmitteln versorgte. Da drei rechtsrheinische Mainzer Vororte dem linksrheinischen Wiesbaden aufgrund einer Anordnung der Militärverwaltung zugeschlagen wurden, wurde diese althergebrachte Rivalität zweier Städte neu entfacht und blieb bis heute erhalten. Auch die von Wiesbaden übernommene Hauptstadtfunktion war von der Amerikanischen Militärregierung angeordnet worden. Sie ergibt sich keineswegs aus der Hessischen Landesverfassung. Auch Bonn ist ja nicht durch Volksabstimmung zur provisorischen Hauptstadt der Alten Bundesrepublik eingesetzt worden. Das ZDF entschied sich nicht für seinen provisorischen Sitz in Wiesbaden, sondern baute seinen Verwaltungssitz als Sender in Mainz auf. So gibt es keine Baden-Männchen, sondern Mainzelmännchen. 2016 erreichte die Einwohnerschaft Wiesbadens 276.219. Das Wappen ist nassauisch geblieben.

Nürnberg

Nürnberg liegt auf beiden Seiten des Flusses Pegnitz in Mittelfanken, Bayern. Es gehört heute weltweit zu den Städten mit der höchsten Lebensqualität. Sie soll auch darin begründet sein, dass sich die Sprache der Bevölkerung allmählich vom Nordbairischen ab- und dem Ostfränkischen zugewendet habe. Und keine religiöse oder irreligiöse Gruppe vermochte einen durchschlagenden Mehrheitsdruck an Machtbefugnis auszuüben, insofern nach dem letzten Zensus ca. 48 % konfessionslos, 27 % evangelisch und 25 % katholisch eingestellt waren. Das Nürnberger Gebiet wechselte im 11. Jahrhundert vom Bistum Eichstätt zum Bistum Bamberg. Obwohl Siedlungsspuren aus dem 9. Jahrhundert ausgegraben worden sind, ist ein Gründungsdatum, das zwischen 1000 und 1040 vermutet wird, nicht überliefert. Eine Urkunde Kaiser Heinrichs III. kann auf das Jahr 1050 datiert werden. Das von Heinrich IV. rund um die Kaiserburg gebildete Reichsgut wurde 1191 von einem Burggrafen Friedrich I. von Nürnberg-Zollern (ca. 1139- ca. 1200) übernommen. „Mit seinem Großen Freiheitsbrief machte Kaiser Friedrich II. Nürnberg 1219 zur Freien Reichsstadt." „1423 übergab Kaiser Sigismund, [der 1368 in Nürnberg geboren wurde und in Mähren starb], die Reichskleinodien der Stadt." „1427 verkaufte der letzte Burggraf Nürnberg an die Stadt. Dieser Vorgang markiert bis ins frühe 16. Jahrhundert die Blütezeit Nürnbergs. Durch das stadteigene Handwerk (vor allen Dingen mit Metall) und die handels- und verkehrsgünstige Lage erzielte Nürnberg hohe Gewinne, auch im Handel mit Venedig. Es entwickelte sich eine Nürnberger Börse. Zwar wurde Nürnberg im Dreißigjährigen Krieg nicht erobert, aber dauerhaft in seiner Wirtschaftskraft geschädigt und reduziert. Nach dem Reichsdeputationshauptschluss musste es politische Wirren bis an den Rand eines Umsturzes aushalten. Schließlich besetzten französische Truppen die deutsche Stadt. 1806 endete dieses Besatzungsregime mit der

Übergabe an Bayern, zusammen mit seinen sehr hohen Schulden, die vom bayerischen Staat getilgt wurden. Durch ein Bayerisches Gesetz wurden die beiden christlichen Konfessionen in Nürnberg rechtlich gleichgestellt. 1835 fuhr die erste deutsche Eisenbahn von Nürnberg nach Fürth und zurück, wie man schon als Kind in der Grundschule lernt. Durch eine berühmt gewordene Modellbahn-Firma entwickelte sich Nürnberg zum Zentrum deutscher Spielwarenhersteller. Die gegen andere Parteien intolerante NSDAP konnte vor ihren Reichsparteitagen dort nie eine Wahl gewinnen. Im Zweiten Weltkrieg griffen Alliierte Luftverbände die Stadt mehrfach an und zerstörten sie am 2. Januar 1945 fast vollständig. Der Kontrollrat ordnete in seinem Gesetz Nr. 10 die Nürnberger Kriegsverbrecherprozesse an. Schreiber dieser Zeilen hat die Sendungen darüber im Radio verfolgt und empfand sie, als es noch keinen Schulunterricht für ihn gab, als gerecht. Die drei Hauptverbrecher, Hitler, Goebbels und Himmler, hatten sich vor der Verurteilung oder, wie Göring, kurz vor der Hinrichtung, der Justiz durch Selbstmord entzogen. Der Stadtkern wurde wieder neu aufgebaut. Daher legt die Altstadt, wenn auch rekonstruiertes, Zeugnis ab von der modernisierten mittelalterlichen Bausubstanz. Die nach allgemeinem Maßstab herausragende Baugeschichte Nürnbergs durchzog alle Stilepochen, einschließlich des Historismus. Wegen der Gewaltherrschaft im Dritten Reich bildete sich in Nürnberg ein Menschenrechtszentrum als gewolltes Kulturprogramm der Stadt. Nürnberg ist ebenfalls ein Zentrum der Kommunikationstechnologie geworden. Im klassischen Maschinenbau erlitt aber die Stadt Einbußen. Andrerseits ist die Messe Nürnberg zu einem sehr bedeutenden Standort für Kongresse geworden. Nürnberg liegt im Schnittpunkt verkehrsstarker IC und ICE Bahnverbindungen nach Norden und nach Westen. Es arbeiten dort für Arbeitslose die dort Angestellten der 1927 gegründete Agentur für Arbeit und die Bundesagentur für Migration und Flüchtlinge (abgekürzt BAMF), die 1953 eingerichtet wurde.

Würzburg

496 besiegen auch Würzburger Truppen bei Zülpich einen alemannischen Stamm. Man weiß, dass Würzburg auf dem Marienberg in 177 Meter Höhe seit 604 ein fränkischer Herzogssitz gewesen ist. Einhundert Jahre später wird das „castellum Virteburch" zum ersten Male in einer Urkunde als

Bischofssitz erwähnt. Ludwig der Fromme verlieh den Würzburger Bischöfen das Zollrecht am Main; im 10. Jahrhundert kam das Münzrecht hinzu, das die Prägung von Silbermünzen erlaubte. 1168 belehnte Friedrich Barbarossa den Bischof mit der Herzogswürde und vermischte damit die zwei Bereiche des Herrschens im Mittelalter. Damit wurden sie bischöfliche Herzöge in Franken. 1402 erteilte ein Papst dem Würzburger Herzogsbischof das Privileg zur Gründung der ältesten bairischen Universität. (Wegen Unstimmigkeiten musste sie 1582 wiedereröffnet werden). Der berühmteste deutsche Bildschnitzer von Altarschreinen im Mittelalter, Tilmann Riemenschneider (1460–1531) verstrickte sich als angesehener Patrizier während des Bauernaufstands in politische Kontroversen und wurde nach der verheerenden Niederlage der aufständischen Bauern als ihr Parteigänger eingekerkert und, wie er selbst sagte, „gemartert". Sind die Tilmann Riemenschneider bei der Folterung angeblich gebrochenen Finger nur eine Legende? Wir hoffen es. Denn die Rache der Sieger fällt oft fürchterlich aus. Im 17. Jahrhundert wurden auf der Festung Marienberg mindestens 250 hilflose Menschen als Hexen und Hexer zum Feuertod verurteilt und bei lebendigem Leibe angezündet und verbrannt. Im berühmten Renaissanceschloss wurden die Urteile verfasst und als schärfste Klinge der Gegenreformation eingesetzt. 1631 wurde Würzburg von den Schweden unter König Gustav Adolf besetzt. 1802 zog eine bayerische Division in Würzburg ein und schon 1806 musste Würzburg dem Rheinbund beitreten sowie Truppen stellen, die im Russlandfeldzug Napoleons gegen die Russen zu kämpfen hatten und auf dem Rückzug „mit seinen Westfalen" verbluteten. „1814/15 ergriff Bayern das Großherzogtum." Auch in beiden Weltkriegen mussten die Würzburger große Opfer bringen. Noch im Januar 1945 traf eine überschwere Bombardierung diese fränkische Stadt und zerstörte sie fast völlig. Zwei Drittel der Einwohner Würzburgs sind im Zweiten Weltkrieg gestorben, erstickt, verbrannt oder gefallen. Auferstanden aus Ruinen hat die heutige Universität bei ansehnlicher Reputation 38.000 Studierende. „Sie prägen das städtische Leben."

München

München wurde zum ersten Mal 1158 in einer lateinischen Urkunde als „forum apud Munichen" erwähnt, weil Sachsens und Bayerns Welfischer

Herzog Heinrich der Löwe (1129–1195) seine eigene Brücke über die Isar (nach Zerstörung derjenigen des Fürstbischofs von Freising) erbauen ließ. Wieviel Jahre früher München wirklich gegründet wurde, unter welchem vielleicht noch vorchristlichem Namen (wie z. B. Münster in Westfalen) ist nicht überliefert. Heinrich konnte sich auf die Dauer weder aus herzoglichen Streitereien heraushalten, noch wollte er seinen Vetter, Friedrich Barbarossa, auf einem Italienfeldzug unterstützen (außer Friedrich träte ihm Goslar ab). Heinrich wurden nach seiner Verurteilung wegen Hochverrats und weil er unter die Reichsacht fiel, beide Herzogtümer entzogen. Er floh zu seinem Schwiegervater, dem König von England, ins Exil. Er war dem Herkommen nach eben ein Sachse und kein Bayer. Er soll sich überhaupt nie in der Isarstadt aufgehalten haben. Nach wiederholter Ladung zum Prozess und seiner Verurteilung verlor er sein angestammtes Herzogtum in den Teilen Nordalbingen, West- und Ostfalen sowie die Billunger Mark nach 38 Jahren Alleinherrschaft, und Bayern nach 34 Jahren zum gleichen Zeitpunkt 1180. Seitdem übernahmen die Wittelsbacher die Regierungsgeschäfte in Bayern durch Belehnung und behielten sie bis 1918. Unter ihnen entwickelte sich München an der Spitze von Bayern in der Altstadt zwischen Jakobsplatz und Odeonsplatz von Süden nach Norden und vom Hofbräuhaus zum Stachus von Osten nach Westen. Die beiden Achsen erstrecken sich durch die Altstadt, später etwas verlängert, vom Marionettentheater zum Salvatorplatz, zu jeweils 1250–1300 Meter. Alle diese Namen gehören zur Stadtgeschichte und nicht zur Reichsgeschichte. „Seit dem 14. Jahrhundert kam es wiederholt zu Aufständen der Bürgerschaft gegen die Herzöge ...". 1442 wurden die ansässigen Juden bis ins 18. Jahrhundert aus der Stadt München vertrieben, eine in der Deutschen Stadtgeschichte einmalig lange Periode. Das macht "die Stadt der Bewegung" rückwirkend zur Stadt des verlängerten Antisemitismus. Das wirft auch ein trübes Licht in supralokaler Hinsicht auf diesen dürren Zweig bajuwarischer Unterdrückungspolitik. Ab 1468 entstand die Frauenkirche neu im gotischen Backsteinstil mit den 1470 angebrachten „welschen Helmen"; außerdem wurde anlässlich der Grundsteinlegung am Eingang eine Inschrift angebracht, deren Anfang lautet "clam fortuna ruit fragili pede tempus et hora ..." (woher offensichtlich der Vater des Völkerrechts, Hugo Grotius (1583–1645), sein Lebensmotto, ruit hora, hernahm und verkürzt hat). Ironischerweise wurde diese Kirche erst nach der Säkularisation Erzbischofssitz und damit auch eine Kathedrale. Sie erhielt von dem neugotisch malenden Künstler Moritz von Schwind oder einem seiner Schüler Marienbilder in den Altarflügeln angebracht. Dort sind 46 Wittelsbacher mit ihren Verwandten von 1332 bis 1948 begraben. Erst 1852 überschritt die Einwohnerzahl die 100.000 und machte München zur Großstadt. Nach dem Ersten Weltkrieg kam es 1919 in München zu schweren Unruhen mit Toten. 1923 scheiterte Hitlers Marsch auf die Feldherrnhalle auf dem noch immer schaurigen Odeonsplatz, wo Schreiber dieses Abschnitts als alter Mann (nachträglich erschauernd) gestanden hat. Die bösen Bomben verschonten ausgerechnet diese Ersatz-Loggia so gut wie ganz, obwohl die historische Altstadt bei 74 Angriffen ansonsten zu 90 % zerstört wurde. Das Deutsche Museum und die Neue Pinakothek erhielten nach dem Kriege erhöhten Zulauf von Touristen, nachdem der neue Flughafen 1992 eröffnen konnte. Als Bayerische Hauptstadt blitzt München nur so vor Verwaltungen (eine bairische Stärke): Landtag, Staatsregierung, Oberbayerische Bezirksregierung, Landkreis München. Dort kontrolliert auch unsere Finanzen der Bundesfinanzhof, tagt das Bundespatentgericht. Die Gründung der Ludwig-Maximilians-Universität erfolgte in Ingolstadt, wurde 1800 nach Landshut verlegt und befindet sich seit 1826 in München. Sie hat heute über 51.000 Studenten in 150 Studiengängen. 34 Nobelpreisträger wurden hier ausgebildet. Der Sockelbetrag der Studienbeiträge fällt auf € 65 pro Semesterticket, und ist damit im Bundesvergleich vorbildlich niedrig. Das also ist München mit seinem oder ohne sein Oktoberfest.

Stuttgart

Schon die alten Römer hatten hier am Neckartal 90 n. Chr. ein Reitkastell angelegt zur Verteidigung gegen die Alemannen, die dort um 260 endgültig einbrachen. Aus hinterlassenen Gräberanlagen ergibt sich, dass diese Gegend um 500 zum Christentum übergetreten war. So wird ein Gestüt (stuotengarten) in diesem nach drei Seiten abfallenden Talkessel ca. 930 zum ersten Mal schriftlich erwähnt. Stuttgart wurde von Baden aus 1219 zur Stadt erhoben. 1251 kam Stuttgart als Mitgift an die Grafen von Württemberg. Nach militärischen (möglicherweise reiterischen) Scharmützeln mit der Nachbarstadt Esslingen „ging Stuttgart an das Reich verloren." Der Markgraf von Württemberg befestigte die Stadt und baute seine Residenz zu einem Territorialstaat auf. Spätestens 1323 hatte Stuttgart Esslingen und Bad Cannstatt wegen einer vorübergehenden Landesteilung für vierzig Jahre überholt und mauserte sich 1442–82 zu einer Landesteil-Hauptstadt. Von 1520–34 übernahmen die Habsburger die Macht. Der junge Ulrich, Herzog von Württemberg (1487–1550), führte 1534 die Reformation ein, machte sich jedoch durch Prassen, Pomp und überhöhte Steuern beim Volk unbeliebt. Wasserbauliche Verbesserungen zur Trinkwasserversorgung wurden notwendig un d kosteten viel Geld. Von Seiten der Habsburger fielen Versuche einer Rekatholisierung an. Während des Dreißigjährigen Krieges wurde durch feindliche Truppen und die Ausbreitung der Pest die Stadtbevölkerung auf 5.000 halbiert. 1689 entstand als Zeichen des Fortschritts das erste Gymnasium in Stuttgart. Im Pfälzischen Erbfolgekrieg wurde das Schicksal Heidelbergs (brulez le Palatinat!) Stuttgart erspart. Herzog Carl Eugen legte 1746 den Grundstein für das neue Schloss. Schloss Solitüde und Hohenheim. Mit der Hohen Karlsschule und dem Studenten Friedrich Schiller, der dort Medizin studierte, wurde vorübergehend eine Hochschule betrieben. Sie wurde schon 1794 als Hohe Schule wieder aufgelöst. Stuttgart gelang es aber nicht, aus der Provinzialität auszubrechen. 1806 erlangte Stuttgart eine Erhöhung ihres Ranges, nämlich zur Hauptstadt eines Königreichs Württemberg. Nach dem Wiener Kongress von 1815 erreichte Württemberg den Status einer gemischt-konfessionellen Metropole. Die württembergischen Dichter Ludwig Uhland und Eduard Möricke sicherten sich ihren Platz in der deutschen Literatur. 1849 flackerte nach der Ablehnung der Reichsdeputation die Fackel der Freiheit im Stuttgarter Rumpfparlament auf, das auseinandergetrieben wurde. In den achtzehnhundertneunziger Jahren entwickelte Gottlieb Daimler (1834–1900) die Grundlagen des deutschen Automobils. Im Jahre 1918 verwandelte sich das Königreich Württemberg zu einem Volksstaat der sich konstituiernden Weimarer Republik. 1919 gab sich das Land eine neue Verfassung. Während des Ersten Weltkriegs hatten die Württemberger die höchsten Soldatenverluste. Es gibt immer noch elf Friedhöfe aus dem Ersten Weltkrieg im Raum Stuttgart. Während des Zweiten Weltkriegs wurde Stuttgart 53mal durch Alliierte Bomberflotten angegriffen und sehr stark von Degerloch abwärts beschädigt und fast vernichtet. Seit 1952 ist Stuttgart die Hauptstadt des Vereinigten Baden und Württemberg-Hohenzollern. Heute hat dieses Bundesland einen wohlbekannten Grünen Ministerpräsidenten. Seine

Fraktion war ursprünglich strikt gegen die Verlegung des Hauptbahnhofs unter die Erde. Jetzt meint Winfried Kretschmann lakonisch, „nur noch ein Wunder könne den Bau des umstrittenen Tiefbahnhofs verhindern." Das ist württembergisch-grüne Ausgleichspolitik. Stuttgart hat heute ca. 615.000 E und eine solide Universität von 28.000 Studenten mit 160 Studiengängen. Stuttgart konnte durch Zähigkeit und Fleiß viel erreichen und mancher Grünfläche Glanzlichter aufsetzen.

Konstanz

Ursprünglich von Kelten bewohnt, übernahmen die Römer auch am Bodensee eine Besiedlung von Raetia. Früh im 4. Jahrhundert wurde dieser Platz von Ptolemäus als Drusomagus erwähnt. Die Kastellanlage namens Constantia wurde vor kurzem von Archäologen ausgegraben. Eine frühe römische Badeanlage wurde dabei nahe des späteren Münsterplatzes entdeckt. Der Ort ist 355 nach einem der beiden römischen Kaiser, Constantius I. oder II. benannt worden. Beide kämpften siegreich gegen die Alemannen. Um 525 ist der bleibende Ortsname nachgewiesen. Ab dem 6. Jahrhundert gehörte Konstanz zum Bistum Mainz. Seit dem 10. Jahrhundert liegen Nachrichten über das eigene Bistum Konstanz vor. Die Konstanzer hatten sich um 1200 den Status einer Freien Stadt erkämpft und brauchten ihre Steuer zur Hälfte an den Bischof, zur anderen an den Kaiser bezahlen. 1295 erwarb die Stadt das Münzrecht. Von 1414–18 fand hier das bereits besprochene Konzil statt, von dem diese Stadt profitierte. Das Konzil von Konstanz sollte das das sog. Große Schisma, das durch die Wahl eines Gegenpapsts entstanden war, und die Einheit und den Primat der Kirche wiederherstellen, was aber nicht gelang. Das Papsttum wurde zwar gestärkt, nicht aber an Haupt und Gliedern reformiert." Nur die Stadt Rom wurde als Sitz des Papstes bestätigt." Konstanz macht sich im Leinenhandel einen Namen. Konstanz hätte sich im Übergang an Österreich befindlich im 15. Jahrhundert gerne der Eidgenossenschaft angeschlossen, was aber die Schweiz nicht zuließ, weil sie ein Übergewicht der Städte über das Land befürchtete. Die evangelisch gewordene Stadt wurde Mitglied des Schwäbischen Städtebunds. Karl V. schenkte Konstanz seinem Bruder Ferdinand, so dass es ab 1548 wieder katholisch bleiben sollte. Bis 1612 war ein Drittel der Konstanzer Einwohnerschaft an der Pest zugrunde gegangen. Konstanz' Handel wurde nach der Entdeckung Amerikas und die Verschiebung des Seehandels in niederländische und britische Hände einerseits sehr geschwächt, andrerseits von der Habsburgischen Binnenmacht der Ausdehnung der Eidgenossenschaft ein Riegel vorgeschoben. Im Dreißigjährigen Krieg belagerten schwedische Truppen Konstanz, die es jedoch nicht einnehmen konnten. 1796, 1799 und 1805 besetzten französische Truppen Konstanz. Wegen der vielen Einquartierungen und der erpressten Verpflegung verarmte und sank die Bevölkerung. 1806 geschah überraschend die Einverleibung durch das Badische Großherzogtum. 1862–63 wurde die alte Stadtmauer bis auf wenige Reste abgerissen, die Gewerbefreiheit eingeführt und der Anschluss an das Eisenbahnnetz Mannheim und Basel bewerkstelligt. Am 8. November 1939 ließ der 1903 geborene Baden-Württembergische Kunstschreiner Georg Elser als verdeckter Widerstandskämpfer eine heimlich im Hofbräukeller installierte Bombe gegen Hitler, die er selbst gebastelt hatte, hochgehen. Hitler verließ allerdings sein Rednerpult und den Saal ein paar Minuten frühzeitiger. Elser wurde von der Polizei auf der Flucht in die Schweiz in Konstanz geschnappt und gefoltert. Als man ihn die selbstgebastelte Bombe nachbauen ließ, war erwiesen, dass er die Fähigkeit zur Eigenkonstruktion einer Bombe besaß, was ihm die Gestapo nicht zugetraut hatte. Eine Erinnerungsstatue für ihn gibt es nicht, dafür aber ein Standbild mit Namen <Imperia>. Eine Dame des ältesten Gewerbes soll vom Papst Martin V. und von Kaiser Sigismund während des Konstanzer Konzils geschwängert worden sein. Die Kurtisane wurde 1993 unten im Konstanzer Hafen errichtet und trägt dort, gut sichtbar, auf ihren Händen die beiden nacheinander gezeugten Säuglinge. Humorlose politisch eher rechtsgerichtete Kreise versuchten die Abmontage durch die Stadtverwaltung durchzudrücken, konnten dafür aber nicht die Mehrheit in der Stadtverwaltung erringen. Die 1966 gegründete Reform- und Forschungsuniversität Konstanz hat heute ca. 12.000 Studenten mit etwa einhundert Studiengängen. Konstanz hat ungefähr 85.000 Einwohner. So dürfte man zusammenfassen: Unterschätze nie eine BürgerIN aus Konstanz, weder wenn sie Eine Kurtisane ist noch ein Rector Magnificus.

Straßburg

O Straßburg, o Straßburg du wunderschöne Stadt,
darinnen liegt begraben so manicher Soldat.

Straßburg ist eine Stadt in Frankreich an der Elsässischen Grenze zu
Deutschland. Der römische Feldherr Drusus soll Argentoratum gegründet
haben. Es wuchs als keltorömische Siedlung. Es hieß ursprünglich <Be-
festigung am Fluss>. Im 5. Jahrhundert besetzten nacheinander Alemannen,
Hunnen und Franken dieses Territorium. 589 taucht zum ersten Mal der
Name Straze-burg im Ahd. auf. 842 wurden hier die Straßburger Eide
beschworen und zwar von den Söhnen Ludwigs des Frommen, Karl dem
Kahlen für Westfranken und von seinem Bruder Ludwig dem Deutschen für
Ostfranken. Ihre jeweils in der anderen Sprache geleisteten Eide richteten
sich gegen ihren dritten Bruder, Lothar. Ludwig sprach den Eid auf West-
fränkisch, Karl auf Ostfränkisch (Althochdeutsch). Sie verbündeten sich
untereinander gegen ihren abwesenden Bruder. Wir kennen den eigentlichen
Wortlaut nur durch eine Chronik des 10. Jahrhunderts. Im Mittelalter gehörte Straßburg zum Heiligen Römischen Reich Deutscher Nation. Nach
dem <Schwarzen Pesttod> von 1349 fand ein Judenpogrom statt, das wegen
Straßburgs Mitgliedschaft im deutschen Städtebund bis 1254ff. auf andere
Städte übergriff und die in Feuerverbrennungen bei lebendigem Leibe von
hunderten Juden erlitten werden mussten. Im Resultat durften sie bis zum
18. Jahrhundert nach 22 Uhr bei Androhung der Todesstrafe nicht mehr
in den Stadtmauern angetroffen werden. 1605 wurde eine der ersten ge-
druckten Zeitungen der Welt in Straßburg feilgeboten. Mit der reichsrechtlich nicht anerkannten Reunionspolitik spielte Ludwig XIV. den usurpierten
Zugriff einer Vogtei über das Reich aus. „Die Stadt wurde mitten im Frieden
im September 1681 durch Frankreich besetzt. Das Reich konnte sich wegen
der Türken vor Wien Gefahr nicht erwehren. Diese Annektierung wurde
im Friedensvertrag von Rijswijk 1697 endgültig bestätigt. Das Straßburger
Münster wurde rekatholisiert und Protestanten wurden (außer an der Universität) von öffentlichen Ämtern ausgeschlossen. Von 1871–1918 wurde
das Elsass vorübergehend deutsch. Die Mehrheit der Bevölkerung von 1871
stand wegen der Kanonade ihrer Stadt durch die Deutsche Armee und der
Verluste an Kulturgut der Eingliederung in das Deutsche Reich ablehnend
gegenüber. Das Gleiche wiederholte sich 1940. Neben dem ehrwürdigen

Münster, das Schreiber dieser Zeilen im Andenken an Goethe als Student bestiegen hat, ziert die Altstadt das 1467 umgebaute enge, aber schmucke, Fachwerkhaus Kammerzell. Heute ist Strasbourg eine mit sich selbst befriedete französische Stadt von etwa 277.000 E. Es wird erhöht durch das Europaparlament, den Europarat und den Hohen Europäischen Gerichtshof für Menschenrechte. Straßburg versteht sich zu Recht neben Brüssel als Europas Hauptstadt. Das 1556 in den Rang einer Akademie erhobene Strassburger Gymnasium wurde mehrfach wiedergegründet und nennt sich heute nach 460 Jahren illustrem Bestand bei 42.000 Studenten Université unique de Strasbourg. Die zweitstärkste Bibliothek Frankreichs ist in diesem Lande ausnahmsweise eine Staats- und Universitätsbibliothek. Heute wird nicht mehr von Soldaten gesungen, sondern singt Mareille Mathieu von der Liebe:

> Strasbourg liegt im Sonnenschein,
> aber ich bin so allein, Martin …

Basel

Der Name Basilia taucht zum ersten Male bei dem römischen Historiker Amminianus Marcellinus auf, der schrieb, dass dort 374 n. Chr. Römische Truppen gelagert hätten. Ob der Eigenname auch noch auf die griechische Gattungsbezeichnung für König zurückgehen könnte, ist nicht erwiesen. Die ersten nicht sesshaften Einwohner könnten jagende Neandertaler und danach Gallier gewesen sein. Ab 400 soll Basilia ein Bischofssitz gewesen sein. Um 900 n. Chr. wurde auf dem Sporn des <Münster>-Hügels am Rhein eine Siedlung befestigt. Innerkeltische Konflikte erlaubten germanischen Truppen ein Vordingen aus Nordosten. Caesar eroberte andrerseits Gallien und übernahm dabei auch die Kontrolle in der Basler Region, die sich in ein oppidum umwandelte, das sich jedoch in der Zeit des Kaiser Augustus in ein vicus, d. h., ein Dorf reduzierte. Verkehrswege wurden wichtiger als die militärische Absicherung. Trotz einer römischen Erweiterung nach Norden konnten die Alemannen nach Basilia einfallen. Die gallo-romanische Bevölkerung musste sich mit den gut bewaffneten Germanen arrangieren. Ende des 5. Jahrhunderts überfielen und eroberten die Franken Basilia. 870 fiel Basel an König Ludwig den Deutschen, kam jedoch ab 930 an das mittlere Königreich Hochburgund. Im 9. Jahrhundert errichtete Bischof Haito die erste Kathedrale auf dem Münsterhügel. 1006 wurde Basel nach der Zerstörung durch die Ungarn dem römisch-deutschen Reich angegliedert. Um 1100 umgaben sich die Baseler mit einer Stadtmauer. 1225 wurde Haupt- (später Groß-) Basel mit Kleinbasel durch eine Rheinbrücke miteinander verbunden. Im 14. Jahrhundert starb fast die Hälfte der Basler Bevölkerung an einer Pestepidemie. Die erste Universität der Schweiz wurde 1460 von einem Papst gestiftet. Nach Einführung des Buchdrucks blühte Basel sichtlich auf. Die Messe eröffnete ihre Pforten in Basel. Erasmus von Rotterdam, Paracelsus, Sebastian Brant und Hans Holbein der Jüngere hielten sich damals in Basel auf und schufen ihre Meisterwerke dort. 1499 entflammte ein Krieg zwischen der Eidgenossenschaft und Habsburg. Die eidgenössischen Reisläufer und die habsburgischen Söldner wurden zu erbitterten Feinden. Die Kriegsentscheidung fiel im Westen bei Basel. Die beiden Heere trafen endlich vor der solothurnischen Festung Dorneck auf einander. Die Schwaben wurden von den Schweizern in die Flucht geschlagen. Beim Frieden zu Basel wurde das Rechtsverhältnis zwischen der Eigenossenschaft und dem Reich zu der einer Schiedsgerichtsbarkeit herabgestuft, nicht aber wie beim Westfälischen Frieden endgültig voneinander getrennt. Die Reichsreform fand daher in der Schweiz nie statt. Der Rhein und der Bodensee bildeten fortan faktisch die Nordgrenze der Schweiz. Wegen der abfälligen Konnotation von <Kuhschweizer> setzte sich der Begriff Eidgenossenschaft oder auf Lateinisch Confoederatio Helvetica statt Schweiz durch. Basel blieb noch eine Zeitlang ein der Eidgenossenschaft Verbündeter Ort, der 1579 endgültig als vom Reich <abgewandt> angesehen wurde. Als Unikum sei auch zu vermerken, dass Basel bis ins 18. Jahrhundert mit Bern „verburgrechtete Gebiete" teilte. Die letzten Stücke alten Reichsgebietes wurden dem Bistumsteil Basels 1792 von einrückenden französischen Truppen mitten im Frieden genommen. Damit war die sich schrittweise vom Reich trennende Helvetische Geschichtsphase beendet. Die Schweiz verdiente sich diese Unabhängigkeit durch ihr Heldentum, aber auch durch ihr geschicktes Abwartenkönnen.

Braunschweig

Im Polyglott Städteführer Deutschland steht: „Braunschweig geht auf fünf benachbarte, aber zunächst von einander fast unabhängige Gemeinwesen zurück, die im Laufe des 13. Jahrhunderts zu einer einzigen Stadt zusammenwuchsen;" Damit ist Braunschweig, das 10 km entfernte Wolfenbüttel, Salzgitter, das 30 km entfernte Wolfsburg und Helmstedt gemeint. Das stimmt aber so nicht. Diese vier Städte liegen außerhalb Braunschweigs. Für die ersten beiden kleineren Städte ist Braunschweig Oberzentrum, für die zwei anderen aber nicht. Braunschweigs cheruskische Anfänge gehen, von den brunonischen Grafen unterstützt, in das 9. Jahrhundert zurück. Der ursprünglich niedersächsische Name lautet Brunswiek. Der welfische Herzog Heinrich der Löwe entwickelte seine Residenz zu einer mächtigen Handelsstadt rund um den Burgplatz, auf dem er sein Wahrzeichen und Wappentier, den Löwen, aus Hohlbronze gegossen, 1166 errichten ließ. Er soll 880 kg wiegen und musste im Laufe der Zeit schon achtmal repariert werden. Die Burg Dankwarderode, ursprünglich auf einer Insel des Flusses Oker (einer Bistumsgrenze) gestanden, wurde von Heinrich dem Löwen zur Pfalz umgebaut. Militärisch war sie als sog. Niederungsburg nie von großer Bedeutung, sondern sollte durch Wucht imponieren. Die beiden größten Teile des Herzogtums hießen Braunschweig und Lüneburg, die bis 1269 nach Hausrecht geteilt wurden. 1432 erzwang Braunschweig seine Unabhängigkeit vom Reich als Freie Stadt. Im Hochmittelalter entstanden mehrfach städtische Unruhen. Der Beschluss des Hansetages von 1494 teilte die Hanse in Quartale auf. In dem seinigen konnte sich Braunschweig "zum Vorort des sächsischen Städtebunds entwickeln", bis es 1669 mit den letzten acht Mitgliedern aus der Hanse ausscheiden musste. Bekannt wurde das Auswanderungsbier nach Nordamerika, die sog. Braunschweiger Schiffsmumme, ein leider wegen der Haltbarkeit zu süßes Gebräu. Braunschweigs fünf Stadtbezirke, die sog. Weichbilde, lauten spiralig aufgezählt, 1. Sack/Burgfreiheit, 2. Hagen, 3. Altewiek mit Aegidienfreiheit, 4. Altstadt, 5. Neustadt. Auf der Karte von Braun-Hogenberg von 1572 erscheint die Inschrift Brunopolis Urbs Maxima Universae Saxoniae Metropolis mit vielleicht 10 Kirchtürmen. Das hochdeutsche Braunschweigisch gilt als klarstes Deutsch, das im Raum Braunschweig, Celle und Hannover im deutschen Sprachraum gesprochen wird. 1671 eroberte ein Welfenherzog die Stadt Braunschweig abermals und machte sie wieder botmäßig. Braunschweig überstand auch das <Königreich Westphalen> und wurde 1817 als Herzogtum wiederhergestellt. 1825 erhielt Braunschweig die Landesunmittelbarkeit zurück. 1866 musste die ruhmreiche hannöversche Armee bei Langensalza in Thüringen vor der Preußischen Armee kapitulieren. Daraufhin wurde des blinden Monarchen Georgs V. Königreich Hannover zu einer Preußischen Provinz degradiert. Der Preußische Landtag beschloss am 20. September 1866 deren Annexion. Hannover wurde 1871 ein Bundesstaat des Deutschen Reiches. Ein Braunschweiger Gymnasiallehrer führte 1874 in Deutschland das Fußballspiel ein. Adolf Hitler wurde bekanntlich in Braunschweig 1932 nach sieben Jahren Staatenlosigkeit als Regierungsrat eingebürgert. Während des Zweiten Weltkriegs wurde 90 % der Innenstadt durch Bomben zerstört. Braunschweig, das 1867 nur 50.000 E hatte, besitzt heute 253.000 E. Die Stadt beherbergt drei Hochschulen, darunter die 1745 gegründete Universität, das Collegium Carolinum, das 1877 zur Technischen Hochschule erhoben wurde. Heute hat diese Technische Hochschule 20.000 Studenten mit 71 Studiengängen. In Braunschweig gibt es die größte Forschungsdichte in der ganzen Bundesrepublik.

Hannover

Diese Besiedlung formierte sich bereits in der Römerzeit des 3. Und 4. Jahrhunderts an einer Furt am rechten Leineufer. Auf diesem Platz stieß der Germanenstamm der Cherusker mit römischen Soldaten und Händlern aufeinander. Um 950 entwickelte sich ein Marktflecken, der sich vicus Hanovere nannte. Die Furt über die Leine ging in Richtung Bremen. Der Kaiser belehnte den Herzog von Sachsen 1150 mit der Marktsiedlung, die gegen 1142 um die Georgskirche entstanden war. Ein Hannoverscher Hoftag wurde 1163 abgehalten. Auf dem Reichstag zu Würzburg wurde Heinrich der Löwe, wie beschrieben geächtet und seiner zweier Herzogtümer verlustig erklärt. Der Schwerpunkt Sachsens verlagerte sich elbaufwärts nach Osten. Der bei den Welfen verbliebene Erbbesitz, zu dem auch Hannover gehörte, fiel 1202 an den ältesten Sohn Heinrichs des Löwen. Ab 1350 löste eine hohe Stadtmauer den älteren Wall ab. Eine Landwehr vervollständigte seit 1392 die Verteidigung Hannovers. In dieser Zeit der wirtschaftlichen Blüte trat Hannover der Hanse bei. Diese Zeitepoche der Hanse endete erst 1636, als die Welfischen Nachkommen ihr altes Hannover zu ihrer Residenz erheben konnten. Die Einwohnerzahl betrug damals nur 4.000. 1533 wurde Martin Luthers Lehre auf dem Marktplatz öffentlich beschworen. Danach „musste der Rat der Stadt schließlich ins katholische Hildesheim flüchten."

Die letzte Hexe aus Hannover wurde 1648 lebendig verbrannt. Während des Dreißigjährigen Krieges wurde Hannover erfolgreich verteidigt. Im Alter von dreißig Jahren wurde Gottfried Wilhelm Leibniz (1646–1716) zum bibliothekarischen Hofrat bestallt. Er erfand als Mathematiker das Binärsystem, das nur die Werte Null und Eins verwendet. Diese Entdeckung bildet die Grundlage des Komputer-Rechnens.1692 wurde Hannover die Hauptstadt Kurhannovers, ab 1814 die Hauptstadt des Königreichs Hannover. 1831 wurde die heute nach Leibniz benannte Universität Hannover gegründet und residiert im alten Welfenschloss. Es gibt 28.000 Studierende an 160 Instituten. Es gibt aber noch acht weitere Hochschulen. Die Annexion durch Preußen hatte den Vorteil der Aufhebung des Zunftzwangs. In der Zeit der Weimarer Republik ermöglichten Arbeitsbeschaffungsmaßnahmen das Anlegen des Maschsees und des Hermann-Löns-Parks. Während des Zweiten Weltkriegs ließen neun Militärgerichte, welche zahlreiche fahnenflüchtige und sog. Wehrkraft zersetzende zum Tode verurteilten. Für sie gibt es sonst in Deutschland, soweit Schreiber weiß, keine Gedenkstätten außer der einen auf dem Trammplatz gegenüber vom Rathaus. Durch 88 Bomberangriffe wurde die Innenstadt zu 90 % zerstört und vernichtet. „Unter der Leitung des Stadtbaurats Rudolf Hillebrecht erfolgte nach dem Krieg der Wiederaufbau der Stadt in planvoll-rigoroser Weise." Sie galt als vorbildliche Stadtplanung für andere deutsche Städte, auch in der DDR. Das Schloss Herrenhausen war erst 2013 wieder vollständig aufgebaut. Café Kröpcke an einer 1843 entstandenen Straßenkreuzung ist der beliebteste Treffpunkt in der Innenstadt. Der Name des Cafés wurde auf den Platz übertragen. Er wird seit 2015 abends von einer künstlich angelegten Lichtwolke überstrahlt. In der darunterliegenden U-Bahn-Station Kröpcke könnte es heißen: dort werde Licht!

Dortmund

Als Karl der Große 775 seine zweite Phase des Sachsenkrieges begann, sollte er den Westen-Hellweg entlang nach „Throtmanni" gekommen sein. Dort kreuzten sich zwei Wege, die auf der Schnittstelle zwischen Duisburg und Paderborn lagen. Einer führte von Köln nach Norddeutschland, der andere zwischen dem stammesmäßig fränkischen und dem sächsischen Reichsteil oder geradewegs im Quadrat Duisburg-Soest und Köln-Münster. Durch das Aussterben der Karolinger und das Aufblühen der Familie des Herzogs von Sachsen, geriet Heinrich der Finkler, der eigentlich aus dem Harzgebiet stammte, wegen seiner Erwählung zum Deutschen König, mit dem Grafen von Dortmund und der Bürgergemeinde in Streitigkeiten. Diese wurden von Friedrich II. mit Hilfe eines großen Turmsiegels (als Zeichen der Selbstverwaltung Dortmunds) beigelegt. Damit gewannen die Ratsherren von Dortmund die Oberhand. Auch dem Einfluss des Kölner Erzbischofs über Dortmund wurden Grenzen gesetzt. Der Niederrheinisch-Westfälische Reichskreis wurde gebildet und tagte in Dortmund elfmal zwischen 1517 und 1607. „1519 erhielt die Reinoldikirche einen neuen Turm." "Der Aufstieg Hamms und Unnas als Prinzipalstädte drängte Dortmund auf die dritte Stelle innerhalb des westfälischen Viertels der Hanse"; ab 1529 raffte die Schweißpest-Epidemie fast 500 oder 10 % der Dortmunder Bevölkerung dahin. Das gemeine Bürgertum neigte zum Protestantismus, die 'Patrizier zum Katholizismus. Von 1581 bis 1595 setzten Hexenverfolgungen ein, die oft in Hinrichtungen bei lebendigem Leibe endeten. Mit dem Dreißigjährigen Krieg setzte der endgültige Niedergang Dortmunds ein. Durch den Einmarsch Gustav Adolfs wurde „die Rekatholisierung Dortmunds als protestantische Reichsstadt in den Hintergrund gedrängt." In den Jahren 1535 und 36 breitete sich abermals die Pest aus, die fast 1.000 Menschen das Leben kostete. „Selbst der Westfälische Friede von 1648 bedeutete nicht das Ende der Besatzung Dortmunds." Die Bevölkerung schrumpfte auf etwa ein Drittel, d. h., auf 2.000 E. die letzten Kontributionsrückstände konnten erst zum Ende des 18. Jahrhunderts beglichen und abgetragen werden. 1803 gelangte Dortmund an Nassau-Dillenburg; 1808 wurde es ein Teil des Großherzogtums Berg. Nach dem Sieg der Preußen wurde Dortmund 1815 in die Preußische Provinz Westfalen eingegliedert. Im 19. Jahrhundert brach in Dortmund die industrielle Revolution auf dem Gebiet der Kohleförderung und der Stahlverarbeitung aus. Durch den Anschluss an das Eisenbahnnetz wurde Dortmund 1847ff. zu einem wichtigen Verkehrsknoten. 1858 wurde in der Nordstadt der Borsigplatz angelegt, auf dem BVB Siege gefeiert werden. 1871 legte Leopold Hoesch den Grundstein zur Westfalen-Hütte. 1899 bescherte der Dortmund-Ems-Kanal Dortmund einen verkehrswichtigen Hafen. Zwischen 1905 und 1928 erfolgten fünf Eingemeindungen. Ab 1906 erschien als größte Tageszeitung außerhalb Berlins der Dortmunder General-Anzeiger. Mahnmale in Dortmund gedenken der Gefallenen des Ersten Weltkriegs nach dem Motto „Vergiß mein Volk der treuen Toten nicht." Der Flughafen Dortmund wurde 1925 in Betrieb genommen. Während des Zweiten Weltkriegs „flog die Royal Airforce von 1943–45 105 Luftangriffe auf die Stadt." Davon zerstörten acht Großangriffe 70 % des Wohnraums. Dortmund als Ganzes blieb die am schwersten zerstörte Stadt Deutschlands. Die vielen unter der Stadt gebauten Luftschutzkeller verhinderten eine noch größere Anzahl menschlicher Opfer. Ab 1952 herrschte wieder Vollbeschäftigung. Unrentable Bergwerke und Zechen mussten stillgelegt werden. Die Rekonstruktion der Westfalenhalle (jetzt Signal Iduna Park) wurde abgeschlossen. 2002 wurde ein neues Konzerthaus Dortmunds eingeweiht. 2005 wurde der RWE Tower mit 91 m Höhe fertig konstruiert. Die 1968 gegründete Technische Universität Dortmund hat heute fast 35.000 Studierende bei 16 Fakultäten und 11 Sonderforschungsbereichen, 3 Graduierten-Kollegs und fünf An-Instituten. Hier studieren 3.000 internationale Studenten aus über 100 Ländern.

Dresden

Diese Sumpfwaldbesiedlung trug von Anfang an den altsorbischen (slawischen) Namen Drezdany, d. h., die Auwaldbewohnung. In seinem Zentrum lag eine Furt über das rechte Ufer der Elbe. Ab 986 gehörte der Ort zur Markgrafschaft Meißen. Dresden wird erst 1206 zum ersten Mal in einer Urkunde als Dresdene erwähnt. Zehn Jahre später war es bereits eine Stadt. Etwa 1460 wurde das linkselbische Dresden Residenzstadt mit Stapelrecht eines wettinischen Kurfürstentums Sachsen. Innerhalb des Heiligen Römischen Reichs galt Sachsen wegen seiner realpolitischen Haltung als das wichtigste protestantische Land, dem allein das Münzrecht zustand. Wegen der religionspolitischen Zustände dieser Zeit verweisen wir auf den Abschnitt über die Wartburg. Während des Dreißigjährigen Krieges wurde Dresden zwar nicht eingenommen, wohl aber durch Hunger und Pest empfindlich getroffen. Neben weltgekannten gewordenen Bauwerken wurden sehr lange Hexen hingerichtet, Prozesse, die erst 1695 ganz aufhörten. August der Starke, der strotzend vor Kraft, Hufeisen zerbrechen konnte, verwandelte seine Residenz nach dem Vorbild Venedigs und Florenz' in ein barockes Gesamtkunstwerk. Es entstand der Zwinger, die glanzvolle Anlage barocker deutscher Baukunst, die Frauenkirche, das Schloss Pilnitz sowie das Japanische Palais. Sein Sohn setzte diese Bautätigkeit fort und ließ eine katholische Hofkirche erbauen. Viele Türme wuchsen in der Stadt und wertvolle Kunstschätze gesellten sich zu einer Zentralstadt von Weltgeltung. Kursachsen brach 1635 nach dem Tod Gustav Adolfs aus dem Bündnis mit Schweden aus und verbündete sich zusammen mit den Schweden mit Frankreich. Damit war dieser Krieg kein Konfessionskrieg mehr. Im Siebenjährigen Krieg bedrohte Österreich, beschoss und teilweise zerstörte Preußen die schöne Kunststadt. Das Grüne Gewölbe, die Schatzkammer des Königreichs Sachsen, überstand diesen Krieg heil. die architektonischen Meisterleistungen von Matthäus Daniel Pöppelmann (1662–1736) und dem Bildhauer Balthasar Permoser (1651–1732) blieben jedoch nicht im Zweiten Weltkrieg erhalten und mussten daher wiederhergestellt werden. „1813 errang Napoleon in der Schlacht von Dresden seinen letzten Sieg auf deutschem Boden." Dresden blieb im Verlauf des 19. Jahrhunderts von weiteren Einmärschen und größeren Beschussen verschont und entwickelte sich zu einem der wohlhabendsten deutschen Bundesstaaten. Nach der Novemberrevolution 1918 war Dresden ein wirtschaftliches Zentrum mit einem bedeutenden Banksektor in der Weimarer Republik. „Während der Novemberpogrome von 1938 wurde die Semper-Synagoge niedergebrannt." Einer schwerwiegenden Nachtbombardierung fielen 25.000 Dresdner in einer Nacht im Februar 1945 zum Opfer, die oft, ohne Hexen zu sein, bei lebendigem Leibe verkohlten. Das sog. <Blaue Wunder> ist die einzige der fünf Elbbrücken, die unzerstört blieb. Sie ist heute innerlich baufällig. In der DDR-Zeit war Dresden bis 1989 Hauptstadt des Bezirks Dresden. Der Zwinger war bereits 1963, die Semperoper 1985, das Japanische Palais 1987 wiedererrichtet. Bis 1958 gab die sowjetische Regierung die geraubten Kunstschätze zurück. „Nach der politischen Wende 1989 und der Deutschen Wiedervereinigung 1990 wurde Dresden die Hauptstadt des neu errichteten Landes Sachsen." 2005 wurde die Frauenkirche in vollem Glanze wieder geweiht. Dresden hat etwa 545.000 E und unterhält eine 1828 gegründete, berühmt gewordene Technische Universität von rund 36.000 Studierenden bei 129 Studiengängen. Das internationale Ranking weist sie auf Platz 164 der weltweit besten Universitäten aus. Ihr Motto lautet: „Wissen schafft Brücken."

Leipzig

Leipzig liegt am Zusammenfluss dreier Flüsse, Pleiße, Weiße Elster und Parthe am südlichsten Zipfel der Norddeutschen Tiefebene etwa 110 km nordwestlich von Dresden entfernt. Um 900 muss der Ort mit dem altsorbischen Namen Lipsk für Lindenort als angelegt gewesen gelten. 1165 erfolgte die Gründung als deutsche Stadt mit Marktrecht in der Markgrafschaft Meißen. Darin standen die Thomaskirche und die St. Nikolauskirche. 1409 gründete ein Auszug von Studenten und Professoren der Universität Prag die Universität Leipzig. Diese Fundierung wurde noch im gleichen Jahr von Papst Alexander V. als studium generale anfänglich in der Artistenfakultät, später zur medizinischen und juristischen Fakultät erweitert. 1539 führte Dr. Martin Luther die Reformation in Leipzig ein, 1545 weihte er die Dominikanerkirche als Universitätskirche ein. Die Universität war Grundherr über einige Universitätsdörfer, um sich zu erhalten; schon 1437 war Leipzig im Gegentrend zur Reichsmessestadt aufgestiegen. Zwei Jahre später war Leipzig ein Teil des Kurfürstentums Sachsen geworden. Leipzig führte gut entwickelte Kürschnereien zu einem Zentrum des deutschen Pelzhandels mit den sog. Rauchwaren von europäischem Rang. Im Schmalkaldischen Krieg ging es um die Gleichstellung der beiden Konfessionen. Das Bürgertum wurde in dieser Spannungslage wohlhabend. Im 16. Jahrhundert begann in der Stadt ein gesäubertes Trinkwasser zu tröpfeln. Ab 1650 wurde eine sog. Einkommende Zeitung in Leipzig verlegt, nämlich die älteste Tageszeitung der Welt. Während des Dreißigjährigen Krieges ging die Bevölkerung um ein Drittel zurück. 1642 wurde Leipzig acht Jahre lang von schwedischen Truppen besetzt. Schon zehn Jahre zuvor war König Gustav Adolf in der Schlacht bei Lützen gefallen. 1701 wurde im innovativen Leipzig mit Öllampen eine Straßenbeleuchtung eingeführt. Ab 1781 spielten Leipziger Künstler im Gewandhausorchester. 1813 gelang es, die Völkerschlacht gegen Napoleon zu gewinnen. Daran erinnert ein großzügig angelegtes Denkmal. 1825 gründeten sächsische Geschäftsleute den Börsenverein der deutschen Buchhändler. In der Thomaskirche wirkte Johann Sebastian Bach (1685–1750) als 18. Kantor und Organist 27 Jahre lang. Felix Mendelssohn-Bartholdy (1809–1847) richtete die erste Musikhochschule Deutschlands ein. 1879 etablierte das Deutsche Reich seinen obersten <Rechtshof> als Reichsgericht. Der VfB Leipzig errang 1903 die erste deutsche Fußballmeisterschaft. Im Prozess um den Reichstagsbrand verhandelte das Reichsgericht gegen Marinus van der Lubbe und verurteilte ihn, ohne einen vollständigen Erweis seiner Schuld zu erbringen, zum Tode. Die nationalsozialistische Regierung ließ ihn 1934 hinrichten. Während des Zweiten Weltkriegs kam es zu schweren Luftangriffen, welche die Innenstadt zu 60 % zerstörten. Seit Jahrhunderten wird eine Leipziger Messe veranstaltet. Die Einwohnerzahl ging bis 1961 kontinuierlich zurück, bis die Berliner Mauer diesen Trend stoppte. Ab 1989 leiteten die Montagsdemonstrationen vor der Nikolauskirche den Untergang der DDR ein. „Die gegenwärtige Einwohnerzahl hatte Leipzig bereits 1914 erreicht." 520.000 E. „An der Leipziger Universität wurden einige bahnbrechende Forschungsleistungen erzielt." Die Universität hat heutzutage über 28.000 Studierende bei etwa 135 Studiengängen. In Faust I lässt Goethe 1808 seinen Studenten Frosch in dem noch heute existierenden Auerbachs Keller deklamieren: "Mein Leipzig lob ich mir! Es ist ein klein Paris und bildet seine Leute."

Berlin

Der Name Berlin leitet sich nicht von „Kleiner Bär" ab, sondern von altsorbisch brlo/berlo und liegt an der Spree (gebildet aus altslawisch Sprewja, einem 400 km langen Nebenfluss der Havel (altsorbisch habola), einem 234 km langen (in der Oberlausitz entspringenden) Nebenfluss der Elbe. Berlin hat nicht weniger als 916 Brücken oder, wenn man die Viadukte mitzählen würde, 2100 Überquerungen über Wasserverläufe. Für den Verfasser war die Glienicker (eiserne) Heimatbrücke von 1907 im Mai 1945 eine Hängebrücke. Dazu bemerkt Wikipedia ungenau, sie überquere die Havel, während darunter der Heiligensee und die Havel sich trennen. Es steht dort auch fehlerhaft, dass diese Brücke am Kriegsende „unpassierbar" gewesen wäre. Auf der eingeknickten Brücke lag in der Mitte ein bombardierter ausgebrannter Panzer, über den man auf Brettern klettern konnte und gestiegen ist. Für den Schreiber dieser Zeilen ist der Agententausch eher <peanuts>. So prekär war einst Wannsee und Potsdam verbunden und verlief noch keine Grenze zwischen dem Land Berlin und Brandenburg. Berlin liegt mit dem Marktplatz auf der nördlichen Seite, Cölln auf der südlichen Spreeinselseite. Seit 1241 gehören sie zusammen. 1257 nahm die Markgrafschaft Brandenburg ihren Platz im Wahlkolloquium für den deutschen König ein.

„1280 fand der erste nachweisbare märkische Landtag in Berlin statt." Nach einem erfolglosen „Berliner Unwillen" gegen einen Schlossneubau erklärte der fettleibige, aber gut Latein sprechende Kurfürst Johann Cicero (1455–1499) die Doppelstadt Berlin/Cölln zu seiner Hauptresidenzstadt, verbot ihr aber eine offizielle Mitgliedschaft in Städtebünden. So blieb die Teilnahme Berlin-Cöllns am Hansebund nur inoffiziell und verblieb schwer nachweisbar. 1480 erhob der trinklustige Kurfürst für seine dürstenden Untertanen eine Biersteuer. 1518 wurde Berlin von der Hanse ausgeschlossen. „Die Reformation wurde 1539 unter Kurfürst Joachim II. (1505–71) in Berlin und Cölln eingeführt, ohne dass es zu großen Auseinandersetzungen kam." Der Dreißigjährige Krieg verursachte katastrophale Schäden und halbierte die ganze Bevölkerung auf 6.000 E. Mit dem Edikt von Potsdam lud Kurfürst Friedrich Wilhelm (1620–1688) 1685 tausende von Hugenotten zur Immigration ein, mit der Folge, dass 20 % der Einwohner Berlins Franzosen mit großen wirtschaftlichen Fähigkeiten und Fertigkeiten waren. Berlin erlangte durch die Selbstkrönung des buckeligen Friedrichs I. (1657–1713) den Status einer preußischen Hauptstadt und vereinigte dabei auch Friedrichswerder, die Dorotheenstadt und die Friedrichstadt amtlich 1709. Nach der Niederlage gegen Napoleon musste der Hof nach Königsberg in Ostpreußen fliehen. Die siegreichen Franzosen besetzten Berlin von 1806–08. 1809 wurde eine Stadtverordnung gewählt und eingesetzt; außerdem erwirkte Wilhelm von Humboldt 1767–1835) die Gleichstellung der Juden in Berlin. 1810 organisierte Humboldt die berühmt gewordene, heute nach ihm benannte Universität. Durch weitere Reformen und Gründung von Unternehmungen wie Siemens, Borsig und AEG und den Aufstieg der Berliner Arbeiterbewegung wurde gleichzeitig seitens des Polizeipräsidenten für Wasserwerke, Stadtreinigung, Wasch- und Badeanlagen über 1850 hinaus gesorgt. Ab 1862 richtete sich der Um- und Neubau Berlins nach dem Hobrecht-Plan. Dieser bestimmte durch Fluchtlinien eine sinnvoll-großzügige Ausbreitung Berlins, dessen Bevölkerung durch bessere Hygiene und vorsorgliche Impfung 525.000 E erreichte. Dem standen überbaute Mietskasernen mit zu engen Hinterhöfen gegenüber. Otto von Bismarck (1815–1890) brachte eine sog. Kleindeutsche Lösung des Nationalstaat-Problems zur Geltung und setzte sie vollständig gegen die Bundesstaaten Österreich und Bayern und durch widerrechtliche Annexionen 1871 mit dem Recht des Stärkeren durch. In Berlin war seine innerdeutsch-militärische

Einigungspolitik populär und trieb die Einwohnerzahl 1877 auf über eine Million E, 1905 auf über 2 Millionen E und damit Preußisch-Berlin zur Weltstadt. Schon in den zwanziger Jahren wurde Berlin die drittgrößte Stadt der Welt. 1920 gelang es zwei Kommunalpolitikern mit juristischem Sachverstand das Großberliner Gesetz mit Hilfe der SPD durch die Ausschüsse zu bringen, und zwar dem langjährigen Oberbürgermeister Adolf Wermuth (1855–1927) und seinem Bürgermeister-Kollegen vom Stadtteil Schöneberg, Alexander Domenicus (1873–1945). Auf einen Schlag verschmolzen 8 Stadtgemeinden und vergrößerten sich um das Dreizehnfache zu Groß-Berlin. Die Einwohnerzahl von vorher 2 Millionen belief sich nun auf 3,8 Millionen E. Dieses Ereignis stellt keine Not-, sondern eine Sternstunde Berlins dar. Nach der Teilung Berlins 1948/49 hätte das alte, noch nicht vergrößerte Berlin nicht die territoriale Lebenskraft entwickeln können, die erforderlich war, um die Berliner Blockade zu überstehen. Verfasser hat die Wiedervereinigung Berlins 1962 dichterisch und 1988 in Die Alte Stadt. Vierteljahrsschrift für Stadtgeschichte, Stadtsoziologie und Denkmalpflege Jg. 4/1988 vorausgesagt. Die Zeit des Nationalsozialismus, der geteilten Stadt und die Wiedervereinigung Berlins werden im IV. Teil dieser Studie behandelt.

Potsdam

Das Ortsgebiet wurde ursprünglich von dem slawisch-wendischen Stamm der Heveller, zu Deutsch den Bewohnern des Havellandes, bewohnt, bis sich der junge Kaiser Otto III. entschloss zu verschenken, was ihm eigentlich nicht gehörte, den Ort der auf Sorbisch podstupim, Vorposten, d. h., strenggenommen, Niemandsland (und der nicht Unter den Eichen) hieß, an seine Tante (Tochter Ottos I.), die Äbtissin von Quedlinburg, Mathilde (955–999), im Jahre 993. 1157 eroberte Albrecht der Bär (von Ballenstedt), der von 1100 bis 1170 lebte, diesen Flecken als Markgraf von Brandenburg. Erst der Große Kurfürst Friedrich Wilhelm (1620–1688) wählte Potsdam 1660 zu seiner zweiten Residenz neben Berlin. Er hatte sich mit Luise Henriette, einer Oranierprinzessin, vermählt. Im Dreißigjährigen Krieg wurde Brandenburg von den Schweden verwüstet. 1641 belehnte ihn der König von Polen mit dem Herzogtum Preußen. Nach dem Ende dieses langen Krieges lebten nur noch 700 Menschen in Potsdam. So war es aus Staatsräson dringend geboten, mit Hilfe des Toleranzedikts von Potsdam 1685 junge Franzosen zur Immigration nach Preußen zu bewegen. Etwa 20.000 Hugenotten folgten dem Aufruf und machten sich in Potsdam (im Holländerviertel) und in ganz Brandenburg nützlich. Unser Schriftsteller Fontane und der Minister Thomas de Maizière sind hugenottischer Abkunft. Des Kurfürsten Sohn, Friedrich Wilhelm I., der sog. Soldatenkönig, fand besonderen Gefallen an den sog. <Langen Kerls>, die in seinem Leibregiment Anstellung fanden; Voraussetzung war eine körperliche Länge von 6 Fuß 2 Zoll, das sind 1.88 m. Sein anders gearteter Sohn (1720–1786) machte Potsdam zu seiner Residenz. Er griff gleich nach Regierungsantritt ohne Provokation Österreichs, geführt von seiner „lieben Kusine" Maria Theresia (1717–1780), wegen des Besitzes von Schlesien an. Friedrich stellte ihr ein Ultimatum: Schlesien gegen die Anerkennung der Pragmatischen Sanktion. Der 1. Schlesische Krieg von 1740–42 endete siegreich für Preußen. Im 2. Schlesischen Krieg von 1744–1745 kämpften Preußen und Frankreich gegen Österreich, Sachsen, Großbritannien und die Niederlande. Damit brach das Dualismus-Problem um die Vorherrschaft in Deutschen Territorien aus. Es kam Weihnachten 1745 zum Friedensschluss von Dresden. Friedrich behielt Schlesien. Maria Theresias Gemahl als Franz I. Stephan den Anspruch 1745 in Frankfurt am Main zum Deutschen Kaiser gewählt zu werden. Goethe hat diese Wahl und Maria Theresias Freude darüber in Dichtung und Wahrheit unsterblich gemacht. Friedrich schmückte seine Residenz mit Parks und Schlossanlagen. Hervorstechend ist sein selbstentworfenes Schloss Sanssouci. Napoleon besuchte das Grab Friedrichs, des alten Fritzens, in der Gruft der Potsdamer Garnisonkirche. 1838 wurde eine Eisenbahnstrecke nach Berlin eröffnet. König Friedrich Wilhelm IV. (1795–1888) übernahm die Regierung. 1849 lehnte der wahrscheinlich schon geisteskranke König den ihm angetragenen Empfang der Kaiserkrone aus den Händen des Volkes ab und trug dadurch dazu bei, die Revolution zu vereiteln. Sein Bruder, Wilhelm I. (1797–1888), übernahm die Regierung, indem er sich 1861 in Königsberg krönen ließ. Bismarck erklärte sich d'accord, ohne genehmigten Haushalt, also ohne Konformität mit dem Preußischen Verfassungsrecht, Preußen als Premierminister zu regieren. Dieser Abschnitt der deutschen Geschichte wird im Achten Kapitel angedeutet.

Bremen

Das alte Bremen liegt, wie sein Name besagt, am Rande (althochdeutsch brem) der Weser(düne). Landschaftlich gesehen ist es ein Dünenzug von ca. 23 km Länge am rechten Ufer der Weser. Er bedeckt uralte Sandsedimente und hat sich dort am Platze der Wesermündung vor etwa 10.000 Jahren niedergelassen. Die ältesten Bewohner waren zunächst Chauken, dann Sachsen, die sich miteinander vermischten. Sie übten den Fischfang aus und betrieben etwas Viehzucht. Sie bevorzugten, heißt es, auf flinken koggenartigen Booten Seeräuberei und Piraterie. Der Dünenrücken lag nicht hoch, war also nicht tidengeschützt, sondern deichlos. Trotzdem konnte sich eine Bischofsburg etablieren. Die Sachsen erschlugen, laut einer urkundlichen Erwähnung, nicht nur gerne missionierende Franken, sondern auch einmal einen bekannten Priester. Als der Sachse Widukind seinen Widerstand gegen Karl aufgab, wurde Willehad in Worms zum Bischof geweiht und bestimmte Bremen zum neuen Bischofssitz. Er baute dort 789 die erste Kirche aus Holz. Dieser Sprengel wurde durch sporadische Aufstände immer wieder bedrängt. Zu Beginn des 9. Jahrhunderts entstand der St. Petridom, ebenfalls aus Holz gebaut. Um diese Zeit taucht Bremen als villa publica in einer Schenkung Karls des Kahlen auf. Nur die Domburg wurde befestigt, die eigentliche Siedlung nicht. Bischof Ansgar (801–865), der „Apostel des Nordens", gründete in Bremen ein christliches Armenspital, das ihn letztlich zum Lokalheiligen erhob. Erst in der Mitte des 10. Jahrhunderts begann der christliche Marktplatz Bremen aufzublühen. Unter dem Biskopat des Bischofs Adaldag, das unter den drei Ottonen fünfzig Jahre dauerte, erlangte Bremen das Privileg seiner Immunität und das der Eigengerichtsbarkeit. Zum Dom gesellten sich die Pfarrkirche Unser lieben Frauen, die St. Martini-Kirche, die St. Ansgari-Kirche und die St. Stephani-Kirche und wurden sturmfest ausgebaut. Die Klosterbauten haben sich nur als Grundmauern erhalten. „Die Kaufmannschaft als Keimzelle des späteren städtischen Schwurverbandes wird hier erstmals als Gemeinschaft von Personen erkennbar;" damit meinte Konrad Elmshäuser, Geschichte Bremens. 2007, S. 20, das Diplom Ottos I. Dann überzogen Aufstände dänischer Wikinger diesen Küstenstrich. Im 13. bis 17. Jahrhundert war Bremen viermal ein Mitglied der Hanse von zusammen 250 Jahren. Sie gerieten mit dem Hansebund in Streit wegen deren „lasches Vorgehen gegenüber Seeräubern. Im 15. und 16. Jahrhundert fanden 6 hanseatische Tagfahrten in Bremen statt. Der Grund: „Bremens Koggenbau fand allgemeine Anerkennung." „Im Anschluss an den Niedergang des Erzbistums fand die Stadt Bremen vom 12. Jahrhundert bis zur Reformation zu einer neuen Rolle. (ibidem, S. 27) Das Alte gotische Rathaus wurde 1405–10 zusammen mit der Rolandsäule, unter Zustimmung der Gemeinde, aus reinem Machtbewusstsein gegen den Bischof erbaut. 1490 wurde darin die Wittheitsstube zur Kanzlei umgebaut. Auf dem Schild der Rolandsäule über dem Wappen steht die Inschrift „vryheit do ik ju openbar." 1635 baute die Stadt im Übergang von der Weserrenaissance zum Frühbarock ihr Rathaus aus. Es ist das stolzeste Rathaus in ganz Deutschland. 1648 wurde zu Ehren des Westfälischen Friedens 1648 in Bremen eine Rolandsmedaille geprägt. 1783 begann Bremen den Überseehandel mit Nordamerika. Die Torsperre wurde 1848 abgeschafft. 1811–14 ließ Napoleon die Stadt besetzen. Bürgermeister Johann Smidt (1773–1857) erreichte beim Wiener Kongress durch Vermittlung des Freiherrn vom Stein die Wiedereinrichtung der drei Freien Hansestädte. Leider versandete die Weser immer mehr und setzte den Handel zurück. Die Fahrrinne der Weser wurde deshalb vertieft und schiffbar gehalten. 1867 wurde Bremen zu einem Gliedstaat des Norddeutschen Bundes. Der Ozeandampfer <Bremen> des Norddeutschen Lloyds holte 1929 das <Blaue Band> als schnellstes Schiff nach Amerika. 1939 verlor Bremen aufgrund einer Anordnung von NS-Behörden die Stadt Bremerhaven. Vor dem Zweiten Weltkrieg wurde Wesermünde mit Bremerhaven vereinigt. Von 1940–45 führte die Alliierte Bomberflotte 52 Luftangriffe auf Bremen, die das Stadtzentrum völlig zerstörten. Bremen beklagte in diesem Krieg 13.000 Gefallene. Nach dem Krieg entstand eine US-Amerikanische Exklave. 1947 gliederten sich Bremen, Bremerhaven und Wesermünde neu. Das Bundesland Bremen, das kleinste der Republik, hat heute ca. 558.000 E. Das Überseehafengebiet Bremerhaven ist eine Exklave dieses Bundeslandes. Die 1971 gegründete Universität Bremen hat z. Zt. 19.000 Studenten in 12 Fachbereichen und 6 Wissenschaftsschwerpunkten und mit 4 Sonderforschungsbereichen. Die Uni Bremen ist eine Campus-Universität unter dem Motto „ambitioniert und agil."

Hamburg

Die Geschichte Hamburgs ist die Historie des Hamborger Hafens. Der Anladeplatz lag ursprünglich an der Bille, einem kleinen Nebenfluss von 65 km Länge der Unterelbe. Überraschend ist ihr slawischer Name, biely für weiß. Der Mündungspunkt liegt landwärts der Alster, die erst später von einem Fluss zu einem See angestaut worden war, nahe der Hammaborg, einer karolingischen Niederungsburg. Da dieser Umschlagplatz aus der Küstennähe Vorteile zog, kann es nicht überraschen, dass Hamburg als Schlichtungsstelle für Seehandel und Seerecht dermaßen anerkannt wurde, ab 1301 im sog. Roten Stadtbuch schriftlich auf Niederdeutsch festgelegt und für Reedereistreitigkeiten und bei Bergungen von Schiffen oder Schiffsladungen für alle Teilnehmer maßgeblich blieb und zu Schiedsgerichten führte. Daraus entwickelte sich der 1996 in Hamburg eingerichtete Internationale Seegerichtshof. Die seit dem 8. Jahrhundert angelegte Hammaburg florierte alsbald und setzte sich schon vor der Hansezeit bis zur praktischen Unabhängigkeit durch, indem der Hafen der Elbe immer näher rückte. 1189 soll Friedrich Barbarossa einen Freibrief mit weitreichenden stadtrechtlichen Privilegien überreicht haben. So konnte sich die Altstadt nach Süden zur Norderelbe hin ausdehnen. Schon Anfang dieses Jahrhunderts hatten die Schaumburger von den Billungern die Herrschaft übernommen. 1201 überfiel der Schleswig-Holsteinische Herzog Waldemar II. (1170–1241) Schleswig und besetzte die zusammenwachsende Stadt Hamburg. Wegen dieser Besetzung kam es letztlich zum Krieg und 1227 zur Schlacht von Bornhöved. Unmittelbar nach der siegreichen Schlacht stiftete Herzog Albrecht IV. von Schauenburg das erste Kloster Hamburgs, das franziskanische St. Maria-Magdalenen-Kloster. Überraschend nahm dieser Herzog 1244 in Rom die Priesterweihe und zog sich in sein Kloster am Alsterufer zurück. Seine Ehefrau Heilwig zur Lippe wurde Nonne. In Hamburg aber sprudelten neue Bierbrauereien reichlich. Ab 1240 umgab sich Hamburg mit einer Befestigungsanlage mit Toren, an die noch heute erinnert wird, wie z. B. beim Alstertor oder Millerntor. Die Hamburger Stadtregierung errichtete auf einer vorgeschobenen Elbinsel einen Turm von <Neuwerk>, um die Niederelbe zu schützen. Unter der Leitung von Luthers Sendboten und Beichtvaters, Dr. Johannes Bugenhagen (1485–1558), ließ Hamburg bis 1529 eine neue evangelische Kirche einrichten und begann das erste lateinisch ausgerichtete Gymnasium Hamburgs, das Johanneum. 1558 wird dann die Börse eröffnet. Das Reichskammergericht bestätigte 1618 den Status einer Freien Reichsstadt. Wegen der unüberwindbaren Hamburger Wallanlage blieb Hamburg während des Dreißigjährigen Krieges geschützt und konnte nicht eingenommen werden. Seit der Entmachtung der Hanse im 17. Jahrhundert „wurde der Rat von der Bürgerschaft abhängig." Im Hauptrezess von 1712 führten Bürgerschaft und Rat eine grundlegende Verfassungsreform ein. 1665 wurde der Jungfernstieg zum Flanieren umgebaut. 1685 ging der Kirchspielvers um: "St. Petri de Riken – Nikolai des glieken – Kathrinen de Sturen [die Vornehmen] – Jakobi de Buren – Michaeli de Armen- dat mag woll Gott erbarmen." 1731 erschien der Hamburgische Correspondent regelmäßig. 1749 eröffnete die Navigationsschule ihre Pforten. „1771 übernahm Matthias Claudius (1740–1815) die Herausgabe des Wandsbeker Boten." Nachdem die Freude an der Französischen Revolution verebbt war, machte der immer moderner werdende Stadtstaat der Religionsfreiheit und der Gewaltenteilung Platz. 1806 war Hamburg eine Großstadt geworden. 1806–14 besetzten napoleonische Truppen die Stadt. Dann trat Hamburg als Freye und Hansestadt 1819 dem Norddeutschen Bund bei. Nach dem Krieg von 1866 stießen die Vororte Hamburgs und Altonas aufeinander. Der Beitritt beider zu diesem Bund wurde bei der Abstimmung durch einen verfassungsrechtlich bindenden Beschluss bei der Abstimmung, 136 gegen 1 bei 4 Enthaltungen, angenommen. Der Hamburger Bürgereid wurde schon längst nicht mehr (wie noch der Bürgers Eyd von 1483–1847), auf Niederdeutsch abgenommen, sondern (mit erhöhtem Bürgergeld!) auf Hochdeutsch, Französisch oder Englisch. 1871 wurde mit der Reichsgründung Rotherbaum, Harvestehude, Eimsbüttel, Eppendorf, Winterhude, Barmbek, Eilbek, Uhlenhorst, Hohenfelde, Borgfelde, Hamm, Horn, Billwerder, Steinwerder und Kleiner Grasbrook eingemeindet (und um das Groß-Hamburg Gesetz von 1937 erweitert). [Vgl. dazu Hamburg-Lexikon. 2000, S. 511]. „Ein Federstrich des Gesetzgebers und alles ist Makulatur!" Der Verfasser dieser Zeilen erlaubt sich einen großen Zeilensprung bis Juli/August 1943, wie er als Junge die gewaltige Bombardierung Hamburgs von der Insel Sylt aus, also auf einer Luftlinie von 192 km ohne Fernglas an der Rötung des Himmels nachvollziehen konnte. Mindestens 40.000 Menschen verbrannten dabei in zwei Nächten. Dies war der <Gomorrha> genannte schwerste Angriff auf eine Stadt Deutschlands im Zweiten Weltkrieg. Da es immer noch nicht kapitulierte, musste es aber erobert werden. Durch die verständige Rettung der Elbbrücken vor der Sprengung wurde der ausgedünnten Hamburger Kriegsend-Bevölkerung weiteres unnötige Leid erspart. Die 1919 gegründete Hamburger Universität wurde 1946 im neuen Bundesland Hamburg wiedereröffnet. Heute hat sie etwa 43.000 Studierende, absolvierte 6 Nobelpreisträger, unterhält 180 Gebäude, 8 Fakultäten und 9 Sonderforschungsbereiche. Die zur Weltstadt gereifte Stadt und das Land Hamburg hat inzwischen als drittgrößte Stadt der Bundesrepublik 1.763.000 E. Die Elbphilharmonie, das heute schon liebevoll abgekürzte „Elphi", sieht als neues Konzerthaus und Wahrzeichen der Stadt wie ein zweigeteiltes Steinsegel aus: Aus dem Fleet taucht der Unterbau à la Speicherstadt in Ziegeln auf, oben darüber schwebt Stahlbeton. Entsprechend vereinfacht musikalisch verabschieden wir uns in diesem Abschnitt vom Leser mit dem musikalischen Gruß: „In Hamborg seggt man tschüß."

Lübeck

Lübeck gehörte seit der Zeit Karls des Großen nicht nur zu den sog. Wendischen Städten der ehemaligen Abodriten, sein Name Liubice bedeutet slawisch „die Liebliche". Sie lag an der Mündung der Wakenitz in die Trave und entwässerte den Ratzeburger See in die Ostsee. Adolf II. von Schauenburg und Graf von Holstein (1128–1164) baute bis 1144 das slawische Kastell zu einer deutschen Wallburg aus, indem er dort Westfalen und Niederländer ansiedelte. Diese tauschten das ihnen angewiesene Gelände gegen den Platz aus, der trockener lag und später den Lübecker Markt entwickelte." 1159 übernahm Heinrich der Löwe die Macht." (Bernd Fischer, Hanse-Städte. 1981, S. 37). Der Bischof folgte ihm ein Jahr später. Danach entstanden der Dom, die Marienkirche auf dem Markt, St. Petri und St. Aegidien als „Mutterkirchen der deutschen Backsteingotik". Die Machtausübung im Hansebund machte Lübeck in weniger als hundert Jahren zur <Königin der Hanse>, oder lateinisch zum caput et principium omnium. Die Hanse begann aber nicht als Städtebund, sondern als locus imperii und „genossenschaftlicher Zusammenschluss gemeinsam in die Fremde reisender Kaufleute." (Heinz Stoob, Die Hanse. 1995, Einband). „Die Seebezogenheit ist das besondere Kennzeichen der Hanse." (S. 3) „So mag die Beschäftigung mit der Hanse, wie jede sinnvoll betriebene Historie, Grundlagen des heutigen Daseins aufzudecken, Wurzeln des eigenen Werdens freizulegen." (ibidem). Die genossenschaftliche Ordnung auf dem fahrenden Schiff umfasste auch die Navigations-Verantwortung des Steuermanns; die Gewalt des Skippers schloss die Gerichtsbarkeit ein und gestattete in Grenzen die sog. Partenreederei von Vorleuten (Stoob, S. 309). Lübeck musste aber auch auf dem Lande seine Herrschaft über die Konkurrenz festigen. So überfiel und unterwarf Lübeck 1249 Stralsund. Der mit Lüneburg verbundene Salzhandel bis Nowgorod hatte im 13. Jahrhundert zur Folge, dass das Lübecker, ursprünglich Soester, Recht nicht nur für den Visbyhandel auf Gotland galt, sondern auch bei Streitigkeiten am Lübecker Oberhof danach entschieden werden musste. Zweimal wurde gegen den tatkräftigen Dänischen König Waldemar IV. Atterdag (1321–1375), den Vater Königin Margarethes (1353–1412), gefochten; nach dem zweiten Krieg setzte sich die Hanse als Hauptort gegen Kopenhagen durch. Schon 1340 hatte der deutsche Kaiser, der Wittelsbacher Ludwig der Bayer (?1286–1347) das Recht auf Prägung von Goldmünzen verliehen und gestattet. 1356 fand der Hansetag in Lübeck statt. Der aufständische Bürgermeister Jürgen Wullenwever (1488–1537) führte zwar dank Bugenhagens die Reformation auch in Lübeck ein. Nachdem er den konfiszierten Kirchenschatz hatte illegal einschmelzen lassen, war das Heringsfass, symbolisch gefasst, in Lübeck leckgeschlagen. Er wurde abgesetzt, als Verräter verurteilt und hingerichtet. Er wird heutzutage nicht mehr, wie noch im Dritten Reich, als ehrenhafter Sozialrevolutionär angesehen. Die Herrschaft der Hanse neigte sich allmählich ihrem Ende zu. Dank seiner Travemünder Umwallung „gelang es Lübeck neutral zu bleiben." 1669 wurde zum letzten Mal der Hansetag in Lübeck abgehalten. 1815 wird Lübeck Mitglied des Deutschen Bundes und 1871 ein Gliedstaat des Deutschen Reiches. 1937 schaffte die NS-Regierung Lübeck den Status einer Freien Reichsstadt ab in Kompensation zur Großeingemeindung Hamburgs und gliederte es in die Provinz Schleswig-Holstein ein. Was es an Macht eingebüßt hat, erwarb es kulturell durch die Anerkennung als UNESCO Weltkulturerbe zurück. Die Bevölkerung Lübecks beträgt heute etwa 215.000 E. Die 1964 gegründete Teiluniversität Lübecks hat z. Zt. 4.000 Studenten Angelehnt an das römische S(enatus) P(opulus) Q(ue) R(omanus) bleibt das bis 1477 errichtete Holstentor Lübecks Wahrzeichen und ziert die Inschrift „Concordia domi foris pax", die erst 1871 angebracht wurde, aber ursprünglich auf einem anderen Vortor gestanden und dort geendet hatte „... sane res est omnium pulcherrima." Neben den sieben Kirchtürmen und dem eigenwilligen Rathaus laden drei modernisierte Häuser zum Besuch ganz Lübecks ein: das Willy-Brandt-Haus, das Günter-Grass-Haus und das Buddenbrook-Haus zum Gedächtnis Heinrich und Thomas Manns.

Rostock

Rostock heißt in der Sprache der hier schon nach 600 A. D. siedelnden Wilzen <Roztoc>, d. h., Flussgabelung der Warnow. Die polabischen Wilzen sind rechts der Warnow, die über den Breitling in die Ostsee fließt, bezeugt. Später gesellten sich auf dem höher gelegenen linken Warnowufer weitere slawische Handwerker hinzu und mussten wie Fremdarbeiter eine deutsche Fürstenburg errichten. Ein Abodritenfürst unterwarf sich, nachdem König Waldemar I. diese Burg unweit des Marktes zerstört hatte, Heinrich dem Löwen. Die erste urkundliche Erwähnung Rostocks stammt aus dem Jahr 1189. Kurz zuvor hatte der Abodritenfürst den Mönchen des nahen Klosters Doberan auf dem Markt Rostocks Zollfreiheit gewährt. Rostock übernahm 1218 das lübsche Stadtrecht. Der Niedergang des Zisterzienserklosters Doberan ging Hand in Hand mit dem verheißungsvollen Aufstieg der Universität Rostock, die 1419 als mecklenburgische Landesuniversität gegründet worden war. Der Streitpunkt bis zur Fakultät: Schwerin sollte Doberan als Grablege der mecklenburgischen Fürstenfamilie ablösen. 1552 geschah eine nicht rückkehrbar zu machende Auflösung oder Säkularisation des Klosters Doberan, die diesmal zwischen dem Herzog von Mecklenburg und dem Doberaner Abt anhängig blieb. Das gibt heute der backsteingotischen Fassade des Klosters etwas Düsteres. 1625 ereignete sich die schlimmste Flutkatastrophe der älteren Rostocker Geschichte. 1669 ging die Hansezeit zu Ende. 1677 zerstörte eine verheerende Feuersbrunst das Meiste der Altstadt. Die Bevölkerung halbierte sich auf 5.000 E. Während der <Franzosentid> in Mecklenburg 1806–13 nahmen die historisch wertvollen Gebäude weiteren Schaden. (Ab 1984 wurde das Doberaner Münster gründlich restauriert). Der Seehandel begann wieder zu florieren. "Die Not des Ersten Weltkriegs war für die abgeschnittene Hafenstadt von verheerender Wirkung." Die Arbeiter der Neptunwerke gingen 1918 in Streik. 1935 hatte Rostock erstmals 100.000 E. Von 1942–45 wurden durch schwere

Bombenangriffe viele Wohnungen zerstört. Rüstungsbetriebe und Innenstadt mit ihren waffenproduzierenden Anlagen sowie Wohnungen wurden durch schwerste Bombenangriffe zerstört. Rüstungsbetriebe und die Innenstadt bildeten die Ziele. Mehrere Betriebe wurden nach dem Einmarsch der Russen demontiert. Eine Menge berühmter Gebäude wurde abgerissen. Die 156 m lange Warnowbrücke wurde 1986 eingeweiht und dem Verkehr übergeben. Es sei gestattet, diese Übersicht von Rostock mit einer Anekdote zu beenden. Ein Gutsherr, der in einem vornehmen Wirtshaus bei einem Glas Rotwein saß, das im Sonnenlicht funkelte, leerte plötzlich sein Glas mit einem Zug und erklärte dem Wirt wehmutsvoll: „Seihn se – un dat hett mei nun de dokter verbaden!" Heute hat die anziehend touristenfreudige Stadt 205.000 E. „Die Hansestadt war stets das urbane Zentrum Mecklenburgs." Die fast 600 Jahre alte Landesuniversität hat heute 14.000 Studenten bei 105 Studiengängen und 9 Fakultäten. Sie steht unter dem Motto: "Traditio et innovatio."

Kiel

Als Holstenstad tom Kyle (niederdeutsch für Keil) ist es 1233 an der Förde zur Ostsee gegründet worden. Von Anfang an bezieht sich der Name auf die Förde, die sich zur Ostsee hin öffnet, selbst. Kiels wirtschaftlich wertvollste Anstrengung stellte der Kieler Umschlag, die Zahlung fälliger, doch gestundeter, Beträge in Goldmark in der ersten Jahreswoche dar; er bildete eine Bitte oder eine Aufforderung zur Abrechnung, die schon im 14. Jahrhundert aufgekommen war. Er entstand als Folge des Getreidehandels, der damals in den Händen des Adels lag (Vgl. August Lorenz, Ein halbes Jahrtausend Kieler Umschlag. Kiel 1965, S. 8ff.). Seit 1460 wurde Kiel wie auch Holstein letztlich vom Dänischen König regiert. Die Passage im zugrundeliegenden Vertrag zu Ripen (dänisch Ribe) auf Niederdeutsch laute angeblich, Schleswig und Holstein sollten nach dem Privileg „up ewig ungedeelt" bleiben, sondern es heißt vielmehr in dem Niederdeutschen Text „dat se bleven ewich tosamende ungedeelt. Das Wörtchen „up" steht gar nicht dabei, sondern stellt nur eine Rückübersetzung von hochdeutsch „auf" dar (unrichtig Robert Bohn, Geschichte Schleswig-Holsteins. C. H. Beck Wissen. 2006, S. 39) Die dreieinhalb Wochen später hinzugefügte Verbesserung, die sog. Dappere verbetering, heißt nicht etwa (wie von Robert Bohn, ibidem) fälschlich angenommen wird, eine „tapfere", sondern vielmehr eine „bedeutende Verbesserung". Danach "musste jeder neue Dänische König als Graf (später ab 1474 als Herzog) von Holstein und als Herzog von Schleswig von der Ritterschaft bestätigt werden." (Bohn, ibidem, S. 40). Wikipedia bemerkt zu ihren Angaben, „der Quelltext" müsse noch „be-arbeitet werden". 1838 erfolgte die Gründung der Werft Howald-Werke. 1844 wurde Kiel mit Altona verbunden. Der heute Nord-Ostsee-Kanal genannte Kanal geht auf den Kaiser-Wilhelm-Kanal zurück, der die Rest-rinne des alten Eiderkanals 1853 übernahm, der seinerseits auf dem 1784 in Betrieb genommenen Schleswig-Holsteinischen Canal basiert. Inzwischen wurde er 1887–95 zweimal ausgebaut und um 5 Schleusen erweitert. Der moderne Kanal hat heute knapp 100 km seegängige Fahrrinne von Bruns-büttel zur Kieler Förde. 2016 passierten ihn 29.000 Schiffe; das macht ihn weltweit zum am meisten befahrenen Schiffskanal. Der Sues-Kanal trans-portiert halb so viel Schiffe pro Jahr, der Panama-Canal noch etwa weniger. Kiel wurde von 1806–1815 dänisches Herrschaftsgebiet. 1848 ging die provisorische schleswig-holsteinische Regierung unter und musste nach ei-nem Drei Jahre dauernden Krieg von 1848–51 vor Dänemark kapitulieren. 1850 im Frieden von Berlin gab Preußen die beiden Herzogtümer an die Dä-nische Krone zurück. Der deutsch-österreichisch-dänische Krieg von 1864 führten die beiden Alliierten zusammen und sie siegten hauptsächlich bei Düppel (Dybbel). Danach regierten die beiden militärischen Großmächte Schleswig-Holstein bis 1866 gemeinsam als Kondominium. Nach dem un-glückseligen preußischen Sieg über Österreich (vgl. Theodor Fontane, Der Schleswig-Holsteinische Krieg im Jahre 1864. Berlin 1866.) annektierte Preußen Schleswig-Holstein ohne Rechtstitel oder Begründung als preu-ßische Provinz. Diese Trasse wird im Dritten Teil wiederaufgenommen. Kiel hat heute 247.000 E. Seine Christian- Albrechts-Universität, abgekürzt CAU, die 1665 gegründet wurde, hat 26.000 Studenten, 194 Studiengänge, 8 Fakultäten und 6 Nobelpreisträger absolviert. Sie versammelt ihre Kraft unter dem Motto „Pax optima rerum!"

Interimsicht auf diese Städte

Es gibt in Deutschland ungefähr 2.600 Städte, in Österreich 200, also rund ein Zehntel der deutschen Anzahl. Von diesen wurden hier 20 deutsche und 4 österreichische Städte behandelt. Das österreichische Linz wurde wegen seiner Nähe zu Hitler und zum Nationalsozialismus nicht aufgeführt. Die Ballung der meisten deutschen Städte liegt in Baden-Württemberg, Hessen-Thüringen und Bayern, gefolgt von Sachsen und Sachsen-Anhalt. Von diesen deutschen Städten wurde Eintausendstel und von den österreichischen Städten 2 % für repräsentativ gehalten. Wie bei repräsentativen Umfragen überhaupt lässt sich eine Interimsicht aus einer kleinen Auswahl, wie bei den Burgen und Klöstern, herausdestillieren. Bei den Städten lässt die Kohäsionskraft mit anderen Städten nach und versucht sich, mit Ausnahme des Hansebundes von mindestens 25 auf dem engeren Reichsgebiet kooperierenden Städten, darunter 4 Hauptorte, in Konkurrenz. Nur wenige bedeutende Städte wurden unbedeutend. Wo bildete sich eine Tendenz zur Hauptstadtbildung aus? Ein Rückblick belehrt uns: Wegen des Regierungsstils an <wandelnden> Pfalzen gab es im Heiligen Römischen Reich keine feststehende Hauptstadt. Wie konnten zentrale Funktionen von wechselnden Kaiserpfalzen aus wahrgenommen werden? Indem die Regierungsbefugnis auf mehrere Städte föderal verteilt wurde. Die meisten Leute lebten bis 1815 ohnehin nicht in der Stadt, sondern auf dem Lande. Bis 1050 gab es sechs größere Städte von 10.000 bis 20.000 E, bis 1350 neun größere Städte von 11.000 bis 54.000 E, um 1600 acht größere Städte von 23.000 bis 45.000 E, und um 1800 acht größere Städte von 35.000 bis 172.000 E [Berlin]. Wien war Residenz-Hauptstadt von 1278–1806, also für 528 Jahre, Berlin, im Norddeutschen Bund bis zum Deutschen Reich, also von 1866/67–1945, in der DDR-Zeit von 1949–1990 und in der wiedervereinigten Bundesrepublik von 1990–2017, d. h., für 147 Jahre, Bonn von 1949–1990, 41 Jahre. Die Modernisierung der Industrie fand vorwiegend in den Städten statt, dort wo es eine Konzentration von Arbeitskräften gab und wo Investoren ihr Geld hineinsteckten. Die Abgeordneten im Reichstag, wenn sie Wahlkreise in ländlichen Gebieten gewonnen hatten, wollten Bewahrung, also konservative Positionen vertreten. Trotzdem blieb die Reichsvereinigung ebenso populär auf dem Lande wie in der Stadt, wo sich die Gefallenen unauffälliger begraben ließen. Letztlich fügten Eisen und Blut, wie Bismarck es im Reichstag 1862 ausdrückte, tatsächlich das Deutsche Reich auf dem Schlachtfeld zusammen und nicht primär diplomatische Kunst. Von den drei hier behandelten Siedlungstypen in Burg, Kloster und Stadt schützten die Burgenübergänge auf Wegen und Stegen über Täler und Flüsse eine Zeitlang; die jetzt säkularisierten Klöster verbreiteten zwar immer noch einen Nachschimmer von Kultur und Menschenpflege, sowie Getreideanbau und Obstbau. Die Städte brachten nun Verwaltung und Kunst in die Höhe und überflügelten ab 1815 den Burgenbesitz und die vormalige Klosterkultur. Der Deutsche schwärmt noch heute von Burgenhöhe und der märchenhaften Rapunzel, während sich die Klosterzellen, auch in der Phantasie, immer mehr leeren. In den Städten, wo das Leben heute pulsiert, möchte der moderne Mensch gerne leben. Die Frage blieb weiterhin offen: wie reformierte das sich entwickelnde Reich seine Stadtregierungen – denn Burganlagen verloren in der Moderne viel an Bedeutung und Klöster verspürten Nachwuchsmangel. Wie also konnten sich Bürgermeisterämter von Missständen reinigen oder freihalten? (vgl. dazu Laufs, S. 91ff.). Wie konnte das neue Reichsrecht mit dem guten alten Gemeinrecht in Einklang gebracht werden? Es ging auch damals um Grundfragen der Verfassung, die aufeinander abgestimmt werden mussten. Auch der alte Mensch wollte sich durch Selbsterziehung und Anpassung in der verwalteten Stadt heimisch fühlen.

Dritter Teil:
Beiträge im Gründungsraster zum Bundesstaat

Sechstes Kapitel: Die einflussreichsten Kaiser, ihre Dynastien und Reichsstädte

Karl der Große in Aachen

Dieser Herrscher machte sich selbst und seinen Krönungsort <groß>. Zum Beinamen <Magnus> (der Große) gelangte er während seiner Kaiserkrönung 800 in Rom, wo die Floskel lautete: „ … imperator coronatus magnus pacificus". Er beendete durch die Wahl Aachens zur Residenz- und Krönungsstadt die Hauptstadtwanderung durch die Franken, Schwaben und Alemannen, aber auch durch Unterwerfung Langobardiens (774), Bayerns (788) und des Awarenlands (800) die Völkerwanderung, und festigte den weiteren Zusammenhalt seines Reiches durch ein regierendes Grafschaftssystem. Er verflocht die Süd- Norderstreckung von der Donau bis zur Eider. Der Anspruch Frankreichs, dass sich Karls Frankenreich nirgends über den ostfränkischen oder deutschen Teil hinaus erstrecke außer dem eigentlich westfränkischen Austrasien (und nicht auch auf Lothringen), besteht zu Recht. Das macht ihn in erster Linie zu einem Charlemagne. Es gelang auch dem Enkel Karls des Großen, der ihm 843 auf dem Thron folgte, Ludwig dem Deutschen (806–876), nicht, die Reichsteilung gleichberechtigt unter sich und seinen Brüdern aufzusplitten. Lothar wurde sogar zum Mitkaiser gekrönt. Die nachgeborenen Brüder erhielten nach dem Vertrag von Meersen: 870 Pippin Aquitanien, Ludwig Ostfranken. Gemäß diesen Vertrags verschmälerte sich Lotharingien , das Zwischenreich Lothairs; aber Karl der Kahle konnte sein Aquitanien abrunden wie auch noch mehr Ludwig der Deutsche, vor allem nach Süden und nach Osten. Im Ganzen wurden in der Pfalzkapelle des Aachener Doms 30–31 Könige gekrönt, was nur der weihevollen Zeremonie selbst, nicht aber der Stadt, zugutekam. Aachen wurde in diesem Prozess nicht zur Hauptstadt des Reiches, dessen Zentrum sich in Richtung Oberrhein verlagerte. Obwohl Karl schon in seiner eigenen Zeit als Vater Europas angesehen wurde, konnte Aachen nicht bis zu einer solchen Größe als Stadt Europas aufsteigen. Der Mythus beschränkte sich auf den Dom. Die deutsche Karolinger-Dynastie starb 911, kurz zuvor 987 auch die westfränkische aus. Aachen stieg bis zum 19. Jahrhundert nur als Kurstadt auf, ihr städtischer Mythus konnte sich davon unabhängig nicht halten. Nur durch die Heiligsprechung Karls im Aachener Dom Weihnachten 1165 seitens des hier 1152 gekrönten Friedrich Rotbarts wurde Aachen vorübergehend miterhoben und vor allem durch weitere Privilegierungen auch zur Freien Reichsstadt ausgezeichnet. Damit wollte Friedrich sein ganzes Reich und Königtum sakral aufwerten, obwohl die Kanonisation nur von einem Gegenpapst erteilt wurde. Es ist hier noch anzumerken, dass es Aachen erst von 1802–1821 unter Napoleon (und wieder ab 1930) gelang, zu einem selbständigen Bistum aufzusteigen. Der Karlskult ist Aachen nachträglich zugutegekommen, als Dynast blieb der Stifter, nicht aber mit ihm seine Nachkommen, als Baake des christlichen Abendlandes bestehen. Eine ausgestorbene Dynastie kann auch durch die Ausstrahlung der Stifterfigur kultisch nicht wieder zum Leben erweckt werden.

Heinrich I. und Quedlinburg

König Heinrich der Finkler (876–936) zeichnete als jüngerer Sohn die möglicherweise als Bescheidenheit anzusehende Selbstzucht aus, als er 919 in Fritzlar die traditionelle Salbung und Krönung zum König ablehnte, die ihm der Erzbischof im Namen des sterbenden Königs Konrad antrug. Diese Ablehnung sollte eine nicht-nur sakrale Erhebung ersetzen durch die Betonung der Wahl eines ihrer Nicht-ganz Gleichen (denn es fehlte ihm der Gesamttitel eines Herzogs von Sachsen). Das Königsheil musste erst erwiesen werden. Wie durch den Sieg 933 an der Unstrut über die Ungarn, welcher den Tributzahlungen aus neu gewonnener Stärke ein Ende setzte. Heinrich als nicht-karolingischer Luidolfinger (dessen Mutter eine Babenberger war) nahm die Empfehlung Konrads an, denn die Erhöhung durch die Wahlmänner beruhte auf der Einigung der Franken und Sachsen. Dieser erstmaligen Konstellation wollte der Gewählte (statt eines Erwählten) Rechnung tragen. Wie es der Verzicht auf Lothringen belegt, hat der obige Verzicht wenig mit dem Deutschsein des neuen Königs zu tun. In das Machtvakuum setzte er ein Zeichen der Übernahme einer Verantwortung als primus inter pares für das ostfränkische, nunmehr sächsische Reich. Er musste sich auch Schwaben botmäßig machen und eine Annahme seitens der Herzöge von Bayern und Böhmen erst durchsetzen. Es kann auch die Möglichkeit in Betracht gezogen werden, dass Heinrich nicht mehr als nötig von der Kirche abhängig und auf die Zustimmung des Papstes nicht angewiesen sein wollte. Vielmehr beschloss er eine Burgen-Anordnung, die aus bestimmten Burgen im Kriegsfalle Auffanglager machte. So gut vorbereitet, besiegte Heinrich nicht nur die Magyaren, sondern auch die slawischen Heveller und Abodriten, sondern er zwang auch den Dänenkönig, ihm 934 ein kleines Gebiet zwischen Eider und Schlei für eine deutsche marca (Mark) abzutreten. Um Heinrichs Ablehnung der Insignien der Macht mit modernem Blick zu verstehen, mag es hilfreich sein, dass Bundeskanzlerin Angela Merkel den großen Kanzlertisch ablehnte, und nicht auf dessen pompöse Größe und Schwere angewiesen sein wollte. Vielleicht handelt es sich schlicht und ergreifend um Realpolitik? Die Herrschaft Heinrichs I. konsolidierte sich im Verlauf seiner Regierungszeit. Sie wandte sich vom Gründungsort Gandersheim der Luidolfinger, westlich des Harzes im heutigen Niedersachsen gelegen, dem Memorialort Quedlinburg, im Harzteil von Sachsen-Anhalt beheimatet (und in der ersten lateinischen Urkunde als Quitilingaburg [Niederdeutsch Queddelnborg] erwähnt) zu. Wie wir wissen, stand Heinrichs Witwe Mathilde diesem Damenstift dreißig Jahre lang vor. Quedlinburg wurde auch zur Osterpfalz der ostfränkischen Herrscher. Das Stift nahm einen wirtschaftlichen Aufstieg, Quedlinburg ist aber eine mittlere Kleinstadt von heute 24.500 E geblieben. Sie steht seit 1994 auf der UNESCO-Liste des Weltkulturerbes.

Otto I. in Magdeburg

Otto (912–973) wurde als Sohn des Sachsenherzogs Heinrichs I. und seiner ersten Ehefrau, die Tochter des sächsischen Grafen Dietrich aus der Familie Widukinds, in Memleben südlich der Unstrut in Sachsen-Anhalt geboren. Es gelang seinem Vater, ihn als Thronfolger unter Ausschluss der Erbansprüche seiner Brüder aufzubauen. Sein Vater bestimmte in einer Hausordnung ihn zum alleinigen Reichserben und Mathildes Witwensitz in Quedlinburg und vier anderen Orten. Otto wurde mit der englischen Königstochter Edgith, die 929 Magdeburg als Morgengabe erhielt, vermählt. Ein Verzicht auf eine Salbung seines Sohnes erschien nicht notwendig (es kam in Mainz 930 sogar zu einer Vorsalbung!), weil die Familie jetzt zu den Großen des Reiches gehörte, und sie wurde endgültig 936 nach dem Tod Heinrichs vorgenommen. Sie schien angebracht, weil die Nachfolge sowohl durch Wahl als auch aus herrscherdynastischen Gründen in Aachen auf dem

Karolingerthron erfolgen sollte. Auf diesem Hochsitz wurde Otto gehuldigt. In jener Zeremonie vereinten sich symbolisch geistliche und weltliche Elemente. Drei Erzbischöfe waren daran beteiligt. Dabei ist zu beachten, dass Aachen im 10. Jahrhundert in Lothringen lag und nicht zu Ostfranken gehörte. Es dauerte noch über dreißig Jahre, bis er in Magdeburg ein Erzbistum gründen und damit die Christianisierung der heidnischen Slawen sichern konnte. Ebenfalls richtete der Herrscher für sich und seine Frau Edgith ihre Memorialkirche in Magdeburg ein. Seine größte Tat war der Sieg 955 auf dem Lechfeld gegen die Ungarn, deren ständige Überfälle für immer aufhörten. Es kam danach auch zu keinen ungarischen Erhebungen gegen den König mehr. 962 wurde Otto in Rom von Papst Johannes XII. (937–964), der acht Jahre lang in Rom regierte, zum Kaiser gekrönt. Der neue Papst, Johannes XII., regierte von 965–972 und krönte Ottos Sohn, den späteren Otto II. 967 in Rom zum Mitkaiser und vollzog 968 die Trauung Ottos II. mit der griechischen Prinzessin Theophanu. Aus dieser Ehe gingen fünf Kinder und auch der Thronfolger Otto III. hervor. In der zeitgenössischen Geschichtsschreibung, etwa aus der Feder des Widukinds von Corvey (925–980), wurde in dessen Hauptwerk, Rerum Gestarum Saxonicum libri tres (bis 973 überarbeitet) die Akklamation Ottos – wie bei den alten Germanen – statt seiner Sakralisierung hervorgehoben. Es ist Mathilde, der ersten Äbtissin des Stifts Quedlinburgs, gewidmet. Ottos Beiname <der Große> prägte erst der Babenberger Otto von Freising in seiner Chronica de duabus civitatibus (überarbeitet 1157), dem propagandistischen Höhepunkt der mittelalterlichen Geschichtsschreibung. Otto von Freising gehörte als fünfter Sohn des Babenberger Herzogs Leopolds III., Markgraf von Österreich, zum führenden Hochadel, denn Friedrich Rotbart war sein Neffe, Er schrieb ein besonders flüssiges Latein. Wir halten abrundend an der Mehrheitsmeinung fest, dass es ein Deutsches Reich z. Zt. Heinrichs I. und Ottos I. noch nicht gegeben hat. Gert Althoff und Hagen Keller haben bewiesen, dass sie beide archaische, und noch keine deutschen Herrscher im modernen Sinne gewesen sind. „Im Gegensatz zu Karl dem Großen und Friedrich Rotbart sind die sächsischen Könige Vater und Sohn als Sagengestalten nie populär geworden." Der häufigste Aufenthaltsort war für beide eindeutig Magdeburg. Nur ein Heiligenkult hat sich auch dort nicht gebildet. Erst wieder unter Kaiser Wilhelm II. formierte sich 1906 eine malerische Abbildung im Magdeburger Saal zur Stadtgeschichte. 2008 wurden die Gebeine Edgiths am Magdeburger Dom wiedergefunden. In Magdeburg wurde 1524 die Reformation eingeführt. 1631 zündeten Tillys Truppen Magdeburg an, und brannten es völlig nieder. "Dies blieb das größte Einzelmassaker des Dreißigjährigen Krieges mit 20–25.000 Toten." Danach lud die Verwaltung Französische und Pfälzer Flüchtlinge ein, um die schrecklichen Lücken wieder aufzufüllen. Beide standen unter dem Schutz des Kurfürsten, später des Königs. Magdeburg kapitulierte vor Napoleons Truppen, ohne dass diese es belagert hätten. 1824 wurde die Magdeburger Börse eröffnet. 1866 zog ein preußisches militärisches Hauptkommando in die Stadt ein. In den 1920er Jahren übernahm Magdeburg den neuen strukturalistischen Baustil. Im Zweiten Weltkrieg wurde die Kriegsproduktion durch tausende Zwangsarbeiter aufrechterhalten und geleistet. Von 1940–43 wurde durch Bombenangriffe 90% der Altstadt zerstört. Bis 1953 trugen Magdeburger Betriebe zu den deutschen Reparationsverpflichtungen bei. „Zwischen 1951 und 1966 wurden acht Kirchen gesprengt oder abgerissen." 1993 wurde das Land Sachsen-Anhalt abermals eingeführt. Die Stichwahl um die Landeshaupt (Halle/Saale gegen Magdeburg) fiel mit acht Stimmen Mehrheit zugunsten Magdeburgs aus. 2005 feierte Magdeburg sein zwölfhundertjähriges Stadtjubiläum. Heute ist Magdeburg die Hauptstadt des Bundeslandes Sachsen-Anhalts mit 232.000 E. 1993 wurde die Otto-von-Guericke-Universität gegründet, die jetzt 14.500 Studenten hat. 16 % der Studierenden sind Ausländer. Die OVGU unterhält in 60 Ländern über 300 Partnerschaften. Der Bürgermeister Otto von Guericke (1602–1686) wurde durch Erfindung der Kolbenvakuumpumpe 1649 berühmt. Der Trennungsversuch beider Hälften durch mehrere Pferde schlug fehl. Übrigens saugt nicht das Vakuum, wie man meinen könnte, die Materie an, sondern die Materie drängt in das Vakuum. Dabei drängt sich dem Leser vor einem leeren Glas Bier der aus dem Dreißigjährigen Krieg stammende alte Schweden-Punch-Spruch auf: „Herr Ober, lassen Sie die Luft raus!"

Heinrich II. und Bamberg

Der Ottone Heinrich II. (973–1024) war von 1014–24 deutscher Kaiser. Er lernte auf der Hildesheimer Domschule, wo er auf den geistlichen Beruf vorbereitet wurde, gut Latein. Da sich die Nachfolgepolitik geändert hatte, heiratete er gegen 1000 Kunigunde von Luxemburg. Ihre Ehe blieb kinderlos.

Er kümmerte sich merkwürdigerweise nachträglich um das Seelenheil seines Vorgängers auf dem Thron. Er zwang den Erzbischof von Köln, ihm die Herrschaftsinsignien herauszugeben. Da die heilige Lanze zurückbehalten wurde, kerkerte man den Kölner kurzerhand ein. Schließlich konnte Heinrich Erbfolge und Wahl auf sich vereinigen. Er ließ sich in Mainz vom Erzbischof krönen und salben, aber erst von einem Gegenpapst, nachdem das (903 als castrum Babenberg gegründete) Bamberg 1007 zu einem Bistum erhoben wurde, nach Rom bitten, wo er von Papst Benedikt VIII., der ihm dabei einen goldenen Reichsapfel präsentierte, zum Kaiser gekrönt wurde. Heinrich konnte eine Freundschaft mit dem polnischen König Boleslaw Chrobry nicht durchsetzen; (es ging um die Mark Meißen). Heinrich wandte sich deshalb anderen reichspolitischen Aufgaben in Burgund und Italien zu. König Heinrich wurde als nachkommenloser Herrscher 1146, und seine Gemahlin Kunigunde 1200 heiliggesprochen und im Bamberger Dom bestattet. 1514 schuf Tilmann Riemenschneider ein gemeinsames Hochgrab auf eben diesem Grab. Der Bamberger Reiter stellt nicht König Heinrich II. dar. Mit ihm starb das Ottonengeschlecht aus. Bamberg und sein Bistum entwickelte sich in der frühen Neuzeit zu einem Zentrum der Hexenverfolgungen. Diese erreichten erst am Anfang des Dreißigjährigen Krieges ihren Höhepunkt; weit über 300 <Hexen> und <Hexer> wurden bei lebendigem Leibe verbrannt. Von 1647–1806 unterhielt Bamberg eine Teiluniversität, in der im 18. Jahrhundert der Jesuiten-Orden das Sagen hatte. Sie wurde 1972 als Gesamthochschule wiedergegründet und 1979 zur Universität erhoben, an der heute 13.000 Studenten geistes-, sozial-, wirtschaftswissenschaftliche Fächer studieren können. Bamberg in Oberfranken hat heute 75.000 E. Die Altstadt ist der größte von Bomben unversehrte Stadtkern Westdeutschlands und gehört als mittelgroße Stadt seit 1993/94 in die Liste der UNESCO zum Weltkulturerbe; Bamberg ist gelegen mitten auf einer früheren Insel des Flusses Regnitz, die in den Main mündet. Eine Spezialität bildet das Bamberger Rauchbier Aecht Schlenkerla.

Heinrich IV. und Speyer

Heinrich, geb. 1050 in Goslar, gest. 1106 in Lüttich, kam als Minderjähriger mit sechs Jahren auf den Thron. Seine Mutter, Agnes von Poitou (1025–1077) übernahm als unerfahrene Fürstin die Regentschaft für ihren

Sohn. Sie wurde dabei von Hugo de Cluny und dem alemannenstämmigen Papst Viktor II. unterstützt. Die anderwärts beschriebene Entführung des knapp zwölfjährigen Thronerben bei Kaiserswerth auf dem Rhein durch Erzbischof Anno von Köln würde Verfasser nicht modernistisch als Staatsstreich, sondern als machtpolitisch motivierte Entführung beschreiben. Sie diente auch der Reduzierung des Einflusses der Kaiserwitwe Agnes, die danach in Rom den Schleier nahm. Nach dem Erreichen der Volljährigkeit stützte sich der junge Kaiser auf die Ministerialität des Reiches, von der seine Erziehung wahrgenommen worden war. Wegen seiner langen Regierung als Minderjähriger trat die Durchsetzung seiner dynastischen Ansprüche in den Hintergrund; und wurde geschmälert. In seinem Verhältnis zu dem energischen Reformpapst Gregor VII. (1020–1085), der aus der Toskana aus unbekannter Familie stammte, konnte sich Heinrich militärisch nicht durchsetzen, sondern setzte ihm „eine dilatorische Geschicklichkeit entgegen". In einer langen Liste von Vorwürfen forderte der Kaiser 1076 den Papst auf abzudanken: „Steig herab!" Er wäre niemals rechtmäßig Papst gewesen. Auf diesen Affront konnte der Papst nur noch mit Heinrichs Exkommunikation antworten und damit 1076 alle die vom Eid ablösen, die Heinrich einen Treueeid geschworen hatten. Unserer Meinung nach ist der Gang nach Canossa 1077, auf dem ihn bei klirrender Kälte seine Frau und sein Sohn begleiteten, eine reichsrechtliche Meisterleistung. Der Papst musste den im Büßerhemd bloßfüßig im Schnee vor dem Tor ausharrenden <Sünder> empfangen und verzeihen. Aber wie sollte der abgesetzte Herrscher wieder souverän werden? Indem er, wie Gert Althoff bewies, dem Papst eine deditio anbot. Entsprechend reagierte dieser mit einer vorher abgesprochenen restitutio. Beides sind sorgfältig geplante Akte eines Vorgangs gewesen und dienten der gesichtswahrenden Wiederherstellung rechtlicher Beziehungen. Heinrich erniedrigte sich nicht zur Einnahme eines gemeinsamen Mahles. Es kann also von einem wirklichen Friedensvertrag keine Rede sein. Heinrich war seit zehn Jahren mit Bertha von Turin und Savoyen (1051–1087) nicht glücklich verheiratet, sondern hatte schon damals (ab 1069) eine Scheidung angestrengt. Ihnen wurde trotzdem als fünftes Kind der Thronfolger, ihr Sohn Heinrich V. 1086 geboren. 1087 starb diese einst hübsche junge Frau. Heinrich V. starb 1125. In zweiter Ehe heiratete Heinrich IV. Adelheid Großfürstin von Kiew (ca. 1070–1109). Auch diese Ehe verlief unglücklich und wurde 1095 ebenfalls geschieden. Im Wormser Privileg wurden Rechte der Juden festgeschrieben. Heinrich IV. wurde zum vierten Mal gebannt. 1105 nahm sein Sohn ihn gefangen und setzte ihn ab. Der Vater stirbt in Lüttich, das zum Heiligen Römischen Reich gehörte; er wird aber im Dom zu Speyer (ursprünglich Spira geheißen) bestattet. Im 16. Jahrhundert wurde Speyer, wo 50 Hoftage und 30 Reichstage stattfanden, überall im Reich bekannt. Zum Unglück brachen wiederholt Pestepidemien aus. 1529 wurde schließlich die Reformation eingeführt. Mélac zerstörte Speyer im Pfälzer Erbfolgekrieg 1689 völlig. Von 1792–1814 besetzten französische Revolutionstruppen Speyer. Als Ausgleich für den Verlust Salzburgs fiel Speyer Bayern zu. 1837 war der Rheinhafen intakt, ebenso wie der Anschluss an das deutsche Eisenbahnnetz perfekt. 1918 zog erneut die französische Armee in Speyer ein. Es gehörte von 1945–49 zur französischen Besatzungszone. Die letzten Truppen verließen erst 1955 die Stadt. In Speyer liegt seit 1947 die Deutsche Hochschule für Verwaltungswissenschaften. Heute hat sie als umgewandelte Universität 385 Studenten. Die Bevölkerungszahl Speyers liegt bei 50.000 E. Der Dom zu Speyer wurde als größter Prachtbau 1025 begonnen. Heinrich IV. war bei der Einweihe 1061 gegenwärtig. Erst nach Abschluss des Bauvorhabens in sehr großen Dimensionen konnte Heinrich IV. dort im Dom bestattet werden. Das Motto des Speyrer Doms lautet: "Macht und Pracht." Das Lob des Kaisers hängt etwas niedriger.

Friedrich I. und der <Kyffhäuser>

Die Großmutter Friedrichs hieß Agnes und war die Tochter des Saliers Heinrich IV. Sein Vater war der jüngere Bruder König Konrads III. Seine Mutter war die welfische Tante Heinrichs des Löwen. Friedrich wurde als Nachkomme eines wohl ursprünglich elsässischen Geschlechts, dessen eigentlicher Adelssitz unbekannt geblieben ist, und das damals noch nicht <Staufer> hieß, 1122 in Waiblingen zu Schwaben geboren. Er lernte früh reiten und fechten, aber nicht lesen und schreiben. Er verstand kein Latein. Friedrich sei, unter Umgehung des existierenden Thronfolgers, gewählt worden, weil er beiden verfeindeten Familien, den Waiblingern und den Welfen, angehörte und zäh verhandeln konnte. Friedrich wurde vom Erzbischof von Köln im Aachener Dom gekrönt. Ab seiner Herrschaft zog die Strenge der Gerechtigkeit wegen des sog. honor imperii an. Während die

Babenberger an Einfluss verloren, gewannen die Wittelsbacher, die Wettiner und vorübergehend auch die Welfen an Bedeutung. Die Reichsherrschaft in den italienischen Städten brach wegen der Bestrebungen nach Selbstverwaltung des Stadtadels zusammen. Friedrich belagerte Tortona und ließ deren Brunnen vergiften. Nach der Zusage, Tortona zu verschonen, ließ er es am nächsten Tage ganz zerstören. Frieden mit Gerechtigkeit war danach in Oberitalien unmöglich geworden. Die Verwaltung Roms bot Friedrich eine römische Krönung gegen Zahlung von 5.000 Pfund Silber an. Friedrich musste diese Zumutung ablehnen. Die Kaiserkrönung wurde 1155 in Rom von Papst Hadrian IV., dem einzigen englischen Papst in der Kirchengeschichte, in der Peterskirche vorgenommen. Dieser Kirchenfürst erkannte aber auch den Normannenkönig von Sizilien an. Der zugesagte Feldzug Friedrichs gegen Roger, von dem sich der päpstliche Stuhl bedroht fühlte, blieb indes aus. Durch das privilegium minus wurde 1156 Österreich von einer Markgrafschaft in ein Herzogtum umgewandelt und seinem Onkel Heinrich Jasomirgott zugesprochen. Kurz vorher heiratete Friedrich in zweiter Ehe Beatrix von Burgund (ca. 1140–1184), die auch alsbald zur Königin (1167 zur Kaiserin) gekrönt wurde. Sie schenkte ihrem glücklichen Gemahl acht Söhne, darunter Heinrich VI., und drei Töchter. Es kam reichspolitisch 1158 zur 1. Unterwerfung Mailands, 1162 zur zweiten, verschärften. Danach ließ sich Friedrich trotzdem zur völligen Zerstörung bestimmen, angeblich auf Wunsch Lodis und Pavias. Danach verbrachte der Kaiser die Jahre 1168–74 im Reich nördlich der Alpen. Verbunden mit der kaiserlichen Niederlage von Legnano durch eine italienische Vorhut, spitzte sich der Rangstreit zwischen den beiden Vettern zu. Vor 1181 wurde der Löwe von den Großen des Reiches zum Sturz freigegeben, weil der nach Worms geladene Sachse schon 1179 nicht zum Sühnetermin erschienen war und auch nicht auf dem folgenden Hoftag erschien. Nun wurde eine Ächtung nicht bloß angedroht, sondern auch ausgesprochen. Es folgte seine Verbannung und Flucht ins Exil nach England zu seinen Verwandten bei Hofe. Dort regierten noch die Plantagenets, deren Tochter Mathilde (1156–1189) Heinrich geheiratet hatte. Sie hatte ihm fünf Kinder geschenkt, darunter den Deutschen König Otto IV. (1175–1218). Heinrich war als Majestätsbeleidiger verurteilt und verbannt worden. Sein Sachsen wurde aufgeteilt, Bayern ihm entzogen. Der Erzbischof von Köln erhielt Westfalen-Engern als Herzogtum. Mit dem um die Steiermark und Andechs-Meranien verkleinerten

Herzogtum Bayern wurde Otto von Wittelsbach belehnt. Von dem Rotbart sind über 1200 Urkunden überliefert. Dafür mussten viele Ministerialen bei Hofe angestellt werden. Das Mainzer Hoffest, das bereits erörtert wurde, leitet zur Nachfolge über. Es folgten noch ein sechster Italienzug und ein Kreuzzug, bei dem er 1190 in der Südosttürkei ertrank. Die Thronfolge an seinen Sohn verlief reibungslos. Um seinen Tod bildete sich Jahrhunderte später eine Wiederkehrsage. Friedrich Rückert bearbeitete diese Sage in seinem 1817 veröffentlichten Gedicht über das Kyffhäusergebirge mit dem Titel „Der alte Barbarossa", aus dem die 2. und 3. Strophe zitiert wird:

Er ist niemals gestorben,
er lebt darin noch jetzt
er hat ein Schloss verborgen
zum Schlaf sich hingesetzt.

Er hat hinabgenommen
des Reiches Herrlichkeit
und wird einst wiederkommen
Mit ihr, zu seiner Zeit.

Friedrich II. und Palermo

Friedrich II. hatte mit seinem Vorgänger, Heinrich dem Finkler, gemeinsam, dass er sich für die Falkenbeiz interessierte. Nur studierte er diese Materie und Praxis systematisch und verfasste die bebilderte Abhandlung De Arte venandi cum avibus, die er in den vierziger Jahren des 13. Jahrhunderts auf Lateinisch vollendete. Es ist ein systematisch aufgebautes Lehrbuch über Aufzucht und Dressur von Falken. Mit seinen 900 Abbildungen gewinnt seine Abhandlung auch kunsthistorische Bedeutung. Der König wurde 1194 in Italien auf der Reise seiner Mutter Konstanze unter einem Zelt auf einem Marktplatz geboren und starb in Italien 1250. Mit seinem statutum in favorem principum, einem Reichsspruch von Worms 1231, also einem städtefreundlichen Privileg, leitete er zum föderativen Aufbau des Reiches über und machte diesen bis in die Nachfolgestaaten der Länder bemerkbar. So wurde ein Zentralstaat wie in England und Frankreich nie zur Entfaltung gebracht. Dadurch gingen Regalienrechte vom Kaiser auf die Reichsfürsten über, und entwickelten sich daher von Gewohnheitsrechten zu festgeschriebenen Fürstenrechten. Sine Exkommunikation wurde vom Papst wieder aufgehoben. Der Vater behandelte seinen aufmüpfigen Sohn Heinrich mit eiserner Strenge und kerkerte ihn nach einer demütigenden deditio in Süditalien ein. Dort verstarb er elend 1242. Er soll angeblich die Ermordung seines Vaters geplant haben. Zur Festigung der Herrschaft und seines honor imperii ließ der Kaiser im Ganzen über 27.000 Urkunden ausstellen. Kultur, Wissenschaft und Dichtung blühten auf. Friedrich erließ eine Approbationsordnung für Ärzte und Apotheker. Friedrich heiratete dreimal und unterhielt zahlreiche Affären. Friedrichs Sohn Konrad wurde wahrscheinlich vergiftet, sein Enkel Konradin sechzehnjährig in Neapel hingerichtet. Damit war die Stauferdynastie erloschen. Weitere Attentatsversuche auf den Kaiser schlugen in Sizilien fehl. 1250 starb der Kaiser vermutlich an Typhus. Man dachte damals, dass nur der Leichnam eines fast heiligartigen Königs gut dufte, die Überreste eines ketzerischen Herrschers aber stänke. 1251 wurde Friedrich in der Kathedrale von Palermo beigesetzt. Er wurde von einigen Anhängern als stupor mundi (das Staunen der Welt) angesehen. Ab dem 15. Jahrhundert verdrängte der staufische Großvater Friedrich I. seinen Enkel als Kyffhäuser Bewohner. Dante Alighieri verbannte ihn in seiner Divina Commedia „als Ketzer in die Hölle.". Sein Castel del Monte, 1250 nahe Bari fertiggestellt, hatte eine achteckige Struktur. Es soll vielleicht an ein abflugbereites Falkennest erinnern? Jedenfalls wurde der Kaiser Friedrich II. vor Vollendung dieses im normannischen Stil nicht fertig gebauten Schlosses von seiner Herrschaft abgesetzt. Das Castel wurde 1996 von der UNESCO in die Liste des Weltkulturerbes aufgenommen. Im Dom von Palermo liegen der Kaiser Heinrich VI. und seine Ehefrau Konstanze von Sizilien, die Tochter Rogers II., sowie sein Sohn Friedrich II. in Porphyr-Sarkophagen begraben. Dante versetzte sich und Konstanze ins Paradies und dichtete im 3. Gesang seiner Divina Commedia:

„Denn man entriss, wie meinem, ihrem Haupt
Den Schleier, der der Nonnen Stirn entwindet."

Rudolf I. und Speyer

Das Interregnum, die kaiserlose Zeit, dauerte von der Absetzung Friedrichs I. bis 1273. Eigentlich war diese Epoche nicht wirklich kaiserlos, sondern es wurden im Ganzen vier Gegenkönige nacheinander gewählt, von denen sich keiner durchsetzen konnte. Rudolf, geboren 1218, stammte von der Habichtsburg aus dem Aargau. Dort eignete die Familie außer Güterbesitz zwischen Basel und Straßburg auch Streubesitz. Rudolf lernte reiten und fechten, aber weder lesen noch Latein. Rudolfs Vater starb 1240 auf einem Kreuzzug. Sein Sohn schloss mit Fünfunddreißig Jahren die Ehe mit Gertrud

(später in Anna umbenannt) von Hohenberg. Er wendete bei der Vergrö-
ßerung seines Territoriums oft Gewalt an. Trotzdem wurde dieser willens-
starke Graf als „arm" angesehen. Von ihren zehn Kindern erreichten drei
Töchter und drei Söhne das Erwachsenenalter. Er verheiratete die Töchter
mit Sachsen, Brandenburg, Tirol und auf dem Papier mit Böhmen. Rudolf
wurde 1273 in Frankfurt am Main von den Kurfürsten einmütig gewählt
und mit der Königin in Aachen gekrönt. Die Kurfürsten erwarteten von
ihm als König die Wiederherstellung der verlorenen Rechte und die Rück-
führung der entfremdeten Güter. Er sollte als bewährt streitbarer Fehde-
graf die Revindikation des Reichs erlangen. Nur die Italienpolitik seiner
staufischen Vorgänger setzte er nicht fort. Das unrechtmäßig erworbene
Krongut musste zurückgegeben werden. Die Reichslandvögte stellten Steu-
ereinnahmen sicher, da der König über keine eigene Finanzbehörde verfügte.
Außerdem verwalteten die Vögte den Landfrieden, auf den wir noch zu
sprechen kommen, sowie die Zölle und den Klosterschutz. Rudolf strengte
gegen den König von Böhmen, Ottokar II., den Prozess an. Da dieser König
Ladungen versäumte, wurde er geächtet. In der Entscheidungsschlacht von
Dürnkrut 1278 erzwang der sechzigjährige <Raufbold> einen knappen,
jedoch vollständigen Sieg [vgl. Franz Grillparzers Trauerspiel König Ot-
tokars Glück und Ende von 1825]. Ottokar verlor bei der Schlacht seine
Hand und wurde erschlagen. 1282 erreichte Rudolf schließlich an Hand
von Willebriefen die Zustimmung zur Thronfolge seiner Söhne. Rudolf
verlagerte als Reichsfürst und -vater den Schwerpunkt seiner Herrschaft
nach Österreich. Den Norden seines Reiches, die Grenze an Eider und
Schlei, hat er nie betreten. Bei Hofe wurden zahlreiche Schiedsverfahren
entschieden. Rudolf nahm die Gastungspflicht der mächtigen Reichsstädte
mehrfach in Anspruch. Er begann auch eine Landfriedenspolitik allgemein
durchzusetzen. 1284 heiratete er sechsundsechzigjährig die vierzehnjährige
Isabella von Burgund, denn seine erste Frau war 1281 gestorben. 1289/90
zerstörte König Rudolf in Thüringen mindestens 66 Raubburgen vor den
Toren der Stadt Erfurt und ließ dort zwei Dutzend Raubritter enthaupten.
Rudolf überlebte bei abnehmender Gesundheit und Gichtbeschwerden bis
1291. Er entschied sich, nach Speyer zu ziehen, um sich und seine Familie in die salisch-staufische Tradition einzureihen, und seine Grabstelle
bei dem wichtigsten Erinnerungsort des römisch-deutschen Königtums zu
finden. Die unmittelbare Nachfolge seines letzten lebenden Sohnes Herzog

Albrecht II. von Österreich (1255–1308) erreichte der Kaiser nicht mehr, denn Albrecht wurde 1298 von seinem Neffen Johann Parricida ermordet. Kaiser Rudolf mochte sich gerne Sprüche anhören, wie z. B. diesen unter der Nummer XXXII gesammelten, mit dem wir hier enden:

„Durch Weisheit wird das Land regiert,
dessen Grenzen durch Tyrannei erweitert wird.

Karl IV. in Prag

Geboren als Wenceslaw 1316 in Prag, gestorben als römisch-deutscher Kaiser Karl 1378 in Prag, war er von allen hier behandelten der geistig bedeutendste europäische Herrscher seiner Zeit, der die in der Goldenen Bulle aufgezählten fünf Sprachen alle selbst beherrschte. Er hatte auf beiden Elternseiten sehr vornehme Vorfahren und brachte als Kaiseraspirant, -kandidat und Kaiser selbst die Lebenskraft nach drei Verwitwungen zum vierten Mal zu heiraten. Diesmal traf es eine dreißig Jahre jüngere sehr hübsche, sehr kräftige junge Frau, Elisabeth von Pommern. Ihm wurden im Ganzen elf Kinder geschenkt. Sigismund sein Nachfolger stammte aus der vierten, Wenzel der dritten Ehe. Die letzte Eheschließung mit Elisabeth von Pommern wurde in Krakau gefeiert, bei einer Mitgift von 100.000 Mark ungarischen Gulden. Diese Prinzessin war eine schöne und feurige Enkelin des polnischen Königs, Kazimierzs III. Sie bekam die Stadt Königgrätz als Leibgedinge. 1368 konnte sie der Papst in Rom zur Kaiserin krönen. Sie gebar ihrem Gemahl sechs Kinder, darunter seinen Nachfolger Wenzel. Elisabeth hatte einen eigenen Hofstaat mit einem Gefolge von 500 Personen. Elisabeth soll nahezu so stark wie August der Starke gewesen sein. 1346 erfolgte seine Krönung <in der falschen Stadt>, nämlich Bonn (die Zeremonie wurde später in Aachen nachgeholt). Karl gründete 1348 die Universität Prag und legte 1357 den Grundstein zur Steinernen Brücke. Karl ließ den abgebrannten Hradschin wiederaufbauen und vollendete die gotische St. Veits Kathedrale. Er integrierte Genf und Savoyen durch geschickte Verhandlungen in das HRR. Es ist in der Forschung bestritten, ob die Goldene Bulle den Kurfürsten oder dem Kaiser mehr genützt habe. Zu bemerken ist vor allem, dass eine Approbation durch den Papst in der Bulle nicht erwähnt wird. Ebenso sehr bleibt das Reichsvikariat des Papstes nicht erwähnt. Karl hätte gerne im Nürnberger Land ein Neuböhmen eingerichtet. Zahlreiche

Bauvorhaben konnten in Prag durch Karls Sohn Wenzel vollendet werden. Dieser erweiterte auch die sog. Kleinseite auf dem anderen Ufer der Moldau. Steht man am Wenzelsplatz, so gesteht sich der Reisende gerne ein, er stehe auf der schönsten Stadtbühne nördlich der Alpen. Die Hussiten Unruhen brachten viele Spannungen in die Stadt und auch den ersten Prager Fenstersturz (der zweite folgte 1618). In der Schlacht am Weißen Berge wurden 1620 die Protestanten vernichtend geschlagen. Die Schweden drangen in Prag ein und verübten den umfangreichen Prager Kunstraub. Heute kann man diese Schätze in Schloss Gripsholm bewundern. Doch zurück zu Prag, mit den Dichterworten Hugo von Hofmannsthals (1924):

> „Es sind in den Sonnenländern
> die alten, erhabenen Zeiten
> Für immer noch, immer noch da!"

Oder frei nach Franz Kafka:

> „Wenn Prag sich die Fähigkeit erhält
> Schönes zu erkennen, wird es nicht alt werden."

Joseph II. und Wien

Joseph II., der älteste Sohn Franz Stephans von Habsburg-Lothringen und seiner Ehegattin, der österreichischen Thronfolgerin Maria Theresia kraft Pragmatischer Sanktion Kaiser Karls VI., lebte nur neununddreißig Jahre von 1741–1790, als er an Tuberkulose starb. Ab 1780 machte ihn seine energische Mutter zum Mitregenten (er wurde als Vierzehnjähriger zum Kaisernachfolger gewählt). Diese frühen Belastungen mögen ihm etwas Hektisches mitgegeben haben. Sein Vater, der deutsche Kaiser, verstarb schon 1765. Joseph sparte alsbald dessen und später auch den Hofstaat seiner Mutter ein und legte sie zu einer Hofhaltung zusammen. Er hob auch ihm lästige Bekleidungsvorschriften auf und hatte eine Abneigung gegen Etikette und Zeremoniell und hielt sich für einen aufgeklärten jungen Monarchen. Er öffnete dem Volk wichtige kaiserliche Gärten wie z. B. Prater, Augarten und Schönbrunn. Joseph bewunderte Friedrich den Großen, den Kriegsgegner seiner Mutter, der Österreich Schlesien abgenommen hatte. Er traf sich mit ihm 1769 im schlesischen Neisse (Schlesien ging nach ihrem Treffen endgültig an Preußen über). 1787 wurde ein reformatorisches Strafgesetz für die Monarchie erlassen, zeitlich dicht gefolgt von einem zivilrechtlichen Reformgesetzbuch. Die Leibeigenschaft wurde abgeschafft. Die Todesstrafe zugunsten der Zwangsarbeit abgelöst. Seine Außenpolitik, vor allem sein dilettantischer Ansippungsversuch Bayerns an Österreich, schlug fehl. In der Kirchenpolitik wurden mehrere Feiertage abgeschafft, um die Zahl der Arbeitstage zu erhöhen. Hunderte in seinen Augen unproduktive Orden wurden geschlossen. Er reiste außerhalb Wiens incognito als Graf von Falkenstein, nach einer Grafschaft in der Pfalz, die er tatsächlich von seinem Vater geerbt hatte. Rückwirkend betrachtete man ihn in einer Art von Nostalgie. Eigentlich wurde die Kontinuität des HRR fast künstlich am politischen Leben erhalten. Wie ging es in Wien mit seiner Verwaltung? Da es noch keine Hausbriefkästen gab, musste sich der Briefträger bei Post durch Klappern bemerkbar machen. Es gab grundsätzlich schon eine Pressefreiheit. Aber nebenher gab es ebenso eine Zensur. Den Lutheranern gewährte die Regierung eine bürgerliche <Gleichheit> mit den Katholiken – aber doch nicht so ganz. Statt Särgen wollte man den Toten aus Sparsamkeit Säcke zugestehen (Sachslehner, ibidem, S. 124). Der Kaiser musste diese Maßnahme „gegen die schöne leich' zurücknehmen." Selbst der Bürgermeister wurde zu einem Beamten des Kaisers. Schon bald nach seinem Tode am 20. Februar 1790 ging Joseph II. als „Volkskaiser" in die österreichische Geschichtsschreibung ein (Sachslehner, S. 125). Josephs Wahlspruch lautete: virtute et exemplo (mit Tugend und Beispiel). Wir konstatieren, dass die Könige und die Städte in ihrer staatlichen Bedeutung nur dann korrelieren, wie z. B. Wien und Maria Theresia bis zum Tode ihres Mannes 1765 oder Franz Josef bis zu seinem eigenen Tode 1916, wenn die Regierungsstätten schon vorher zur Dynastie gehörten. Selbst dann konnten sich mehrere Residenzstädte nicht immer auf ihrer Höhe halten. Auch Residenzmetropolen konnten durch ihren eigenen Vielvölkerdruck ausgehöhlt und fast gesprengt werden und nach neuen Ufern Ausschau halten. Unsere kleineren Beispiele Quedlinburg, Bamberg und Speyer haben in ihrer Regierungsmaßgeblichkeit nach dem Ableben des Monarchen schnell nachgelassen. Nun müssen wir den Gegenpol ansteuern und die eigentlichen Dynastien gegeneinander abwägen. Meist können sie sich auf mehrere Städte stützen, außer wenn die Herrscher abgesetzt wurden oder zurückgetreten sind. Wien hat die Kraft und die geistige Vibration der k. u. k. Epoche nach 1945 eingeholt und zum Teil übertroffen. Es hat vor allem die deutsch-österreichische Periode von 1919 bis 1938 mit der hitlerischen Zwangs-Ansippung an das Deutsche

Reich überstanden. Es sind auch damals alles nur Namen (Klischees) [„Ein Volk, ein Reich, ein Führer"] gewesen. Erst 1945 sei ein „auf tragfähigem gesellschaftlichen Konsens beruhendes Nationalbewusstsein entstanden", meint Ernst Fischer, Hauptwerke der österreichischen Literatur. Kindler 1997, IX. Heutzutage stehen die Beziehungen zwischen Österreich und Deutschland auf gut freundschaftlichem Fuße. Eigenständige Literaturen sprießen vorwärts auf beiden Seiten der Donau. Das Verhältnis Bayern-Österreich mag gelegentlich etwas wettergestört daherkommen. Die Donau kann wenn auch selten über die Ufer treten.

Dynastienvergleich

Im Inhaltsverzeichnis werden die Dynastien im Vergleich nach ihrer historischen Bedeutung und ihrer Relevanz für die Gesamtentwicklung aufgelistet: Karolinger, Wettiner, Welfen, Salier, Staufer, Wittelsbacher, Habsburger, Brandenburger. Insofern jedoch die beiden letzten Hauptstädte als solche geblieben sind und ihre Familien, wenn auch abgedankt, weiterblühen, könnten sie beide auch an erster und zweiter Stelle stehen. Dann folgt das Haus Wettin. Die 861 urkundlich erwähnte Burg Wettin liegt auf einem Porphyrfelsen bei Halle an der Saale. Das aus dem Harz stammende Haus ist die am ältesten beurkundete Dynastie aus einem hochadeligen Geschlecht des 9. Jahrhunderts, das im Mannesstamm bis heute Bestand gehabt hat. Es teilte sich 1485 in Ernestinische und albertinische Linie und regierte in beiden Teilen (Landschaften) Sachsens bis 1918. Die Gebiete hießen nach Meißen, Thüringen, Sachsen-Weimar und Eisenach, Sachsen-Coburg und Gotha. Sie herrschten dort als Markgrafen oder Herzöge. Der Belgische König, ein Sachsen-Coburger, regiert heute noch in Brüssel. Heinrich der Erlauchte war sogar ein bekannter Minnesänger und Falkner. Im 15. Jahrhundert wurden die Wettiner Kurfürsten von Sachsen. Dresden ist durch alle Unbilden Landeshauptstadt geblieben. Es übertrumpfte den Gründungsanstoß bei weitem und anhaltend. Die Energie der Gründungsherzöge ist in das Kurfürstentum und den Freistaat übergegangen. Die Karolinger sind ausgestorben, Aachen hat im Gegensatz zu seiner kaiserlichen Glanzzeit etwas abgenommen. Die Salier sind ebenfalls ausgestorben und Speyer hat im Vergleich zu ihrer Zeit auch abgenommen. Die Staufer sind ausgestorben und haben ebenfalls Speyer zurückgelassen. Die Welfen sind ein sehr altes

Adelsgeschlecht und besitzen noch Grundbesitz um Hannover (und machen von sich reden). Am volkstümlichsten und einflussreichsten sind wohl die Wittelsbacher geblieben. Ihre Hauptstadt München ist nicht nur für Bayern, sondern über ganz Deutschland (wegen Bayerns Bedeutung) neben NRW eine solide Mittelmacht geblieben, deren Bundestreue allerdings von manchen angezweifelt wird. Ein dynastisch inspirierter Patriotismus ist in Bayern erhalten geblieben. Doch zurück zu Dresden und der zweiten sächsischen Großstadt, Leipzig.: in Dresden saß nicht nur der König von Sachsen, sondern dort <residiert> man noch heute im Vergleich mit Leipzig, wo die Bürgerschaft eigentlich das Geld verdiene. In Dresden wolle jedenfalls das Geld <vermehrt>, in Leipzig, wie es heißt, <ausgegeben> werden. Während Leipzigs Universität bereits 1404 gegründet wurde, wurde die Technische Universität Dresden 1828 aus der Taufe gehoben. Die TUD hat heute 36.000 Studenten in 129 Studiengängen mit 18 Fakultäten. Dresden hat als zweitgrößte Stadt Sachsens 537.000 E.

Kreativitätsvergleich

Schule, Berufsschule, Universitäten und der Erfindergeist

Schule

Das Schulwesen in Deutschland ist Pflicht und nach 1949 in Ländergesetzen geregelt. An den Schulen werden ab dem sechsten Lebensjahr Fähigkeiten und Wissen beigebracht, die zusammen mit gewissen Wertvorstellungen Bildung an die nächste Generation vermitteln und weitergeben soll. Die Grundwerte sind durch das Grundgesetz vorgegeben. Den Eltern obliegt ebenfalls ein Erziehungsauftrag. Die Schulen versuchen, im Unterricht den Schülern Berechtigungen zu verschaffen und die Eltern wirken bei der Erreichung dieser Schulziele mit. Die Berechtigung eines Hauptabschlusses ist gering, eines Abiturs mit hohem Notendurchschnitt sehr groß. Die Chancenungleichheit folgt oft der sozialen Lage der Eltern. Überflieger stellen die Hauptannahmen bei der Berufsqualifikation in Frage. Das deutsche Demokratiebewusstsein wird im Unterricht mit vermittelt. Das Schulrecht, das Elternrecht und das Schülermitbestimmungsrecht konkurrieren miteinander in Eltern- und Schülervertretungen. Die Zusammenarbeit, die in Konferenzen organisiert wird, ist nicht öffentlich. Der Besuch der öffentlichen Schule ist in Deutschland vorgeschriebene Pflicht. Sie gilt bis zum fünf- bzw. sechzehnten Lebensjahr. Die Schulpflicht zieht eine Aufsichtspflicht der Schule mit sich. Haus- oder Privatunterricht sind, von wenigen Ausnahmen abgesehen, nicht zulässig. Dazu gehört auch, dass Kinderarbeit verboten ist.

Berufsschule

Berufsschulen laufen seit 1871 neben der Berufsausbildung her und unterrichten wöchentlich 8–12 Stunden normalerweise an zwei Berufsschultagen. Der Ausbildungsvertrag wird vom Lehrling mit dem Betrieb abgeschlossen. Die Berufsschule schließt ihr Ausbildungsprogramm mit einer Abschlussprüfung der Industrie- und Handelskammer ab. Die Ausbildungszeit beträgt mindestens zwei, höchstens dreieinhalb Jahre. Die Berufsausbildung ist in Deutschland gesetzlich geregelt. Die Standards sind berufsorientiert und praxisnah hoch.

Universität

Die Universität hat sich schon im frühen Mittelalter aus der Kloster- und Domschule entwickelt. Die Gründungsjahre und der Gründer sind deshalb bekannt geblieben, weil am Ende der Kaiser oder der Papst das Gründungsprivileg genehmigen musste. Die Reihenfolge der gegründeten Universitäten ist für unser Thema von Belang. In der Liste der 54 über 411 Jahre am frühesten gegründeten Universitäten befinden sich ein Drittel deutsche, eine in Europa ungeheuer landesnützliche Konzentration.

1224 Universität Friedrich II Neapel	hat heute	78.000 Studenten
1348 Karls-Universität Prag Karl IV.	hat heute	51.000 Studenten
1365 Universität Wien König Rudolf IV.	hat heute	94.000 Studenten
1379 Universität Erfurt Papst Urban VI.	hat heute	5.700 Studenten
1386 Universität Heidelberg Kurfürst Ruprecht I.	„	31.000 Studenten
1388 Universität Köln Rat der Fr. Reichsstadt	„	50.000 Studenten
1402 Universität Würzburg Bischof J. Egloffstein	„	29.000 Studenten
1409 Universität Leipzig Papst Alexander V. bestät.		29.000 Studenten
1419 Universität Rostock Herzöge v. Mecklenburg		14.000 Studenten
1456 Universität Greifswald 1. Bürgermeister	„	10.500 Studenten
1457 Universität Freiburg Habs. EH Albrecht VI.	„	25.000 Studenten
1460 Universität Basel Papst Pius II.	„	13.000 Studenten

1472 Universität Ingolstadt[Eichstätt] Ludwig v. Bay.		5.300 Studenten
1473 Universität Trier Kf. Joh. II. v. Baden	„	14.000 Studenten
1477 Universität Mainz R. Adolf II. v. Nassau	„	37.000 Studenten
1477 Universität Tübingen Gf. Eberhard v. Württ.	„	9.000 Studenten

Die Weitsicht einer solchen Gründung trifft die Stadt wie ein Hauptgewinn in der Lotterie. Keine Universität gründen und aufbauen ist wie eine Niete bei der Lotterie.

Der Erfindergeist

Ist die Tüftelarbeit (Niederdeutsch Klüteree) eine süddeutsche, speziell schwäbisch-, schweizerisch-österreichische Eigenschaft? Wäre also der Erfindungsgeist eine messbare Seite des (süd-?)deutschen Fleißes? Darf man zum Nachprüfen dabei von der gemeinsamen Deutschsprachigkeit ausgehen und schweizerische, österreichische und deutsche Patente (die 20 Jahre lang gelten) zusammenrechnen? Der Hauptsitz des Europäischen Patentamts ist nicht zufällig München. Die meisten Patente werden heute in der Bundesrepublik in Bayern angemeldet. Darauf folgt Baden-Württemberg und NRW. Eine Zusammenstellung bei www.welt.de listet "50 Erfindungen die die Welt veränderten" Die ersten zwölf Nennungen gucken wir uns nun an:

1. 1440 Erfindung Gutenbergs Buchdruck mit beweglichen Lettern — Mainz
2. 1516 Erfindung der Bierreinheit Herzog Wilhelm IV von Bayern — München
3. 1517 Praxis des Sündenerlasses gegen Geld Martin Luther — Wittenberg
4. 1650 Otto von Guericke erfindet die Vakuumluftpumpe — Magdeburg
5. 1797 Dr. Sam. Hahnemann entdeckt Homöopathie Meißen/ — Leipzig
6. 1825 In Wien wird die Mundharmonika entdeckt — Wien
7. 1843 Friedrich G. Keller erfindet Holzschliff für Papierrohstoff — selfmademanship
8. 1854 Heinrich Göbel erfindet (?) die Glühbirne: keine — selfmademanship
9. 1859 Philipp Reis erfindet das Telefon Institut Frankfurt am Main — selfmademanship
10. 1864 der Chemiker Julius L. Meyer entwickelt das Periodische System der Elemente (Wasserstoff bis Uran) Promotion in — Würzburg
11. 1876 Robert Koch entdeckt die Bakteriologie — Berlin
12. 1881 Werner von Siemens konstruiert die Straßenbahn — Berlin

Fazit: 75 % dieser Erfindungen werden <klassisch> in Universitätsstädten gemacht, 25 % von Menschen, die nicht studieren konnten oder eventuell zur Scharlatanerie neigten. Universitätsstädte korrelieren deutlich mit Erfindererfolg. Zwar liegt diesen Neuerungen Erfindergenie zugrunde, aber ohne Ausbildung und methodische Schulung wäre die Erfindung wohl nicht zustande gekommen. Es müssen mehrere Umstände zusammentreffen, ehe eine bahnbrechende Erfindung gemacht werden kann. Bei gleich günstigen Umständen ist der Erfindergeist überall verbreitet und kein echt deutsches Spezifikum. Die Qualität der Schulung und Ausbildung führen aber auf diesen Erfolg hin.

Siebtes Kapitel: Fortschritte in Richtung Bundesstaat bis zum Wiener Kongress

1235 Reichsfriedengesetz

Zunächst müssen wir weit zurückgreifen. Auf dem Reichstag zu Mainz erlässt Kaiser Friedrich II. ein Land- oder Reichsfriedengesetz. Da es sich an den Deutschen Reichsteil wendet, wird dieses Gesetz gleichzeitig in lateinischer und in mittelhochdeutscher Sprache ausgefertigt. Wegen vieler im ganzen Reich unentschiedener Fehden sah sich Kaiser Friedrich II. gezwungen, ein schlichtendes Landfriedengesetz zu erlassen, das die Zeit solcher Auseinandersetzungen auf anderthalb Jahre beschränkte. Der Kaiser befand sich mit seinem ältesten Sohn aus erster Ehe (mit Konstanze von Sizilien) in einer Dauerfehde, die sich über mehrere Jahre erstreckte. Heinrich der Klammersiebte, wie er in der Zunft abfällig genannt wird, wurde schon als Elfjähriger auf Wunsch seines Vaters genötigt, die sieben Jahre ältere Margarethe von Babenberg und Österreich zu heiraten. Sie wurde in nervöser Voraussicht schon 1227 in Aachen zur Königin gekrönt. Margarethe überlebte ihren Mann um 24 Jahre als 1. Ehefrau Premysl Otakar II., eben desjenigen, der bei Dürnkrut gefallen ist. Auch Ottokar wäre gerne zum deutschen Kaiser gewählt worden, fand aber in dieser Schlacht sein Ende. Heinrich lehnte sich gegen seinen Vater dermaßen massiv auf, dass dieser 1242 Reichs-Gubernatoren für seinen Stiefbruder Konrad IV. [den Sohn seiner zweiten Frau Isabella, die bei dessen Geburt starb] einsetzte. Konrad wurde zum Vater Konradins. Zum Schutz des Erben wurden noch hinter einander Reichsprokuratoren eingesetzt. Denn der Papst hatte Friedrich II. 1239 exkommuniziert. Mit 24 Jahren wird Heinrich von seinem erzürnten Vater abgesetzt und bis zu seinem Tode in mehreren italienischen Verliesen gefangen gehalten. Er stürzt mit einem Pferd in einen Abgrund, was als Selbstmord angesehen wird. Heinrich erließ während der Auflehnung gegen seinen Vater das berühmte Statutum in favorem principum 1231/32, was den früheren Stammes- und jetzt Reichsfürsten wichtige Regalia übertrug, allen voran das Recht, eigene Münzen zu prägen. Diese gegen den Willen seines Vaters ergangenen Zugeständnisse veränderten den Charakter des Reiches in Richtung Bundesstaat hunderte Jahre später. In großem Zorn ließ der Kaiser seinen Sohn öffentlich schwören, dass er ihm fortan „gehorchen" werde. Dieses Privileg verfehlte den ursprünglichen Zweck des Landfriedengesetzes und brachte dem Reich eher den Unfrieden. Nach des Kaisers Tod 1250 herrschten im Reich Unruhen. Sein zweiter Sohn Konrad starb wenig später 1254. Konradin wurde enthauptet. 1836 schuf der dänische Bildhauer Bertel Thorvaldsen eine Statue von Konradin, die in Neapel, dem Ort seiner Hinrichtung und dem Ende einer Dynastie, an der Wand der Kirche Santa Maria del Carmine lehnt.

1356 Goldene Bulle

Die <Goldene Bulle>, die ihren Namen nach dem goldenen Siegel der lateinischen Urkunde trägt, wurde 1356 in Nürnberg und Metz, den beiden bevölkerungsreichen Städten des HRR erlassen und nacheinander verkündet. Dabei lag Karl IV. besonders an Metz, weil es zu Luxemburg und damit zu seinem Hause gehörte. Der Nürnberger Teil betrug 23, der Metzer Ergänzungsteil 8 Kapitel. Um die Frage beantworten zu können, ob die Goldene Bulle, wie vielerorts behauptet wird, ein <Grundgesetz> gewesen sei, müssen wir uns mit ihrem Inhalt beschäftigen. Wir müssen dabei auch auf die Frage eingehen, wieso die zwei ungleich langen Gesetzesteile auf zwei verschiedenen Hoftagen (eben in Nürnberg und Metz) verkündet wurden. Wichtig anzumerken: es wurde kein neues Recht geschöpft, sondern Gewohnheitsrecht gesammelt. Die sieben stimmberechtigten Kurfürsten waren 1. Der Erzbischof von Trier für Burgund, 2. Der EB von Köln für Reichsitalien, 3. der König von Böhmen (er selbst: Karl IV.!) als Erzschenk, 4. der Pfalzgraf bei Rhein, Erztruchsess, wo das sächsische Recht nicht galt, 5. Sachsens Erzmarschall, wo das sächsische Recht galt, 6. der Markgraf von Brandenburg als Erzkämmerer, dem <die Kasse des Reiches> unterstellt war. Als 7. und letzter kürte der EB von Mainz, dem als Erzkanzler die Kontrolle bei der Stimmabgabe oblag. Wer nicht mitwählen durfte, war der Habsburger Erzherzog von Österreich. Es wurden in diesem Wahlgesetz auch Immunität und Vererbung von Titeln festgehalten. Die Anreihung der Kapitel ist nicht systematisch. Verfassungsrechtlich relevant sind Kapitel 9 über Bergwerke, deren Oberhoheit verteilt blieb und 10 über das Münzrecht, das sich Karl allein vorbehielt. Eine Abqualifizierung von „schmählichen Schwureinungen" in Städten nimmt sich Kapitel 15 vor. Fristen zum Ansagen von

Fehden werden in Kapitel 17 nicht extra erwähnt, weil diese nicht mehr erlaubt waren. Die Ergänzungsvorschriften 24–30 (31) sind ebenfalls unsystematisch vorgestellt. Wichtig ist Kapitel 30, gewissermaßen eine ad hominem Vorschrift für Karl. Er selbst beherrschte fünf Sprachen und regelte entsprechend, dass die Söhne von Kurfürsten eben diese Sprachen [Deutsch, Latein, Französisch, Italienisch und <Welsch> = Wendisch, d. h. also Tschechisch] rechtzeitig erlernen sollten. Zusammenfassend muss gesagt werden: nur wer die zwei Gesetze der Goldenen Bulle nicht gelesen hat, könnte behaupten, dass es sich hier um ein „Grundgesetz" gehandelt hätte. Davon kann keine Rede sein. Die Goldene Bulle ist vielmehr eine Durchführungsverordnung des Reiches in Sammelform. Sie hat sich bis 1806 gehalten, weil sie nicht einzeln zitiert und nicht abgeschafft wurde.

1495 Ewiger Landfriede

Auf dem Reichstag zu Worms erließ in diesem Jahr König Maximilian, zu allen Zeiten Mehrer des Reiches, ein unbefristet geltendes Verbot innerer Machtkämpfe durch Privatfehden. Er hoffte, damit die 1235 begonnene Friedensbewegung überbrücken und abschließen zu können. Ansprüche vor allem gegen Grafen und kleinere Fürsten sollten in Zukunft auf dem Rechtswege ausgetragen werden. Nach Außen (evtl. im Ausland) wurde weiters ein angesagter Wehrkrieg geführt. Die Fehde nach Innen kann auch durch Versöhnung, genannt Urfehde, enden. Der Ewige Landfriede ist ein Gesetz, das aus 12 Paragraphen besteht. Die Vorschriften ergeben sich auseinander. Besonders hervorgehoben bleiben §§ 9 und 12. Nach § 9 soll der Landfriede nicht durch ein späteres Gesetz aufgehoben werden können. Dies ist rechtsdogmatisch eine sehr bemerkenswerte Rechtsentwicklung. Nach § 12 hebt dieses Gesetz keine vorigen Gesetze auf, ordnet daher den Stillstand oder zumindest das Gleichgewicht des Friedens an. Nach der Vorrede haben wir dieses kurze Gesetzeswerk „... durch das Hailig Reich und Teutsch Nacion ainen gemainen Friden fürgenommen, aufgericht, geordnet und gemacht, richten auf, ordnen und machen den auch in und mit Crafft des Briefs:" § 9 schreibt vor, es dürfe „... niemand den andern bevechten, bekriegen, berauben, vahen (gefangen nehmen), überziehen (überfallen), belegern (belagern)". Nach § 6 solle stattdessen das Camergericht angerufen werden. Der Landfriedensbruch wird nach diesem „Brief" geahndet und bleibt es in §§ 125 und 125a unseres Strafgesetzbuchs bis heute. Der Schadensersatz soll also nicht länger auf der Schwertspitze der Fehde eingetrieben, sondern auf dem Rechtswege ausgeglichen werden. Dieses Gesetz hat eine ganz andere Durchsetzungskraft als die Goldene Bulle, deren Vorkehrungen spätestens beim Reichsdeputationshauptschluss gegenstandslos werden, während die Rechtskraft dieses Gesetzes erhalten geblieben ist. Hier wird ein Rechtsgehorsam auf ewig erzwungen. Durch die Goldene Bulle wird die sog. <Handsalbe>, also die Bestechung zugunsten der Stimme, verdeckt und insofern auch vertuscht. Vor dem Landfriedengesetz sind die Fürsten gleich und stehen nicht über dem Gesetz. In der Goldenen Bulle stehen aber die sieben Kurfürsten, auch der König, über dem Gesetz. Seine Verwandten werden nach dem germanischen Grad sogar als „Neven, Öhemen, Swäger und getrewen Churfürsten" rangweise absichtlich aufgezählt. Abgesehen von Einzelfällen, ist dieses Gesetz <geglückt>.

1495 Reichskammergericht

Diese Einrichtung des Reichstags zu Worms 1495, auf den wir schon eingegangen sind, bleibt der Teil der Verhandlung, der sich geschichtlich durchsetzte: das Reichskammergericht, welches den Landfrieden überwachen sollte. Die beiden Texte wurden 7. August 1495 gemeinsam herausgegeben. Waren bis dato das römische und das kanonische Recht mit dem vernünftigen deutschen Gewohnheitsrecht noch gleichgestellt, wurde nach diesem Erlass das Gewohnheitsrecht nur noch subsidiär (nachgeordnet) angesehen. Der Text wurde König Maximilian von dem Erzreichskanzler und EB von Mainz, Berthold von Henneberg abgerungen. Dieser EB Henneberg (1442–1504 gestorben an Pocken) kam als zwölftes Kind des Grafen zu Henneberg und seiner Ehefrau Joannetta Gräfin von Weilberg-Saarbrücken zur Welt und war für den geistlichen Beruf bestimmt. Eine Entdeckung von Leopold von Ranke machte ihn nachträglich äußerst bekannt. Im Folgenden stützen wir uns auf Adolf Laufs' schon mehrfach zitierten Rechtsentwicklungen in Deutschland 2. Die Anfänge des deutschen Juristenstandes, S. 72f. Er zeigte, dass die Appellationspraxis die Rechtsprechung der Territorial- und Städtegerichte beeinflusste. Arm und Reich konnten nach den gleichen Regeln prozedieren und gerichtet werden. Das Ansehen der Rechtsgelehrten erhöhte sich. Im obersten Gericht des Reiches „saßen graduierte Juristen gleichberechtigt neben Männern adeligen Standes. Zwei Generationen später „ …erschien der Grad der Doktoren als das soziale Äquivalent der Geburt der adeligen Mitglieder. (S. 73) Der gemeine Mann wurde dem römischen Recht gegenüber misstrauisch." Nach § 1 dieser Ordnung soll der Vorsitzender der Kammer ein adeliger Richter sein. § 2 schreibt vor, dass Beisitzer (wie und wann) einspringen dürfen. Notfalls mag er gewählt werden. Notfalls müssen Richter und Beisitzer einen Eid (mhd. ayd) schwören, dass sie diesem Gericht mit Fleiß dienen werden. § 4 Der Kammerrichter muss die Ladung anordnen. § 5 Glaubwürdige Schreibführer sollen als Gerichtsschreiber fungieren. § 6 Die Redner sollen erfahren und gebildet sein. § 7 betrifft den Amtseid, § 8 eine rechtsbillige Gebührenhöhe § 9 Ein Redner pro Sache § 10 Advokaten der Reichsstände § 11 Kammergerichtsboten § 12 deren Geleit im Reich. Appellationen müssen stufenweise eingereicht werden. Instanzen werden auch neu geregelt. Ladungsbriefe müssen Streitgegenstände enthalten. Es soll in einer geeigneten Stadt verhandelt werden. Es muss eine „redliche Besoldung" abgeführt werden. Gebühren werden nach Klagsachen gestaffelt berechnet. Der Rest der Vorschriften regelt Rechtsbeihilfe. § 32 schließt den Text mit einem Hinweis auf die jährliche Berichterstattung. Die Zuständigkeit dieses höchsten Gerichts erstreckt sich auf Streitigkeiten zwischen den Reichsständen und für Appellationen (Rechtsmittel) gegen Entscheidungen von Territorial- und Städtegerichten. Dieses Rechtsgebiet heißt in den Vorlesungsverzeichnissen Privatrechtsgeschichte.

1555 Augsburger Religionsfriede

Dieser Reichsabschied regelt den eigentlich wünschenswerten, ja, herbeigesehnten Konfessionsfrieden nicht. Er klammert sogar theologische Probleme vollständig aus. Der in Augsburg angenommene Reichsabschied bringt die Reichskontroverse auf eine nicht juristisch ableitbare Formel „Cuius regio eius religio", d. h., „Wer das Land regiert, solle den Glauben bestimmen." Es ist gar kein hieb- und stichfester Gesetzestext, sondern verklammert eine Religionspraxis mit der Landeshoheit. Diese griffige Formel tauchte gar nicht in Augsburg auf, sondern stammt von den Kirchenlehrern Gebr. Stephani eine Generation später. Es leuchtet ein, dass die Freien Reichsstädte davon ausgeschlossen blieben. So hatte dort kein Rat das Sagen.

Wollten sich Landeskinder diesem Urteil nicht unterwerfen, so durften sie mindestens theoretisch ungehindert auswandern. Der Kriegsgrund um die Religionszugehörigkeit entfiel daher in Zukunft auf dem Papier. Der Augsburger Religionsfrieden hielt eben nur bis zum Ausbruch des Dreißigjährigen Kriege 1618. Die reformierte protestantische Konfession wurde nicht aufgenommen, sondern blieb unberücksichtigt. Die Reformierte Kirche stand daher in Zukunft nicht unter reichsrechtlichem Schutz. Mit diesem Reichsabschied war in den deutschen Landen keine Toleranz eingezogen. Die Territorialherren hatten in ihrer Religionswahl über das Reich gewonnen. Karl überließ seinem Bruder König Ferdinand die Eröffnung und die Leitung dieses Reichstags. Er selbst war aus seinem Reich, in dessen Teil die Sonne auch aufging, schon länger abwesend und hielt sich lieber in dem nicht-deutschsprachigen Brüssel auf. Noch vor dem oder gleichzeitig mit dem <Abschied> dankte Karl in Brüssel zugunsten seines Sohnes Philipp ab. Der Vorgang wurde im Reich künstlich zurückgestellt. Als der Kaiser abdankte und Abschiedsworte (eher nicht auf Deutsch?) sprach, stützte er sich auf Wilhelm von Oranien. Der Reichsabschied von 1555 setzt sich aus zwei Teilen zusammen. In den §§ 7–30 wird das Verhältnis der Konfessionen untereinander nicht wirklich geklärt, sondern in einander verschachtelt. Daran schließen sich die §§ 31–103 der Reichsexekutionsordnung an und bereiten auf verschlungenen Pfaden die Föderalisierung des Reiches vor. Oder, wie Adolf Laufs es zusammenfasst: "Typisch für den Stil des Religionsfriedens war, dass sein Vertragstext eine Reihe unvereinbarer Gegensätze dissimulierend zudeckte und sich die Religionsparteien einen Ausgleich auf einem Generalkonzil oder einer nationalen Versammlung vorbehielten. Doch darin lag eben ein hinhaltend-beruhigender und ausgleichender Effekt." (S. 116) Erst wenn Katholik und <Evangole> heiraten wollten, und einen Jesuiten fragten: „nihil obstat?" gab es Schwierigkeiten, die sich bei gutem Willen überwinden ließen.

1648 Friedenskongresse in Münster und Osnabrück

Weil sich Frankreich unter Kardinal Richelieu (1585–1642) „aus politischen Vernunftgründen" an der Finanzierung des Krieges auf der Seite Schwedens beteiligte – und der Völkerrechtler Hugo Grotius (1583–1645) half ihm dabei als schwedischer Gesandter in Paris – musste das HRR gegen die katholischen Reichsfeinde und die protestantischen Reichsfreunde zugleich kämpfen oder sich zeitweise mit ihnen verbünden. Die konfessionelle Spaltung war daher für die beteiligten Mächte „eingebüßt". Tilly und Gustav Adolf waren gefallen, Wallenstein von kaiserlichen Generälen ermordet worden. Münster und Osnabrück wurden 1643 vom Gesandten des Kaisers, Reichshofrat Johann Krane, für neutral erklärt. Er legte persönlich die Neutralitätsurkunde vor. Was bedeutete Neutralität hier? Die beiden Städte und ihr Verbindungsweg für flitzende Kutschen wurden für entmilitarisiert erklärt und von finanziellen Verpflichtungen für die Dauer des Kongresses gegen Kaiser und bischöfliche Landesregierung freigestellt. Es wurde an beiden Orten nicht nur miteinander, sondern auch gegeneinander verhandelt, in Münster schriftlich auf Latein (denn auf Französisch wäre man den französischen Diplomaten unterlegen gewesen), in Osnabrück mündlich auf Plattdeutsch, das man auch in Stockholm verstand. In Osnabrück endete 1643 die zehnjährige schwedische Besatzung. Die Reformierten Kirchen wurden erstmals Verhandlungspartner eingeschlossen. Ab 1645 war mit einem vollständigen Sieg einer kriegsführenden Seite nicht mehr zu rechnen. In Münster war der Stadtarzt Dr. Bernhard Rottendorff, bei dem der schwedische Resident untergebracht war, und der sich auch mit Fabio Chigi gutstand, bei mehreren Verhandlungen anwesend. Seine Appelle zum christlichen Friedensgebot verhallten jedoch ungehört. In den ersten sechs Monaten interessierten sich die nicht unbestechlichen Delegierten für Sitzordnung und Rangstreitigkeiten. Schweden, die Niederlande und Basel konnten ihre Forderungen nur mit Hilfe des Kaisers (dessen Delegierter Graf von Trautmansdorff trotz geheimer kaiserlicher Instruktionen 1647 die Stadt verlassen hatte) durchsetzen. Die Verhandlungen zielten eigentlich auf einen permanenten Waffenstillstand. Zu viele widersprüchliche Interessen prallten bei den Verhandlungen aufeinander. Am Ende protestierte der Heilige Stuhl gegen die Friedensverträge. Es wurden folgende Ergebnisse erreicht:

- Schweden erhielt Vorpommern mit Rügen, die Odermündungen und Wismar sowie eine Kriegsentschädigung von 5 Millionen Talern zu zahlen über Jahre
- Brandenburg bekam den Rest von Pommern, Magdeburg, Halberstadt und Minden

- Herzogtum Braunschweig-Lüneburg erhielt die alternative Sukzession über das Hochstift Osnabrück
- Landgraf von Hessen-Kassel erhielt Hersfeld
- Bayern behielt die Oberpfalz
- Rheinpfalz wurde zurückgegeben
- Frankreich behielt Metz, Toul und Verdun, Breisach, den Sundgau und die 10 Vereinigten Reichsstädte im Elsaß
- die Eidgenossenschaft wurde juristisch unabhängig vom Reich
- die Niederlande wurden vom HRR getrennt
- das Besitzrecht der katholischen Kirche von 1624 wurde wiederhergestellt
- die Territorialhoheit der Reichsstände wurde anerkannt
- diese durften mit ausländischen Staaten Bündnisse schließen die nicht gegen das Reich gerichtet waren.

Und was bekam das verarmte und ausgelaugte Reich Ferdinand III.? Schlicht gesagt: es behielt Recht! Es musste die Rechnung(en) bezahlen, wie der anschließende Nürnberger Exekutivtag von 1649/51 klarstellte. Bei dem günstigen Ausgang der Finanzierungsfragen konnte der neugewählte König von Schweden, der Pfälzer Karl X. Gustav, es sich leisten, ein Festbankett für die Delegierten beider Verhandlungsstädte, sofern sie wieder anwesend waren, zu veranstalten. Die Reichsfürsten, nicht aber das Reich selbst, durften sich zu den Siegermächten rechnen.

1781 Toleranzedikt Josephs II.

Sein Edikt sollte eigentlich wie ein Duldungspatent wirken. Was ist ein kaiserliches Patent? Es ermöglichte den protestantischen Kirchen, die durch den Westfälischen Frieden anerkannt wurden, noch nicht die freie, wohl aber die mehr oder weniger geduldete Religionsausübung. Die Regierung errichtete sog. akatholische Bethäuser, die später als Toleranzkirchen bezeichnet werden durften. Allerdings musste ursprünglich die Eheschließung von katholischen Geistlichen verkündet werden 1783 wurde das Ehepatent der Zivilehe eingeführt. Der Staat stand als „oberster Wohltäter auf Erden" (Vaida, S. 398) gesetzlich Pate. Äußerlich durften Bethäuser nicht wie Kirchen aussehen und sollten auch mindestens 50 m von der Hauptstraße entfernt liegen. „Sie durften insbesondere keinen Turm besitzen." Das Patent wurde 1781 nacheinander in Böhmen, Ungarn, Galizien, in den belgischen

Provinzen, in der Lombardei und in Tirol verkündet. 1782 wurde das Patent auch jüdischen Bethäusern zugestanden. 1785 wurden die Freimaurer legalisiert, zum Teil in sog. Sammellogen. Wer vom katholischen zum evangelischen Glauben übertreten wollte, musste ab 1787 einen sechswöchigen Lehrgang durchlaufen. Das entwickelte sich zu einem Problem, weil in einigen Teilen Österreichs zeitweise fast die Hälfte übertreten wollte. Der eigentliche Übertritt wurde aber in der Realität erschwert. Der zunächst abfällig gemeinte Begriff <akatholisch> wurde 1848/49 durch „Evangelische der Augsburger oder Helvetischen Konfession" ersetzt. Im Salzkammergut hatten sich Toleranzgemeinden häufiger als anderswo bilden wollen. Es gab dort weniger als 100.000 Mitglieder.

1795 Sonderfriede zu Basel

Einerseits setzt der Basler Frieden dem Krieg von Frankreich gegen Preußen ein vorläufiges Ende, führt ihn aber andererseits auch verdeckt weiter. Preußen beteiligte sich in seiner Rolle als Reichsstand freikämpferisch, nicht aber als siegesgewisse Armee. Es vertrat dabei nicht direkt das Deutsche Reich, sondern vorläufig sein flatterndes Staatsgebilde. Die restlichen Reichsfürsten wollten ihre Territorien finanziell und militärisch nicht beteiligen. Die berühmte Kanonade von Valmy 1792, von der Goethe nachträglich sagen konnte „ihr seid dabei gewesen", verhinderte den Weitermarsch nach Paris. Nach der Hinrichtung Louis XVI. verschärfte sich der Koalitionskrieg zu einem Krieg der Reichsstände gegen das revolutionäre Frankreich. Frankreichs neu verdienter Mythos einer vor ihm liegenden glorreichen Zukunft wurde nachträglich bestätigt. Der aus Amerika ruhmreich zurückgekehrte Marquis de Lafayette (1757–1834) spielte auf der Seite der Revolution eine fragliche Rolle, als er 1791 auf dem Pariser Marsfeld das Gewehrfeuer auf eine aufgebrachte Menschenmenge eröffnen ließ. Diese immer wieder neu einsetzende <Schreckensherrschaft>, an der sich auch Generäle, die sich im Ausland ausgezeichnet hatten, beteiligten, war erst 1794 zu Ende. Mit dem Frieden von Basel schied Preußen aus der Reichsständischen Armee, Spanien aus der Koalition, aus. Was brachte der Frieden von Basel dem Reich? 1. Es wurde durch ihn geschwächt, weil Frankreich zu einer gleichberechtigten Großmacht aufstieg, Österreich und Preußen diesen Status durch Machtminderung einbüßten. 2. Preußen überließ seine linksrheinischen

Besitzungen Frankreich für den Fall, dass Frankreich weiter siegen würde. Diese Eventualität, von der man ausging, wurde in einem geheimen Zusatzartikel festgehalten. Preußen wurde darin (auf ehrenrührige Weise) zugeschachert, dass es auf rechtsrheinischem Gebiet <Entschädigungen> erhalten sollte. So richteten sich preußische Begehrlichkeiten schon damals auf das Münsterland. „Une petite rectification des frontières" wurde auch von Preußen ohne weiteres praktiziert. 3. Der Westfälische Kreis und andere Reichskreise erklärten ihre Neutralität. 4. Dieser Separatfrieden zu Basel richtete sich gegen die Interessen des Reiches, weil er einem Austritt aus dem Reichsverbund sehr nahekam. 5. Österreichs Anführerrolle im Reichsverbund verblasste, weil es die Neutralitätserklärungen von sechs weiteren Reichskreisen nicht aufheben konnte. Österreich hat also mit dem <Frieden> von Basel, eigentlich einer Neutralisierung der Reichsvorherrschaft auf helvetischem Boden, seine einstige Vorherrschaft im Reich, weil die Reichskreise sich von Wien aus nicht mehr lenken ließen, kraftlos zurücknehmen müssen. 6. Innerhalb dieses Machtvakuums rückte Frankreich zur Großmacht auf.

1803 Reichsdeputationshauptschluss

Der Abschlussbericht des Reichstags zu Regensburg 1802/03 lag am 25. Februar 1803 vor und wurde am 24. März 1803 nach 46 Sitzungen vorgestellt. Im <Frieden> von Lunéville, Artikel 6, hatten Kaiser und Reich eingewilligt, dass das sog. linksrheinische Gebiet, also Aachen, Köln, Mainz und Trier nach eintausend Jahren Zugehörigkeit zum Ostfrankenreich und zum HRR an Frankreich abzutreten wäre. Diese Zwangsabtretung sollte nun implementiert werden. Es sollten Territorien abgetreten werden, die schon von fremden Truppen besetzt waren. Dafür sollten die düpierten Fürsten großzügig entschädigt werden. Diesen Austausch setzte der Hauptbeschluss fest. Wer setzte ihn fest? Vier der Kurfürsten und vier aus dem Reichsfürstenrat. Wer gewann was? Preußen 10.000 qkm mit einem Überschuss von 460.000 Menschen, Bayern 4.000 qkm mit 250.000 Menschen, Baden 1.550 mit 210.000 Menschen und Württemberg 1.100 qkm mit 90.000 Menschen. Preußen <erhielt> noch Hildesheim, Paderborn, einen Teil des Hochstifts Münster und die Reichsstädte Mühlhausen (Thüringen), Nordhausen, sowie Goslar und die Reichsstifte Quedlinburg, Elten, Werden und Cappenburg, ohne Rechtsgrund, nur kraft eines ausländischen Oktroi. Die Reichsstände und die Reichsstadtvertreter wurden durch einen Trick ihrer Kollegen für abwesend erklärt und konnten daher nicht mitstimmen. Sechs Reichsstädte, darunter Lübeck, Bremen und Hamburg, wurden davon ausgenommen und freigestellt. Zeitgleich erhielten Württemberg, Baden und Hessen-Kassel die Kurwürde geschenkt für die <erloschenen> Kurfürstentümer Köln, Mainz und Trier. Dieser Bericht wurde vom Reichstag zu Regensburg im März 1803 e i n s t i m m i g angenommen. Kaiser Franz II. besaß die Größe, sich dieser Zustimmung unter V o r b e h a l t anzuschließen. Das Reich verlor so seine Hauptstützen und ging seinem Zerfall und der Auflösung entgegen. Der Reichsfürstenrat wurde nun evangelisch. Nach der Schlacht von Austerlitz wurde der Friede von Preßburg im Dezember 1805 geschlossen. Österreich verlor ein Sechstel seiner Bevölkerung. Der Weg Napoleons zum Rheinbund war geöffnet. Das HRR löste sich selbst auf. Kaiser Franz legte die Krone nieder. Es gibt noch heute kleine Restzahlungen wegen der Enteignungen kirchlicher Güter an den Staat. Weitere Einzelheiten wären nachzulesen bei Ulrich Hufeld (Herausgeber), Der Reichsdeputationshauptschluss von 1803. und bei Ingo Knecht, Der Reichsdeputationshauptschluss vom 25. Februar 1803. Berlin 2007.

1815 Wiener Kongress

Dieser Kongress wurde von den Siegern nach der Völkerschlacht bei Leipzig, die 1813 stattfand, im Herbst 1814 begonnen und 9 Tage vor der Endschlacht von Waterloo beendet. Die Siegermächte wurden in Wien von Metternich (Österreich), Castlereagh (Großbritannien), Hardenberg (Preußen) und Nesselrode (Russland) vertreten. Auf der Verliererseite, die er zu kaschieren versuchte, vertrat Talleyrand, der den Krieg hasste, den Napoleon, als er ihn 1809 in Ungnade fallen ließ, „einen Haufen Mist in Seidenstrümpfen" beschimpft hatte, wie Duff Cooper, Talleyrand, Insel Frankfurt 1964, S. 211 uns mitteilt. Talleyrand wollte die Bourbonen restaurieren und Napoleon durchschaute diese Hinterlist. Den blutigen Sieg von Leipzig hatte Feldmarschall Schwarzenberg und General Radetzky (Österreich), Blücher, Generalstabschef Gneisenau und General Yorck (Preußen), sowie Eugen von Württemberg (Russland) erfochten. Die Briten nahmen an dieser Schlacht nicht teil. Bei Waterloo kämpften siegreich Wellington, Blücher,

Kutusow und Schwarzenberg. Die „Großen Vier" (so Thierry Lentz, 1815, IV. Kapitel) Metternich [unterstützt von Johann von Gentz], Castlereagh, Nesselrode (für den russischen Zaren) und Hardenberg (für Preußen) „spielten sich auf" (Lentz), verständigten sich aber bereits vor dem Sieg in der Völkerschlacht bei Waterloo. Auf dem Schlachtfeld vor Leipzig starben qualvoll und sinnlos 38.000 Soldaten für Frankreich und 54.000 für die Alliierten. Bei der Schlacht von Waterloo verendeten qualvoll und gleichermaßen ohne Sinn und Verstand 25.000 Todesgeweihte für Napoleon und 22.000 alliierte Soldaten. In diesen zwei mörderischen Schlachten ließen 140.000 verdammte Kreaturen ihr Leben für profilierungssüchtige Feldherren mit überholten Vorstellungen.

Der Wiener Kongress stellte die Unabhängigkeit der Alliierten Einzelstaaten fest, es wurde ihnen auch eine Vereinigung in einem „föderativen Bund" zugestanden, nicht aber wurde eine Wiederherstellung des HRR erwogen und erlaubt. Die beiden am flüssigsten Deutsch sprechenden Gesandten waren Metternich und Hardenberg. Metternich wollte Österreich als Präsidialmacht eingesetzt wissen. Preußen wollte trotz Hardenbergs Anstrengungen nur eine landständische, keine reichsständische Verfassung durchsetzen, also nur gewissermaßen die zweite Geige spielen wollen. Der Deutsche Bund durfte aber nicht der Rechtsnachfolger des HRR sein. So stellten sich am Ende die Signatarmächte als einen Teil im System des Europäischen Gleichgewichts dar. Zu diesem Bund gehörten Österreich und Preußen nur mit ihren Reichsländern, d.h., Österreich ohne polnische, ungarische und italienische Gebiete, Brandenburg-Preußen ohne ost- und westpreußische Gebiete und ohne Posen. Der König von Hannover, der Niederlanden, der Großherzog von Luxemburg und der Herzog von Holstein und Lauenburg blieben als ausländische Könige „Bundesfürsten mit Sitz und Stimme" in der Bundesversammlung, die, einmal unterbrochen, bis 1866 ohne österreichische Exekutivgewalt tätig wurde. Im Saldo gesprochen war also der Deutsche Bund weder eine Fortsetzung des HRR, noch ein neugegründetes Österreichisches Reich unter Einschluss Deutschlands. Der Deutsche Bund hatte für einen <echten> Staat nicht genügend Regierungskompetenzen. Insofern erfüllte er nicht die Hoffnungen seiner jungen Bürger und vor allem nicht der Burschenschaften unter den Studenten. Metternich gelang es, die Verfassungen der Süddeutschen Staaten anerkannt zu bekommen, aber auch, den Handlungsspielraum des Bundestags einzuschränken, indem er ihn weisungsgebunden machte. Mit polizeistaatlichen Mitteln, der Zensur und dem Spitzeltum bekämpfte er vermeintliche Demagogen. Als sich Großbritannien von dem Gleichgewichtssystem des österreichischen Staatsmannes absetzte, begann Metternichs Einfluss als Staatskanzler in den frühen zwanziger Jahren nachzulassen.

Achtes Kapitel: 1871 Preußisch-Kleindeutsche Reichskanzlerschaft

Otto von Bismarck (1815–1898) wurde in die zweite Kammer des Preußischen Landtags 1849 gewählt. Er zog mit seiner Familie nach Berlin um und entwickelte sich dort zum Berufspolitiker. Er trat für die Ablehnung von Kaiserwürde und Reichsverfassung durch Friedrich Wilhelm IV. ein, weil Preußen nach seiner damaligen Meinung nicht in Deutschland aufgehen sollte. Die nationale Frage verlief für ihn wie auf zwei Spuren. Dann wurde er in das Volkshaus des Erfurter Parlaments gewählt. In dieser Stadt bildete er sich zu einem bedeutenden Parlamentsredner aus. Bismarck wurde 1851 zum Preußischen Gesandten beim Bundestag in Frankfurt am Main ernannt. Der König berief ihn 1854 in das Preußische Herrenhaus. Das von Bismarck provozierte Duell mit Vincke hat Bismarck zu Ansehen verschafft und ihm politisch genützt. [Nebenbei bemerkt schlug sich der Student in Göttingen 25mal in Forderungsmensuren und wurde nur einmal <abgestochen>]. Er entwickelte später von 1858 bis 1861 seine diplomatische Karriere. Gilt der Wahlspruch der preußischen Könige "Justitia fundamentum regnorum" (Lothar Gall, Bismarck. 2004, S. 279), verdrehte diesen der Kladderadatsch in einer Karikatur am 6. Februar 1863 in sein Gegenteil. Nachdem Prinz Wilhelm die Regentschaft für seinen Bruder übernommen hatte, sprach Bismarck in einer Denkschrift überraschend von „einer nationalen Mission Preußens". „Es war sein Ziel, den deutschen Nationalismus einer Stärkung der preußischen Macht dienstbar zu machen." (Volker Ulrich, Otto von Bismarck, Rowohlt 1998, S. 52); 1859 wird er zum Gesandten in St. Petersburg, 1862 in Paris ernannt. Dann wird er zum Ministerpräsidenten und Außenminister Preußens berufen. Er reservierte sich das Immediatsvorgehen zum König und stellte damit sein Kabinett in die zweite Reihe. Seine Beziehung zum König ruhte auf einem unerschütterlichen Vertrauensverhältnis. 1862/63 regierte der neue Ministerpräsident ohne ordentlichen Haushalt. Es wurde ihm im Amt klar, dass die deutsche Frage nicht ohne Gewalt geregelt werden könne. Daher verlangte er 1863 gleiche Rechte für Österreich und Preußen. Eine längere Zeit regierte der preußische MP ohne Parlamentsmitwirkung. Er sah die nationale Frage, im Amt, immer klarer unter dem Gesichtspunkt einer Machterweiterung Preußens. Ähnlich dachte, auf einem anderen Maßstab, die dänische Regierung in Kopenhagen mit ihrer Gesamtstaats- oder „helstat"-konstruktion. Nur hatten die holsteinischen Landstände die Rechtmäßigkeit dieser Formel nicht anerkannt. Dadurch wurde Dänemark zu einer Eiderpolitik getrieben. Nach Verstreichung eines knappen Ultimatums griffen die Bundesexekutionäre Österreich und Preußen Dänemark am 31. Januar 1864 ohne Kriegserklärung an. Bei Roar Skovmand/Vagn Dybdahl/Erik Rasmussen. Geschichte Dänemarks. Deutsche Übersetzung 1973, S. 172 heißt es „in der Nacht zum 1. Februar". Die altmodischen Vorderlader (die aber genau schossen) mussten gegen neumodische Hinterlader (die schneller im Liegen geschossen werden konnten) zielen. Als er die dänische Antwort auf diesen Überfall diktierte, spielte der dänische Oberkommandierende General Christian de Meza gleichzeitig Klavier. Vielleicht wegen des Trommelfeuers? Nach sechs Stunden Trommelfeuer stürmten jedenfalls die Preußen die leergeräumten Düppeler Schanzen am 18. April 1864. Die preußische Übermacht war an dieser Stelle mindestens viermal überlegen. Die Schanzen von Dybbel waren in wenigen Minuten erobert. Bismarck hatte die Österreicher dort absichtlich nicht mitkämpfen lassen. De Meza überzeugt seinen Kriegsrat davon, das Danewerk auch zu räumen (Ole Feldbaek, Danmarks Historie. 2004, S. 205). Erst nach der Eroberung Jütlands hauptsächlich durch die Österreicher, konnte der Frieden geschlossen werden. Wegen der Schleswig-Holsteinischen Häfen vor allem in Kiel bestand Bismarck (weil Moltke und Roon das verlangten) auf der Königsaugrenze statt bloß der Eider. So verlor Dänemark in einem staatlichen „Trauma" 40 % seines Territoriums (Feldbaek, S. 208).

Moltkes Strategie „getrennt marschieren, vereint schlagen", wäre beinahe schief gegangen, als er seine Truppen in Richtung Böhmen mit Hilfe der Eisenbahn zusammenzog und seinen kühnen Plan ausführte, nach Absprache mit Roon und Bismarck, der österreichischen Armee, die er dort versammelt wusste, den Schneid abzukaufen. Auch am Ende der Schlacht von Königgrätz, wo schließlich 215.000 Österreicher gegen 221.000 Preußen angetreten waren,[schnappte] „Moltkes Falle zu, freilich eine halbe Stunde zu spät: Die Flügel seiner Armee begegneten einander, als der geschlagene Feind entwischt war." (Gordon A. Craig, Königgrätz. 1997, S. 253). Auf beiden Seiten fielen 50.000 Mann ohne Sinn und Einsicht. Denn allenfalls für die Offiziere beider Seiten wird es ehrenvoll gewesen sein, für das getrennte Vaterland zu sterben. Warum verloren die Österreicher unter dem erfahrenen Feldmarschall Benedek? Die österreichischen Kanonen schossen ebenso gut wie die Preußen; die Kavallerie schlug auf beiden Seiten große Breschen. Nur war die Kommandostruktur bei den Österreichischen undurchsichtig, es war an den Depotvorräten gespart worden; die Außendienststellen lieferten sich teilweise sinnlose Einzelgefechte. Bismarck und Moltke hatten ihr Ziel erreicht: der Großmachtanspruch der Preußen konnte bewahrt werden, da es seine Stellung auf Kosten Österreichs errungen hatte. Nach der siegreichen Schlacht von Königgrätz bekam Bismarck wie ein Söldner eine Dotation von 400.000 Talern, womit er sich das Gut Varzin erwarb. Preußen annektierte wiederrechtlich Hannover, Kurhessen, Nassau und die Freie Reichsstadt Frankfurt am Main. Bismarck hat sich um das Prinzip der fehlenden Legitimität nicht geschert. Der Reichstag des Norddeutschen Bundes dachte nicht daran, ihren Kanzler zu rügen und hätte ihn auch schon 1867 nicht entlassen können. Bismarck hatte den Landtag um „Indemnität" bitten müssen, d. h., er musste ihm gegenüber eingestehen, dass er jahrelang bis zum deutsch-österreichischen Kriege „ohne gültigen Haushalt regiert" habe. Verfassungsrechtlich war das eine unhaltbare Situation. B. erkannte schon als Kanzler des Norddeutschen Bundes, dass sich Preußen an die Spitze der nationalen Bewegung setzen musste. Sein Ziel: der <kleindeutsche> Nationalstaat unter preußischer Führung. Als Reform des Deutschen Bundes wurde 1861 das Deutsche Handelsgesetzbuch erlassen. Nach dem siegreich abgeschlossenen Frankreichkrieg, den Bismarck durch eine Redigierung der Emser Depesche bewusst provoziert hatte, verfasste Bismarck selbst den sog. „Kaiserbrief", mit dem Ludwig II. von Bayern Wilhelm um die Annahme der Kaiserkrone bat. Er bestach Ludwig privat mit einer Rente aus dem Welfenfonds, die dem bayerischen König für seine phantasievollen Schlossbauten diente. Nur mit Mühe gelang es, den Preußischen König zur Annahme des Kaisertitels zu bewegen. Wenige Tage nach der Kaiserproklamation zu Versailles endete der deutsch-französische Krieg. Wilhelm hatte Grund zur Klage: „Es ist nicht leicht, unter einem solchen Kanzler Kaiser zu sein." Um Frankreich auch nach der Waffenruhe weiter zu schwächen, bemühte Bismarck sich um ein Dreikaiserbündnis mit Österreich und Russland. Während des Berliner Kongresses von 1878 präsentierte Bismarck sich mit einem neuen Gesicht als „ehrlichen Makler".

1881 erneuerte er das Dreikaiserbündnis mit Österreich und Russland. Die Seite des internationalen Einvernehmens verschärfte er nach Innen mit dem Gesetz des Kaisers gegen die Sozialdemokratie 1878, deren Bestrebungen als „gemeingefährlich" hingestellt wurden. Bismarck hat die Einigung auf einen altaristokratischen Rahmen geflochten. Oder, um mit Engelberg zu sprechen, es ging Bismarck um die „Machterweiterung des preußischen Staates. Er musste nach den innerdeutschen Annexionen „gegen alles Revolutionär-Demokratische deutsche Politik betreiben." (S. 556). Im innerdeutschen (Un-)Kulturkampf verschärfte Bismarck in seiner zündelnden Reichstagsrede von 1872 das politische Klima durch die anti-katholische gegenbündische Drohung „Nach Kanossa gehen wir nicht!"

1919 Modell Deutschösterreich [Kontrast 1955]

Mit der „Verzichterklärung" Kaiser Karls und der „Enthebung" seiner letzten Regierung ging die Provisorische Nationalversammlung am 11. November 1918 nach Kanossa, um die „Deutschösterreichische Republik" auszurufen. Nach Art. 1 sollte sie eine „Demokratische Republik" und gemäß Art. 2 ein „Bestandteil der Deutschen Republik" sein. Beide Sachbestände ließen die Alliierten Siegermächte als Rechtsbezeichnungen nicht zu. Der Name und Titel musste in „Republik Österreich" offiziell geändert werden. So wurde die rechtliche Verbindung mit dem Deutschen Reich auf Alliierte Anweisung abgekoppelt. Damit steht fest, dass Österreich weder ein Rechtsnachfolger des ehemaligen kaiserlichen Österreich, und schon gar nicht des HRR geworden ist, das 1806 abgeschafft worden war. Es kann auch völkerrechtlich nicht ein Teil der Deutschen Republik 1919 mit geworden sein. Südtirol mit 250.000 E wurde widerrechtlich von Italien annektiert. Die Verbindung zu Österreich konnte trotz Woodrow Wilsons „Selbstbestimmungsrecht der Völker" nicht realisiert werden. Österreich war später an den weiteren Verlusten Dänemarks nicht mehr beteiligt. Dem Völkerrecht entsprechend wurde 1920 eine Volksabstimmung in dem nördlichsten Teil von Nordschleswig, den die Dänen übersetzt Südjütland (Sonderjylland) nennen, abgehalten. Mit Ausnahme der Stadt Tondern entschieden sich in diesem Landstreifen 75 % der Einwohner für Dänemark, und nicht den preußischen Adler. Deutsch-Böhmen und mehrere sog. „Sprachinseln" wurden von der Tschechoslowakei übernommen. Der

Vereinigung Österreichs mit der Deutschen Republik stand das Alliierte An-schlussverbot entgegen. [1955 wurde das Anschlussverbot uminterpretiert in eine „immerwährende Neutralität" und Nichtgestattung eines Beitritts in die EWG (stattdessen Eintritts in die EFTA). Von einer Rechtsnachfolge über 1955 hinaus kann trotz der tiefen und emotionalen Verbundenheit mit dem Staatsvertrag von 1955 keine Rede sein. Österreich war zwar wieder frei, aber es war auch etwas mitschuldig am Kriegsverlauf und der Verfolgung der Juden. Die Gegenfrage darf auch noch gestellt werden, ob das Deutsche Reich verfassungsrechtlich nach 1919 [und nach 1955] noch als Rechtsnachfolger miteinander in Verbindung geblieben sein könnte? Das ist auch nicht der Fall gewesen. Der Anspruch auf einen Anschluss an die BRD ist somit erloschen. Dr. jur. Engelbert Dollfuss (1892–1934) wird am 20. Mai 1932 zum österreichischen Bundeskanzler ernannt. „Er bringt eine Koalition mit den Heimwehren und dem Landbund zustande." (Gudula Walterskirchen, Engelbert Dollfuss. Wien 2004, S. 293). Am 30. Januar 1933 wird der noch vor kurzem staatenlose Österreicher Reichs-kanzler. Am 30. Juni 1934 wird der Reichskanzler-Amtsvorgänger Kurt von Schleicher und seine Frau in seiner Villa ermordet. Während eines Putsches der Nationalsozialisten in Wien wird auch Dollfuss ermordet und verblutet, absichtlich und brutal unversorgt, noch im Bundeskanzleramt. Sein Nach-folger wird der ehemalige Unterrichtsminister Kurt Edler von Schuschnigg (1897–1977), der von 1934–38 einen austrofaschistischen Staat Österreich diktatorisch regiert.

Heute singen Österreicher ihre eigene Bundeshymne, „Land der Berge, Land am Strome", nach einer Melodie von Johann Baptist Holzer (1753–1818) oder von Wolfgang Amadeus Mozart (1756–1791).

Vierter Teil:
Zur modernen deutschen Bundesgeschichte

Neuntes Kapitel: 1933 Entstellung des Nationalstaats bis 1945 durch einen Österreicher

Es besteht ein Zusammenhang zwischen dem Österreichertum Adolf Hitlers (1889–1945), das nicht echt im Volkstum verwurzelt war und seiner Pseudo-Deutschheit. Er sah nicht fesch wie ein junger Österreicher aus, sondern unsicher und unsportlich wie ein bärbeißiger Bayer. Vater Alois Hitler verdiente sein Auskommen als Zollbeamter in Braunau am Inn, also der bayerischen Grenze; er prügelte seinen Sohn, den er für einen zuchtlosen <Ausklinker> hielt und gewöhnte Adolf an zu lügen. Sein Sohn sprach Bayerisch wie seine Mutter, und nicht Österreichisch, wie sein Vater. Beide Sprechweisen waren in Braunau üblich. Adolf verließ vorzeitig die Realschule, wurde bei der Kunstakademie zweimal nicht angenommen und drückte sich vor dem heimischen Militärdienst in der k. u. k. Armee. Er ging über die Grenze und meldete sich bei einem Bayerischen Regiment und diente sich an, bis er bei gefährlichen Meldegängen zum Gefreiten befördert wurde und das E. K. II, im August 1918 das E. K. I erhielt.

Was Hitler als bedenkenloser Putschist 1923 nicht erreichen konnte, vertagte er auf 1933 und einen rechtmäßigen Aufstiegsweg zu einer Ernennung zum Reichskanzler. Während seiner Inhaftierung schrieb er in der Festung Landsberg Mein Kampf als politische Biographie. Er benutzte drinnen und draußen immer öfter die Methoden eines <con-man>. Er verbarg vor seiner Umgebung (vor allem vor Präsident Hindenburg und seinem Sohn Oskar) seine wahren Absichten. So wie er das landständisch Österreichische vom Bayerischen psychologisch nicht unterscheiden konnte, so waren seine Vorstellungen von einem zu vereinigenden Deutschen Reich diffus und die Staatssubstanz entstellend. Die vorgespiegelte Vaterlandsliebe zu Deutschland ruhte auf Posen und war berechnend. Als Redner wirkte er vergewaltigend. Hätte es zu seiner Zeit schon Fernsehen gegeben, er wäre auf- und politisch durchgefallen. So aber konnte er als Parteiredner immer größere Mengen von Zuhörern in Erstaunen versetzen und sie wie ein Rattenfänger von Hameln verführen. So wurden, auf einem unvorstellbar vergrößerten Maßstab, widerrechtlich eingesammelte Juden in die

Vernichtungslager gelockt, weil sie sich ihr Ende nicht vorstellen konnten und eine solche Handlungsweise nicht zu den Deutschen passte. Hitler marschierte 1938 in Österreich wie in ein Feindesland ein. Er wurde trotzdem mehrheitlich mit frenetischem Beifall willkommen geheißen. Aus einem verführenden „Spinner" wurde ein massenbeherrschender <Trommler>, „der König von München". Der „Verkannte" wurde zum „Erfolgreichen" (Sebastian Haffner, Anmerkungen zu Hitler. Geschichte Fischer. 2001, S. 22). Mit dem Ergebnis: „Das Deutsche Reich musste aufhören, Staat zu sein, um ganz Eroberungsinstrument werden zu können." (ibidem, S. 55). Im Herbst 1941 bemerkte der junge Verf. zum ersten Mal den Judenstern in der Berliner S-Bahn. Wer hatte ihn dort angenäht? Der deutsche Staat wurde also von Hitler als Abtritt unmenschlich für seine Bewegung missbraucht und war 1943–45 systematisch zerstört und 1946 von den früheren Feinden abgeschafft worden. Auf diese verhängnisvolle Weise wurde der Staat der Arbeiter, der Forscher, der Unternehmer und der <Denker> entstellt und dadurch seiner geschichtlich gewachsenen Substanz beraubt und so entleert. Tragischerweise wagte sich ein Pseudo-Österreicher an Deutschlands Fast-Vernichtung. Der Gesamt-Staat hat die Jahre 1945 und 46 nicht überstanden. Deutschland konnte wegen Auschwitz später nicht wieder ein normaler europäischer Nationalstaat werden.

1949 Westdeutsche Wiederaufrichtung durch das Bonner Grundgesetz

Nachdem der Parlamentarische Rat auf der Insel Herrenchiemsee die verfassungsjuristische Arbeit geleistet hatte, trat er in Bonn zusammen und ließ Dr. jur. Konrad Adenauer als ihr Präsident das Grundgesetz am 23. Mai 1949 verkünden. Fünf Monate später wurde die DDR gegründet und mit ihr auch ihre Verfassung verkündet. Beide basieren auf der Weimarer Reichsverfassung. Die Wiederaufrichtung der Bizone, der Trizone und der sowjetischen Besatzungszone erfolgten als Staatsgründungen, wie in den Zeiten Karls des Großen, von West nach Ost. So verläuft auch die althergebrachte Leistungsachse, wenn auch in umgekehrter Richtung. Die Zonengrenze, die in Jalta und in Potsdam festgelegt wurde, hätte niemals von Nord nach Süd verlaufen sollen, sondern natürlich von Ost nach West. Vom Standpunkt der Besatzungsmächte wäre das als Trennlinie <zweckmäßiger> gewesen. Der große

Unterschied zwischen dem Bonner Grundgesetz und der Verfassung der DDR ist nicht der Freiheitsbegriff – denn eine sozialistische Freiheit wäre ein Widerspruch in sich – sondern die eigentlichen Unterschiede liegen auf der Pflichtenseite, nicht der Rechteseite. Im Unterschied zur Weimarer Reichsverfassung nehmen die Pflichten beim BGG ab, bei der DDR Verfassung zu. Also, der Zwang bei geäußerter Opposition oder durch Spitzelei in der DDR nimmt im Rekurs auf den Sozialismus zu, beim BGG aber ab. Die BRD wurde als Rechtsstaat gegründet und hat sich diesen Status erhalten, ja, ihn sogar durch Rechtsprechung erweitern können. Die DDR ist an ihrem eigenen Zwang, dem hermetischen Grenzverschluss, kurz, am Mangel der Rechtsstaatlichkeit, untergegangen. Ein Aufstieg zur Gleichberechtigung mit Frankreich, GB und den USA führte zu mehr, nicht weniger Freiheit in der BR. Zwang zur Konformität mit der Sowjetunion führte zu größerer Stabilität in der DDR und mehr Einfluss, aber intern zu größerer Unfreiheit. Die Bundesrepublik hatte sich in den internationalen Gremien zu bewähren. Am Ende konnte sich unter Einsatz von 18,5 Milliarden DM die BRD freikaufen. Die Verständigung mit Polen und die Anerkennung der Oder-Neiße-Linie als permanente Grenze musste dieser Neuordnung vorausgehen. Ein weiterer Hauptunterschied zwischen beiden Verfassungen ist, dass diejenige der DDR von der Staatsgewalt (Inhalt, Grenzen und Aufbau) ausgeht. Das unter dieses Dach angesiedelte „Grundrecht" müsse „unangetastet" bleiben (Art. 49). Aber: auch ein Grundrecht dürfe nach dem gleichen Artikel „beschränkt" werden. Man merkt es dieser Verfassung an, dass sie (im Gegensatz zur Verfassungsarbeit auf Herrenchiemsee) in Eile formuliert worden ist. Trotzdem bleibt die Tatsache bestehen, dass beide Gremien mit Juristen versehen wurden, welche die gleiche Ausbildung in den dreißiger und vierziger Jahren durchlaufen hatten. Während die westdeutsche Rechtsentwicklung sich von unten nach oben reorganisierte, verlief die ostdeutsche umgekehrt von oben nach unten, also vom Politbüro zum Volk. Die Wirkkraft des in der westdeutschen Verfassung eingebetteten Bundesverfassungsgerichts musste stets in „Grundgesetznähe" verlaufen (Adolf Laufs, Rechtsentwicklungen, XII, 1) und sie halten. Das neueste Element wird heutzutage die klärende Aufarbeitung des vergangenen DDR Unrechts sein. In einem Nachsatz zu Art. 144 behauptete der damalige provisorische Präsident der Volkskammer, die Verfassung wäre „unter Beteiligung des gesamten deutschen Volkes" erarbeitet worden. Das wäre ein schöner Traum gewesen, blieb aber nur eine Illusion.

Zehntes Kapitel: 1990 Zur Vereinigung der DDR mit der Bundesrepublik

Entscheidende Stationen auf dem Wege zur Deutschen Einheit waren die Volkskammerwahl vom März 1990 sowie der Staatsvertrag zwischen der DDR und der BRD über die Währungs-, Wirtschafts- und Sozialunion. Zustande gebracht wurde sie von Ministerpräsident Lothar de Maizière, Staatssekretär Dr.-Ing. Günther Krause, Dr. jur. Wolfgang Schäuble und offen abstimmen könnende Abgeordneten der Volkskammer, sowie in zweiter Linie von Peter-Michael Diestel, Sowjet-Botschafter Walentin Falin, Kirchenfunktionär Joachim Gauck, Außenminister Markus Meckel, Zentralkomitee-Mitglied Nikolai Portugalow, Rudolf Seiters, Prof. Dr. jur. Rupert Scholz, Kanzlerberater Horst Teltschik, Bundesbankfachmann Hans Tietmeyer, und last but not least die Deutsche Mark. Die eingesetzte Treuhand übernahm 7.894 volkseigene Betriebe mit vier Millionen Beschäftigten. 30 % aller Betriebe mussten stillgelegt werden, 26 % blieben sanierungsfähig. Am 20. September 1990 stimmte die Volkskammer der DDR und der Deutsche Bundestag diesem Vertragswerk zu, einen Tag später der Bundesrat. Die Währungsumstellung konnte schon am 1. Juli 1990 erfolgen und die Bundesregierung übernahm spätestens dann „das Kommando". Eine Binsenweisheit: bei Reformen reüssieren vermögende Konservative eher als verarmte Sozialisten. Die britische Premierministerin Margaret Thatcher stellte über den Vereinigungsprozess mit Recht fest: "Deutschland habe stets auf unberechenbare Weise zwischen Aggression und Selbstzweifeln geschwankt." Präsident Mitterand reiste Ende Dezember 1989 demonstrativ nach Ostberlin und schloss „mit der Regierung Modrow [überraschend] ein langfristiges Handelsabkommen." Die US Regierung von Präsident George H. W. Bush befürwortete diesen Prozess und verlangte sogar einen Eintritt Gesamtdeutschlands in die NATO. Nach Vollzug der Einheit war Deutschland ein souveräner Staat geworden. Man darf auch nicht vergessen, dass dieser Prozess mit dem föderativen Zehn-Punkte-Programm Kohls, den er am 28. November 1989 vorlegte, plötzlich in Gang kam. Kohl übernahm darin zum Teil wörtliche Passagen, wie Intarsien, von Nikolai Portugalow, die er Teltschik übergeben hatte mit Wissen seines Botschafters Walentin

Falin. Diese Kenntnis verdankt Verfasser einer kurzen Spiegel Online Notiz, „Gestorben Nikolai Portugalow vom 31. 03. 2008 in 14/2008." Es ging Kohl zu diesem Zeitpunkt um die Meinungsführerschaft, die er im Bundestag nicht der SPD überlassen wollte. Sein Plan enthält inhaltlich wenig Neues, in der Tat Bekanntes. Aber der Kanzler vermied das Stichwort <Wiedervereinigung>. Die eigentliche Vereinigung war durch den internationalen Zwei-Plus-Vier-Vertrag abgesichert. Entsprechend wurde der Modrow-Regierung nicht der bündische Vereinigungsweg nach Artikel 146 GG, sondern der nach Art. 23 altes Grundgesetz als nationaler sog. Königsweg, wie einst bei Bismarck, der die Landesanhänglichkeit für die Keimzelle des deutsch-addierenden Nationalen hielt, von oben nach unten angeboten und erlaubt. Damit nahm auch der (von Schäuble angeregte) gestaffelte Umrechnungskurs Ostmark: DM 1:1 bzw. 1:2, seinen Lauf. Es war der bündische Siegeslauf der Deutschen Mark. Die Wiedervereinigung war wie die alte Reichsvereinigung ein kompliziertes Rechtsgeschäft. Man brauchte diesmal eine prall gefüllte Bundeskasse, aber keinen heimlichen Welfenfonds mehr. Die Vorgehensweise selbst ist abermals typisch deutsch, ja, urdeutsch: emotional-eruptiv, und doch technisch genau geplant und fast exakt ablaufend. Dahinter stehen Grimms Märchen, die Burgenromantik, die klösterliche Heilskultur und das deutsche Städtewesen. So wird bei uns, trotz Günter Schabowskis Missverständnis, bündisch-politische Geschichte mit <utsichten> gemacht. Sie wurde beherzt zustande gebracht.

Elftes Kapitel: Zusammenfassung: Kontrast der bündischen und der nationalen Elemente

Das Deutsche in seiner Bundesgeschichte (von der Donau bis zur Eider) fasst drei Betrachtungsweisen wie Ebenen mehrdimensional zusammen: 1. Die föderative in ihrer Hinnahme des entrinnbaren Geschehens, das aneinandergereiht 2. die ältere vordeutsche Geschichte vieler Generationen eingebettet und 3. vom ersten bis zum zweiten Hauptfluss besiedelt hat. Im Ostfrankenreich Ottos I. (des Großen) reichten die Süd-Nord-Grenzen von der Donau bis zur Eider, ab 1920 in der Weimarer Republik bis zur Wiedau. Die Oder im Osten und der Rhein im Westen legten keine geographischen, sondern vielmehr dynastische Grenzen fest. Es wird hier jedoch auch keine zusammenhängende Dynastiengeschichte vorgestellt. Ebenso wenig wird in diesem Text eine Sozialgeschichte verfolgt. Das sind andere Themen. Es ging dem Autor vielmehr um einen möglichen Zusammenhang oder Zusammenhalt von Burgen unweit Flüssen, um Zollerhebung bei Schiffsverkehr und deren Kontrolle. Es ging um eine territoriale Machterweiterung und eine Festlegung der Funktionskontinuität durch standhafte Disziplin oder ihr Gegenteil, einen schmerzlichen Treueverlust. Es ist die These aufgestellt und verfolgt worden, ob und wie das Ordensgelübde eine Abtei oder einen Klosterbetrieb unterhielt, wenn ein Abt dazu fähig war. An Hand mit Bedacht ausgewählter Städte sollte gezeigt werden, wie Könige ohne Hauptstadt im Reich für ihre Nachfolgeresidenzen zu sorgen versuchten.

Es lässt sich nun zusammenfassen: eine Ausdehnung oder Vermeidung einer Schrumpfung des Reiches geschah, wenn Burgen als Zeichen der Furt-Kontrolle maßgeblichen Einfluss ausübten und Klöster die nötige Arbeitsdisziplin aufbrachten. Die Dynastien versorgten die Abteien mit herausragenden Äbten. Die Städte wurden in sinnvoller Eigenverwaltung befestigt, versorgt und regiert. Die Goldene Bulle hatte festgeschrieben, welche Fürsten küren durften und sollten. Bedeutende Städte blieben in der Mehrzahl einflussreich, hielten sich als Kohäsionszentren an der Macht und vergrößerten sich. Selten fielen bekannte Städte ins Bodenlose. Eine Universität, selbst wenn sie ihren Lehrbetrieb nicht immer durchgehend aufrechterhalten konnte, erholte sich meist wieder und knüpfte an ihre Lehrerfolge an. Burgen erforderten

Berge, die sie an Furten oder Brückenübergängen schützen mussten. So wetteiferten wenige Klöster im nördlichen Flachland mit den vielen Klöstern des Südens und Südwestens. Klöster wurden mit geistigen Waffen, dem Wesen der christlichen Religion folgend, verteidigt. Städte mit wirtschaftlichem Rang behielten meist ihre Vormachtstellung. Sie schafften es oft, diese zu erhalten und auszubauen. Die Eigeninitiative wurde stets großgeschrieben. Das Deutsche bildete sich nach den Vorzügen der Landschaft aus, so dass man sie als Ausprägung in der erarbeiteten Kulturlandschaft wiederfindet und als erhalten betrachten darf. Was sich nicht hielt, war die Ostkolonisation, die im HRR eine Vorreiterrolle bis ins 19. Jahrhundert spielen konnte, während das Kaiserreich Österreich zerfiel. Österreich verlor nach St. Germain 80 % seiner Fläche von vor dem I. Weltkrieg, gewann aber das Burgenland wieder. Deutschland verlor nach Versailles 15 % seiner Fläche, gewann aber das Saarland zurück. Das Gebiet Österreichs reduzierte sich von 1918 bis 1955 auf 83.879 qkm, das Deutsche Reich musste sich von 1918 bis zur Wiederkonstituierung in der BRD 1949 mit anderen Dimensionen als die heutige Fläche von 357,376 qkm bescheiden. Nun werden die Ergebnisse thesenförmig zusammengefasst. 1. These: der bundesmäßige Zusammenhalt beruht nicht, wie in anderen Staaten Westeuropas, auf einer politischen Gesamttheorie, sondern die politische Herrschaftsmacht wird aus der Feingliederung der Kräfteverhältnisse gezogen. Burgen, Klöster und bestimmte Städte vereinten sich zu einem Verbund. Die Kraft stammt aus dem Verhältnis zur Landschaft, der eine Kultur abgerungen wurde. 2. These: der ordnende Einfluss des Wiener Kongresses von 1815 ist noch spürbar, wie näher belegt wurde. 3. These: auch Napoleons Anordnungen sind in die bestehenden Kräfteverhältnisse eingegangen, obwohl sie vor allem im Rheinbund unhistorische Eingriffe unternahmen. 4. These: die Bundesratsländer erscheinen nur auf den ersten Blick ganz nachkriegsneu, obwohl sie mindestens zur Hälfte traditionell sind. Der Klarheit halber darf die Reihenfolge dieser Thesen auch <umgekehrt> werden. Wir beginnen also mit der dynastischen Einteilung und versehen sie mit Nummern mit Blick auf die Bundesländer. So gesehen, ergibt sich zu These 4:

Vergleich Deutscher Bund (1815ff.) – Bundesrepublik (1949, 1990, 1993)

0 Königreich Preußen verboten 1946 durch den Kontrollrat
1 Königreich Bayern ~ Freistaat Bayern

2a/b Königreich Württemberg/Großherzogtum Baden ~ Baden-Württemberg
3 Großherzogtum Hessen ~Bundesland Hessen
4 Königreich Sachsen ~ Freistaat Sachsen (vereint 3 Sachsen-Teile)
5 Herzogtum Anhalt ~ Bundesland Sachsen-Anhalt
6 Großherzogtum Mecklenburg ~ Bundesland M.-Vorpommern (vereint 2 Teile)
0 das Herzogtum Braunschweig aufgegangen in ~ Niedersachsen
0 Kleinere Fürstentümer in andere Bundesländer ~ aufgegangen
7/9 Freie und Hansestädte, davon Lübeck seines Status' im 3. Reich enthoben
7 Bremen ~ Hansestadt und Bremerhaven
8. Freie und Hansestadt Hamburg

Hier haben wir alte, traditionelle Bundesglieder wiedergefunden. Funktionell die gleichen geblieben sind Schleswig-Holstein, statt Hannover und Braunschweig traten Niedersachsen, Brandenburg und Bayern an ihre Stelle. Die restlichen vier Bundesländer sind Nachkriegsgebilde: NRW statt Nicht-Preußen, Thüringen wiedererstanden in der Weimarer Republik, Rheinland-Pfalz als Nicht-Mehr Bayern und Nicht-Mehr Hessen, das Saarland nach mehrfachen réunions, Trennungen und Abstimmungen gehört zurück nach Deutschland. Neu grenzgeformt ist das moderne Hessen. Geblieben als Landeshauptstädte sind: Potsdam, Berlin, München, Dresden, Stuttgart, Wiesbaden, Schwerin, Magdeburg, Bremen und Hamburg. Als Residenzstadt übriggeblieben ist Karlsruhe. Die ehemaligen Preußischen Landeshauptstädte Potsdam, Hannover und Magdeburg sind vom Kontrollrat nicht mitverboten worden und blieben sozusagen entpreußt erhalten.

Zur 3. These bleibt noch anzumerken, dass Napoleons Verkleinerung und Verschiebung der Bundesländer mit dem Reichsdeputationshauptschluss den Föderalismus betreffend auch positiv nachgewirkt hat. Es ist zwar ein militärisch angeordnetes Bundeswesen, das sich aber durch die Geltung des Code Civil, z. B. in Baden, bundesgünstig ausgewirkt hat.

Zur 2. These wird hier mit Bestimmtheit nachgetragen, dass Metternich, Castlereagh, Talleyrand und Nesselrode, also die <Großen Vier> von damals, die Weitsicht hatten, die Eigenheiten der Bundeskräfte als kontinuierlich historisch einzuschätzen. Die Bewegungen auf der Landkarte und die gleichzeitige Bekämpfung nationalistischer Tendenzen in Deutschland stärkten die dynastischen Tendenzen, die dem deutschen Föderalismus zugrunde und Metternich am Herzen lagen. Zur 1. These sei noch einmal betont: Die deutsche Bundesstärke ist bodenständig-dynastisch, und nicht untraditionell. Metternich stärkte auf seinem Kongress „den Einfluss seines

Herrschers in Deutschland" (Lentz, 1815, S. 208). Das hieß im Umkehrschluss „Deutschland sollte zu seiner dynastischen Vielfalt zurückkehren" (ibidem S. 209). Unsere These trägt dieser Vielfalt bundesgeschichtlich Rechnung. Sie berücksichtigt einen unromantischen Blick auf die Burgen, sie trägt dem Arbeitseifer in den Klöstern Rechnung und hebt das deutsche Städtewesen mit seinen einzigartigen Schulen auf den Platz, der ihm im Dienste des Bundes gebührt. Historisch war Schulbildung richtigerweise Bundes- und nicht Ländersache. Die Deutschen haben in ihrer Geschichte mit Bundeszähigkeit ihrem Lande den Gesamterfolg abgerungen. Zu unseren Thesen passt spiegelbildlich die Tatsache, dass die von der Demokratie angeregte Bundesgeschichte sich in Deutschland vor allem als politische Ausprägung, und erst in zweiter Hinsicht als staatliche Form, entwickelt hat.

Wir schließen mit Cicero (geschrieben 45 v. Chr.) De finibus bonorum et malorum: Groß ist die Kraft der Erinnerung die Orten innewohnt.

Es bleibt noch der Frage nachzugehen, wie wurden eigentlich nach unseren Thesen die Germanen zu Deutschen? Sprachforscher würden erwidern: wahrscheinlich durch sog. Lautverschiebungen. Aber aus dieser linguistischen Gestaltungsquelle schöpften auch andere indoeuropäischen Stämme. Und am heutigen Ende der Skala der fast täglichen Betonungsverschiebungen müsste spiegelbildlich eine Entdeutschung postuliert werden können. Hier käme man zu wissenschaftlich kaum haltbaren Hypothesen. Nur noch ein gedämpfter Widerhall erschallt von den Burgen zu Tal, ein Teil der Klosterkultur lebt in den Apotheken weiter und verlängert durch nachgefragte Rezepte unser Leben. Die verlängerte Lebenskraft und die erlebte Alterung der deutschen Bevölkerung und damit die Vereinzelung der Generationen (niemand kennt mehr seine Uroma) führt zum Nachlassen des Ahnenkults und zu einer anderen Beerdigungsweise. Diese Veränderungen betreffen viele Europäer und nicht nur die Deutschen. Indem man öfter wesentlich älter wird als früher, spielt das Deutschsein und Deutschbleiben nicht mehr die gleiche Rolle wie ehedem. Die Verbundenheit des Einzelnen mit seinem Bundesland, in dem man geboren ist, nimmt zu, während sich die Anlehnung an das Europäische neuerdings eine Zurückhaltung auferlegt. Das heißt, man ist zwar immer noch (je nach Epoche) verschieden deutsch, ob man nun in Bayern oder in Schleswig-Holstein wohnt. Das Verhältnis von Belehrung und Selbsterziehung zur Geselligkeit ist ein anderes beim Oktoberfest oder beim Biikebrennen, bei der alemannischen Fasnacht oder beim rheinischen Karneval. Der christlich religiöse Fanatismus hat in den Grenzen Deutschlands nach 1945 deutlich spürbar abgenommen. Die Anziehungskraft der Hochburgen ist in der Moderne touristisch verwendbarer geworden; das Vorbildhafte eines Klosterbetriebs scheitert bei der Nachahmung. Die Bindungskraft des Einzelnen an seine Nationalität endet noch oft genug an der Aufopferung im Militärdienst, für das Vaterland zu sterben. Die Selbstaufopferung für eine religiöse Richtung bei Attentaten ist nicht vergleichbar mit der Massentötung bei großen Schlachten. Das ehemals militante Deutschtum hat gegenüber früher entschieden nachgelassen. Das landschaftlich geprägte Deutschsein hat sich nach unseren Thesen erhalten. Die politischen Parteien, die nach dem II. Weltkrieg den Ton angaben bei der Mitwirkung des öffentlichen Geschehens, entpuppen sich bei Koalitionsverhandlungen als Kümmerer. Sie wirken bei der grundgesetzlich angezeigten politischen Willensbildung weniger mit als sie glauben. Die Präsenz junger Deutscher bei Forschung und Unternehmertum ist vorbildlich geworden. Die Wiedervereinigung schuf zwar nur wenige blühende Landschaften, aber die <neuen> Bundesländer gleichen sich dennoch langsam den alten (und auch die alten den neuen) an. Im Lande der Sozialversicherung nimmt Ciceros Weisheit, patria est ubicumque est bene, einen anderen Klang an als gewöhnlich angenommen wird. Für den einen Deutschen mag die Donau fern und lang genug sein, für den anderen sind Wiedau oder Eider nah und, obwohl gewunden, nicht lang genug.

Die im Ersten Kapitel vorgestellten Grundlagen unseres deutschen Zusammenwachsens sind zwar nicht ausschließlich deutsch, sie wirken aber fundamental in dieser Richtung und ihrer Zuspitzung bis heute.

Im ganzen Ersten Teil wurden ebenfalls, wenn auch mit absichernder Ausführlichkeit, die Plätze und Orte ausgemacht, wo das Heimatliche erarbeitet und öfter erhalten geblieben oder wiederaufgebaut worden ist und als Arbeitsresultat immer von Neuem <Ernten> einbrachte.

Im Zweiten Teil, Drittes und Viertes Kapitel, wurden die wichtigsten Klöster und Städte dargelegt und besprochen.

In des Dritten Teils Fünften und Sechsten Kapiteln wurden die wichtigsten Dynastienvertreter und ihre Regierungsstädte vorgeführt.

Im Siebten Kapitel wurden wichtige Reichsgesetzgebungen gestreift, die wegen einer temporären Wirkung nicht alle von Dauer blieben. Aber der

Einschnitt von 1815, als der Deutsche Bund festgetanzt wurde, zieht sich als roter Faden und wachsender Bund durch die Deutsche Geschichte weiterhin bis heute. Das wichtigste Element am Wiederaufbau bildet die Zähigkeit, die zum Festhalten an einer Selbstbehauptung in der Mitte Europas erforderlich war und abgearbeitet werden konnte. Es ist eine zum Deutschsein in der Mittellage gehörende Eigenart.

Im Achten Kapitel wird die bündische Strömung mit dem Sog des von Bismarck geforderten Nationalismus, der schwitzend zur Übergröße des Reichs führte, kontrastiert.

In des Vierten Teils Neuntem Kapitel wird die nationale <Wiederzusammenfügung> auf der Basis des föderativen Grundgesetzes angedeutet. Daraus folgt, im Zehnten Kapitel, eine Wieder-Zusammen-Fügung der Grundelemente des Deutschen Bundes außer Preußens. Dieser Zustand war 1990 verwirklicht. Die nationalen Elemente appellierten an die Opferbereitschaft aller Staatsbürger, wollten also letztlich den Ausnahmezustand im Vergleich mit den Nachbarstaaten geschichtsabschließend tilgen. Die Kosten dieser <Staatsdefragmentierung> waren astronomisch hoch. Zusammenfassend lässt sich daher sagen: Die föderative Klammer der Bundesrepublik nimmt den Einzelmenschen als Maßstab an und seine Bundesbürger in Schutz; er erklärt in Konsequenz des Menschen „Würde" in seinem Grundgesetz von 1949 im Sinne von Cicero und Kant und Professor Carlo Schmid (1896–1979), dem geistigen Vater der Grundrechte, für „unantastbar". Dieser Annahmezustand der menschlichen Persönlichkeit verkörpert unseres Erachtens die bündische Quintessenz des deutschen Grundgesetzes von 1949 mitsamt seiner Atem erweiternden Änderungen bis heute. Denn dieses bündische Grundgesetz hat die ehemaligen nationalen Fragmentar-Staaten, BRD und DDR, „in freier Selbstbestimmung" überdauert. Das Kürzel D als importiertes <Demokratische> in DDR erfüllte eine überdeutliche Klammerfunktion, die sprachlich-politisch ab 1990 wegfallen konnte. Der Bund ist in der Republik ein tragendes Element deutscher Geschichte. Der Bund, und nicht vornehmlich die Nation, trägt das hochkarätige Gewicht Deutschlands.

Literaturhinweise

Arndt, Erwin / Brandt, Gisela, Luther und die deutsche Sprache. VEB Leipzig 1983

Bach, Adolf, Geschichte der deutschen Sprache. 8. Auflage Heidelberg 1965

Bodart, Roger et alii, éditeur, Guide Littéraire de la Belgique de la Hollande et du Luxembourg. Hachette Paris 1972

Bohn, Robert, Geschichte Schleswig-Holsteins. Beck wissen München 2006

Braunfels, Wolfgang, Abendländische Klosterbaukunst. Dumont Köln 1969

Bredel, Willi, Unter Türmen und Masten (Hamburg). Petermänken Schwerin 1960

Brumm, Dieter, Die Eider – der lange Fluss. Husum 2007

Cooper, Duff, Talleyrand Insel 1979

Craig, Gordon A., Königgrätz. Bechtermünz Augsburg 1997

Dopsch, Heinz, Kleine Geschichte Salzburgs. Stadt und Land. 2. Auflage. Pustet Salzburg 2009

Elmshäuser, Konrad, Geschichte Bremens. Beck Wissen München 2007

Fahrmeir, Andreas, Deutsche Geschichte. C. H. Beck Wissen. München 2017

Feldbaek, Ole, Danmarks Historie. Gyldendal Kopenhagen 2007

Fischer, Ernst, Herausgeber, Hauptwerke der österreichischen Literatur. Kindler München 1997

Fischer, Bernt, Hansestädte. Geschichte und Kultur. Dumont Köln 1981

François, Étienne / Schulze, Hagen, Herausgeber, Deutsche Erinnerungsorte. Bpb Band 475. Bonn 2005

Gall, Lothar, Bismarck. Der weiße Revolutionär. Propyläen 1980; Ullstein Taschenbuch 2004

Gebhardt, Volker / Zielske, H. und D., Herausgeber, Erinnere Dich: Orte unserer Geschichte. Knesebeck München 2011

Gellinek, Christian, Dänemarks und Deutschlands Kultursolidarität über Grenzen. Peter Lang Frankfurt am Main 2012

Gellinek, Christian, Deutschland im Staatenverbund. Peter Lang Frankfurt am Main 2014

Gernentz, Hans Joachim, Niederdeutsch gestern und heute. Akademie Berlin 1964

Göttert, Karl-Heinz, Abschied von Mutter Sprache. S. Fischer Frankfurt am Main 2013

Griep, Hans-Günther, Kleine Kunstgeschichte des deutschen Bürgerhauses. Wbd 1985

Haffner. Sebastian, Anmerkungen zu Hitler. Geschichte Fischer. 23. Auflage Frankfurt am Main 1981

Haffner, Sebastian, Von Bismarck zu Hitler. Ein Rückblick. Knaur München 2009

Hartau, Friedrich, Metternich. Rowohlt Hamburg 1977

Hattenhauer, Hans, Das Recht der Heiligen. Duncker&Humblot 1976

Hausenstein, Wilhelm, Europäische Hauptstädte. Prestel München 1975

Hennings, Fred, Ringstrassen Symphonie. Herold Wien 1963

Henningsen, Bernd, Dänemark. Beck München 2009

Hofmann, J. B., Lateinische Umgangssprache. 3. Auflage. Heidelberg 1951

Hofmann, Werner und Jacqueline, Wien. 3. Auflage München Prestel 1964

Iby, Elfriede, Herausgeberin, Maria Theresia (1717–1780) Wien 2009

Klemperer, Victor, LTI Notizbuch eines Philologen. 24. Auflage. Reclam Stuttgart 2010

Krause, Arnulf, Geschichte der Germanen. 2. Auflage. Nikol Hamburg 2012

Krauß, Jutta / Kneise, Ulrich, Welterbe Wartburg. Regensburg 2000

Kroeschell, Karl, Deutsche Rechtsgeschichte. 1.,2.,3. Band jeweils 8., 6., 1. Auflage Opladen 1980–89

Laufs, Adolf, Rechtsentwicklungen in Deutschland. 6. Auflage. De Gruyter Recht Berlin 2006

Lentz, Thierry, 1815: Der Wiener Kongress und die Neugründung Europas. Siedler München 2014

Liebs, Detlef, Herausgeber, Lateinische Rechtsregeln und Rechtssprichwörter. Wbd 4. Auflage München 1986

Lorenz, August, Ein halbes Jahrtausend Kieler Umschlag. Mühlau Kiel 1965

Madame de Stael, Über Deutschland. Insel Frankfurt am Main 1985

Mappes-Niediek, Norbert, Österreich für Deutsche. 3. Auflage. Berlin 2001

Michaud, Guy, / Torrès, Georges, Nouveau Guide France. Hachette Paris 1974

Mitteis, Heinrich / Lieberich, Heinz, Deutsche Rechtsgeschichte. 17. Auflage. München 1985

Mönnich, Horst, Von Menschen und Städten. Bruckmann München 1955

Mühlen, von zur, Bernt Ture, Hoffmann von Fallersleben Biographie. Wallstein 2010

Mühr, Alfred, Die Deutschen Kaiser: Traum und Wirklichkeit des Reiches. Athenaion Frankfurt o. J.

Nestroy, Johann, ...das ist der Grundriß der weiblichen Struktur. Forum Wien 1962

Niederstätter, Alois, Geschichte Österreichs. Stuttgart 2007

Pehnt, Wolfgang, Herausgeber. Die Stadt in der Bundesrepublik Deutschland. Reclam 1974

Petri, Franz, et alii, Herausgeber, Handbuch der historischen Stätten. NRW Kröner 273, 3. Band 1970

Pinder, Wilhelm, Deutsche Burgen und Feste Schlösser. Langewiesche Königstein o. J.

Pinder, Wilhelm, Deutsche Dome des Mittelalters. Langewiesche Königstein o. J.

Polyglott-Redaktion, Städteführer Deutschland Auflage München 1993/94. Einige Werbesprüche wurden als Zitate übernommen

Ries, Heinz-Gerd, Deutsche Geschichte. Dumont Köln 2005

Sachslehner, Johannes, Stadtgeschichte Wien Kompakt. Pichler Wien 1998

Sachslehner, Johannes, Herausgeber, Schicksalsorte Österreichs. Styria 2009

Scheit, Gerhard, Hanswurst und der Staat. Deuticke Wien 1995

Schick, Paul, Karl Kraus, rowohlts Monographien. 12. Auflage 2004

Schilling, Heinz Die Stadt in der frühen Neuzeit. München 1993

Schlack, Stephan, Wilhelm Hennis. Beck München 2008

Schmidt, Richard, Deutsche Reichsstädte. Hirmer München 1957

Schneider, Karin, Kleine Innsbrucker Stadtgeschichte. Tyrolia Innsbruck 2008

Seiffert, Helmut, Einführung in die Wissenschaftstheorie, I. Band. C. H. Beck München 2006

Sievers, Leo, Deutsche und Russen: Tausend Jahre gemeinsame Geschichte – von Otto dem Großen bis Gorbachow. Reinhart Mohn Bertelsmann Hamburg 1991

Skovmand, Roar/Dybdahl, Vagn/Rasmussen, Erik, Herausgeber, Geschichte Dänemarks. Neumünster 1973

Sontheimer, Kurt, Thomas Mann und die Deutschen. Fischer Frankfurt 1961

Stifter, Adalbert, Witiko. Roman dtv 2011

Stoob, Heinz, Die Stadt. Böhlau Verlag Köln Wien 1985

Stoob, Heinz, Die Hanse. Styria Graz 1995

Svendsen, Hanne Marie und Werner, Geschichte der Dänischen Literatur. Neumünster Kopenhagen 1964

Ulrich, Volker, Otto von Bismarck. Rowohlt 1998

Vajda, Stephan, Felix Austria. Eine Geschichte Österreichs. Ueberreiter Wien 1980

Walterskirchen, Gudula, Engelbert Dollfuss. Molden Wien 2004

Weigert, Hans, Kleine Kunstgeschichte Europas. Mittelalter und Neuzeit. 6. Auflage. Stuttgart 1953

Weiske, Julius/Hildebrand, R., Der Sachsenspiegel. 9. Auflage. Berlin 1911

Wessel, Kurt, Herausgeber, Europa Mutter Unserer Welt. Bruckmann München 1969/70

Wikipedia. Daraus werden einige Zitate ohne Angabe der Quelle übernommen, falls es sich um einen unkontroversen Zusammenhang handelt.